掌尚文化

Culture is Future

尚文化·掌天下

「抗疫」中的金融数字化转型

杨 涛 主编

经济管理出版社
ECONOMY & MANAGEMENT PUBLISHING HOUSE

图书在版编目（CIP）数据

"抗疫"中的金融数字化转型/杨涛主编 . -- 北京：经济管理出版社 ,2021.12
ISBN 978-7-5096-8234-0

Ⅰ.①抗… Ⅱ.①杨… Ⅲ.①数字技术—应用—金融事业—研究—中国
Ⅳ.① F832-39

中国版本图书馆 CIP 数据核字（2021）第 245104 号

策划编辑：宋　娜
责任编辑：宋　娜　张鹤溶
责任印制：黄章平
责任校对：陈　颖

出版发行：经济管理出版社
　　　　　（北京市海淀区北蜂窝 8 号中雅大厦 A 座 11 层　100038）
网　　址：www.E-mp.com.cn
电　　话：（010）51915602
印　　刷：唐山昊达印刷有限公司
经　　销：新华书店
开　　本：880mm×1230mm/32
印　　张：11.25
字　　数：230 千字
版　　次：2021 年 12 月第 1 版　2021 年 12 月第 1 次印刷
书　　号：ISBN 978-7-5096-8234-0
定　　价：98.00 元

序　言

　　《左传·襄公二十四年》有曰："太上有立德，其次有立功，其次有立言，虽久不废，此之谓不朽。"通俗地讲，就是指做人、做事、做学问。自古以来，我国传统知识分子就以"思想立言"为生命之重，如汉代古诗提到"生年不满百，常怀千岁忧"。这虽距离近代的"家国情怀"还较远，但也体现了知识分子内在的忧患意识与入世渴望，以及对文化形象传播与传承的高度重视。

　　如今，新形势下的智库研究机构，既借鉴了欧美现代化过程中的新模式，也延续了我国历史传统中的精华。一方面，海外智库的内涵已扩展为"从事公共政策研究和分析的机构"或者"连接知识和决策的桥梁"。这些机构以政策为导向展开研究、分析和咨询，以便让政策制定者和公众做出基于正确信息和科学知识的判断与决策。另一方面，如国家金融与发展实验室理事长李扬教授所言，"从功能上探究，智库在中国古已有之。在漫长的中国古代史中，封疆大吏、王公大臣们大多拥有自己的'门客'或'幕僚'队伍，在一定程度上已经在发挥着类似智库的作用"；"不过，幕僚、门客，不仅具有人身依附性，而且其工作是为私人服务的，就此而论，他们与现代智库大异其趣"；"现代智库在向决策机构阐述事实的过程中，在将自身知识和专业技能融入政策制定的过程中，他们都以保持研究的客观性为前提，其研究成果大多是可公共使用的"。

　　无论如何，智库工作中的"立言"，或许包含了三方面的意思：一是有独立的思想和观点，其建立在有效、持续、科学的理论支撑与研究框架之上；二是有充分的数据保障和高效的分析工具，以及对现实情况的深入把握与合理模拟，这样才能使得智库成果更加客观、可靠；三是多样化的智库成果转化与传播渠道，丰富的智库观点表达方式，从而能够使智库影响力真正落到实处。只有做到这些，或许智库才能发挥"经世济民"的应有功能。

　　北京立言金融与发展研究院（以下简称立言研究院）是经北京市人民政府批准成立的非营利性高端金融智库，自2020年初正式开始运营，恰好处于百年未有之大变局的"窗口期"。在经济、金融、社会发展方面，我们面临的机遇与挑战前所未有的复杂，也迫切需要来自于智库的战略视野与落地对策，推动研究者实现"学以致用"，从而协助政府与企业更好地直面困局。

　　立言研究院已经构建了完善的治理机制，成立了理事会、学术委员会等，并且经相关部门批准，组建了中共北京立言金融与发展研究院支部委员会。研究院下设机构包括：国际金融与自贸区发展研究所、金融资产管理研究所、地方金融监管与发展研究所、金融科技研究所、文化和旅游金融研究所、普惠金融研究所、中国政府债务研究所、首都金融智库合作基地、地方金融合作与发展组织等。虽然成立不久，但立言研究院已经全面铺开了智库工作。如：完成了一系列重要科研成果，包括课题研究报告、内部报告、论文与著作；连续组织重要会议与论坛，包括月度"立言首都金融论坛""立言文化金融沙龙"等。其中，"立言首都金融论坛"在中国社会科学院金融研究所、国家金融与发展实验室等国家级智库的学术支持下，形成了一系列有价值的研讨成果。与正式的论文、专著、报告相比，这些会议中的"思想火花"与"头脑风暴"，或许更加"单刀直入"和"接地气"，因此我们觉得有必要在相关纪要的基础上每年结集成册，从而既作为智库探索的某种资料记录，更是以此让更多的读者来"窥豹一斑"地了解智库内部研讨的思想精华。

我们始终强调"为天下立言乃真名士，耐板凳寂寞是好专家"。一方面，我们提倡"扎扎实实做学问"，因为只有夯实理论基础、分析框架与数据支撑，才能使得智库分析"有理有据"；另一方面，则紧抓热点、焦点、难点，持续强化策略性、应急性智库研究能力，努力为政府、企业、居民跨越"经济金融迷雾"贡献微薄力量。

"不积小流，无以成江海"，展望未来，我们将以开放平台模式汇聚各方人才，从研究、会议、咨询、培训的点滴工作入手，扎根北京、面向全国、展望全球，积极探索自身可持续发展模式，全面培育核心竞争力，着力打造具有科学性、客观性、规范性的国际化、现代化新型智库。

杨　涛

中国社会科学院金融研究所研究员

国家金融与发展实验室副主任

北京立言金融与发展研究院院长

目 录

"抗疫"中的金融科技创新与发展

编者按

2020 年 3 月 30 日，由北京立言金融与发展研究院主办，国家金融与发展实验室和北京市地方金融监督管理局指导，金融科技 50 人论坛学术支持的"抗疫"中的北京金融科技创新与发展研讨会在线举办。这是北京立言金融与发展研究院成立后举办的第一期会议，会议介绍了北京立言金融与发展研究院成立的背景和意义，围绕新冠肺炎疫情（以下简称疫情）冲击下整个金融科技领域发展趋势、北京金融科技创新与发展等问题展开讨论。专家认为，疫情引发的外部因素促进了金融科技发展，加速了金融体系数字化转型。北京应当发挥得天独厚的优势，加快发展金融科技。

嘉　宾

李　扬　国家金融与发展实验室理事长、
　　　　北京立言金融与发展研究院学术委员会主席

杨　涛　北京立言金融与发展研究院院长、
　　　　国家金融与发展实验室副主任

高　峰　中国银行业协会首席信息官

郭　为　神州数码信息服务股份有限公司（以下简称
　　　　神州信息）董事长

沈建光　京东数科副总裁、首席经济学家

李振华　蚂蚁金服研究院执行院长

杜晓宇　腾讯金融研究院秘书长

闫文文　金融科技50人论坛执行秘书长

前　瞻

主持人杨涛： 各位领导，各位嘉宾，今天是立言首都金融论坛第1期。此次会议主办单位是立言研究院，指导单位是国家金融与发展实验室和北京市地方金融监督管理局，支持单位是金融科技50人论坛。

今天，来自各领域的专家共同参与讨论。立言研究院是经北京市政府批准设立的非营利性高端智库，旨在充分利用国家金融与发展实验室智库资源，由北京市金融局归口管理。今天是立言研究院第一次重要活动，聚焦金融科技，聚焦北京金融，探讨金融科技如何更好地服务于北京金融发展，服务于北京经济社会运行。首先有请李扬老师致辞！

国家金融与发展实验室理事长、北京立言金融与发展研究院学术委员会主席　**李　扬**

北京立言金融与发展研究院为北京服务

大家好，欢迎大家参加立言首都金融论坛，作为第一次会议，首先介绍一下立言研究院的基本情况。立言研究院是由北京市委市政府批准设立的非营利性机构。

立言研究院是一个独立机构,具有独立法人资格,旨在充分利用国家金融与发展实验室智库资源,代表国家金融与发展实验室在北京开展活动。国家金融与发展实验室作为国家高端智库,需要充分挖掘其影响力。

立言研究院身在北京,必须为北京服务。在立言研究院,需要搭建一个北京地区金融智库平台,实质性地承担北京市金融发展方面的一些研究任务。金融有六大功能,其中五个功能都可以被替代,唯有支付清算不可以被替代,这是最核心、最重要的功能,支付清算指钱进去、钱出来,这是金融中心最典型的特征,这一特征在北京表现非常明显。

今天的主题是金融科技。国际金融中心一定要有国际机构介入,北京的国际机构种类之多、规模之大,是其他地方无法比拟的。使馆区、各国代表、官方代表、政府代表、商界代表、金融服务单位、经济服务机构等都聚集在北京,在北京,特别是朝阳区这一带能看到整个国际金融的动态。中国主要的实体单位,特别是国有单位大部分处在北京,围绕的金融活动必然也在北京,所以了解了北京这些非金融机构的金融活动,也就掌握了中国金融活动的主脉搏。以上是北京立言金融与发展研究院成立背景。

疫情改变了世界,中国在这一变化中率先复苏,但也面对非常大的挑战。对于我国来说,今后不管是金融还是实体经济,形势仍然严峻。作为智库,要不骄不躁,不妄自尊大,也不妄自菲薄,踏实做研究,为朝阳区、为北京、为国家发展贡献自己的一分力量。

中国在国际上处于前列的当属金融科技。我国传统金融规模很大，但是存在很多问题。关于中国金融，还有如何把中国金融推到世界，仍需依靠自身努力。2019 年相关当局在上海重新阐述了上海国际金融中心的含义，即基本建成与我国经济实力以及人民币国际地位相适应的国际金融中心①。这一重新阐述更加实事求是，应当成为我们研究北京、研究中国事情的一个原则，一个基本态度，我国需要办好中国事情，满足中国经济、中国金融市场发展的要求。诸多外国机构想要进入人民币市场，但中国这一市场存在很多不完善，有很多规则与国际不一致，因此阻碍了人民币国际化的步调。

中国金融科技处于世界前沿。金融没有经济规模无法推动，中国的经济有规模、金融有规模，这就是我国的优势所在，是我国金融科技发展的基础，也是其发展的方向，金融科技要为普罗大众服务，为广大企业服务。

我主要对成立立言研究院的目的进行汇报，希望各位对立言研究院给予支持，再次向各位表示热烈欢迎，感谢各位。

主持人杨涛：谢谢李扬老师的精彩致辞，李老师分享了立言研究院下一步重要的任务和工作。本人非常有幸被任命为立言研究院

---

① 《上海国际金融中心建设行动计划（2018-2020 年）》，http://www.pbc.gov.cn/zhengwugongkai/4081330/4081344/4081395/4081686/4085274/20190131143705387 19.pdf。

的首任院长，未来在国家金融与发展实验室和北京市金融局，还有各方领导的支持、帮助下，希望尽可能做好服务于国家、服务于北京、服务于包括朝阳在内的各个区的工作，更好地履行智库功能。

聚　焦

主持人杨涛： 第二部分是主旨演讲阶段，请来自学界、业界、行业协会的几位重量级专家和代表跟大家进行分享。首先有请中国银行业协会首席信息官高峰老师跟大家做一下分享。

中国银行业协会首席信息官　**高　峰**

北京推动金融科技发展相关建议

大家下午好！非常高兴参加立言研究院首次线上"关于推动北京金融科技发展"的论坛会。

近期，中国银行业协会联合新华财经发布一份调研报告，初步结论为：抗击疫情，金融科技价值凸显！尽管有些银行业务量有所下滑，但加速了金融科技赋能银行的产品和服务创新。2月14日银保监会发布了《中国银保监会办公厅关于进一步做好疫情防控金融服务的通知》（银保监办发〔2020〕15号），该通知要求：加强科技应用，创新金融服务方式，提高线上金融服务效率。各银行保险机构要积极推广线上业务，强化网络银行、手机银行、小程序等电子渠道的服务管理和保障，优化丰富"非接触式服务"渠道，提供安全便捷的"在家"金融服务。在有效防控风险的前提下，探索运用视频连线、远程认证等科技手段，探索发展非现场核查、核保、核签等方式，切实做到应贷尽贷快贷、应赔尽赔快赔。

总的来讲，2019年8月，中国人民银行发布的《金融科技（FinTech）发展规划（2019—2021年）》对未来三年我国金融科技发展进行顶层设计和统筹规划，对行业影响深远。中国各地也出台了一些金融科技发展规划政策。2018年10月，《北京市促进金融科技发展规划（2018年—2022年）》提出以"监管沙箱"为核心的金融科技监管创新试点落地。2018年11月，《关于首都金融科技创新发展的指导意见》提出支持金融科技底层技术研发，加强金融科技基础设施建设，发展金融科技产业，加强金融科技场景应用，建设金融科技示范区，防控金融科技风险等11方面重要举措。这两份政策文件为北京市各区的金融科技空间布局和创新发展提供了指导思想，各区纷纷出台促进区域内金融科技发展的相关政策。海淀区为《关于促进海淀区金融科技产业创新发展的若干措施》；房山区为《关于建设金融科技小镇的战略规划》；西城区为《关于支持北京金融科技与专业服务创新示范区（西城区域）建设的若干措施》（即"金科十条"）；通州区为《关于加快推进北京城市副中心高精尖产业发展若干措施》（即"通八条"）。

与上海、深圳、杭州、苏州等地比较，北京作为国家金融监管部门以及众多国有银行和股份制银行总行的所在地，具有发展金融科技的良好生态环境，但在科技成果转化、金融机构与科技企业融合、政策支持力度、发展空间布局等方面仍需加强统筹规划。

第一，加大政府支持力度。举办高质量具有国内国际影响力的金融科技论坛活动，要打好监管科技这张牌。

第二，积极主动拥抱银行系金融科技公司。一些国有银行和股份制银行的科技公司技术开始向外输出，与金融科技公司形成一个竞合，为避免重复开发和浪费资源，需要政府来搭建流通的平台。

第三，与金融科技公司加强深度合作。北京有很多金融科技公司，尤其是在上市公司当中，有很多前沿技术应用的产品，涉及人工智能和机器人、大数据营销与风控模型，也包括一些区块链分布式底层技术等，这些金融科技公司在有些领域的技术已经领先银行系金融科技公司。

第四，与各协会、研究机构联手。制定行业标准引领金融科技健康发展，同时加大产学研一体化新金融人才培养力度。

最后祝福立言研究院能够助力北京金融科技发展再上新台阶。谢谢大家！

主持人杨涛： 谢谢高首席的分享。不仅对金融科技数字化在疫情条件下的一些重要变化做了总结，还结合北京跟其他城市的比较提供了几点政策建议，值得我们进一步探讨和思考。再次感谢高首席，下面有请来自于金融科技实践领域的重要代表，神州信息董事长郭为先生进行分享。

神州数码信息服务股份有限公司董事长　　**郭　为**

金融安全与服务实体经济角度谈金融科技

感谢立言研究院邀请我参加此次会议，感谢几位学者、专家和领导的分享，让我受益匪浅。我想就两个角度讲一讲对于金融科技的想法：

第一，金融安全角度。一是"忘记 CPU"，全面部署金融软硬件设备国产化工作，基于软硬件的信息技术应用创新，通过云架构和平台，提供算力，弱化 CPU 对应用的影响。目前已经完成了针对ARM、龙芯、鲲鹏这些新的 CPU 如何在云平台上适配，使得传统银行应用能够架构在新的技术平台的工作。二是"云技术"，结合 IT 技术的发展，未来一个很重要的趋势就是云的技术。将"公有云"和"私有云"融合在一起，最终走向一个大的云网环境下，通过数据围栏的方式使得一个银行运行在一个大的体系里，在一个大的云网环境下以"数据围栏"的方式构建生态体系。

第二，金融服务实体经济，本质上是深入到场景融合。信息技术起到黏合剂和网络化作用，伴随着融合发展，通过云和大数据，把产业实体发展过程和金融服务紧密结合在一起，尤其是小微企业、产业链实体如农业等领域与金融的融合。

真正服务实体经济一定是在已有基础之上的产业和金融的融合，也称作生态银行，未来一定是生态银行的发展。联合国倡议，到 2030 年希望可以通过生物识别特征技术，使所有人都能得到相关的服务和支持，也就是说建立可信数据的网络系统数据隐私和技术安全的问题，最重要的是建立可信的数据环境，建立虚拟与现实的一一对应关系，保证最初始数据的安全性。在中国，人脸识别、指纹识别都已经获得了广泛运用，但简单的人脸识别是有一定问题的，如果做到人体主要的生物信息特征，如虹膜、人脸、指纹和掌脉融合在一起，保证百分之百的对应关系，伪造的可能性就可以几乎降为零。例如，生物识别、区块链、分布式计算，包括北京市试点的企业电子身份认证，这些可能都是一些很重要的底层技术，在这个底层技术上在融合创新的过程中可以产生很多花样，伴随很多问题。从我们自身来说，要认真做好底层技术，也希望底层技术成果通过立言研究院和大家一起分享。

最后，疫情使得国际交流受到很大影响。由于疫情，甚至前期的中美贸易战影响，使得我国在技术上有不同的路线，但是全球化趋势还是无法改变，只能说如何利用我们的优势实现赶超，能够在某些领域有所突破，做出一些具有中国特色的东西。最后祝愿立言研究院越办越好，非常愿意参加立言研究院组织的活动并从中学习。谢谢各位专家。

主持人杨涛： 感谢郭董事长的精彩分享。从金融信息化、电子化到现在金融科技化、数字化，他一直是这方面实践的行业领袖，郭董事长从金融安全、金融服务实体这两个方向进行分享，实际上也涵盖了未来的政策、行业，还有迫切需要解决的焦点问题，尤其是促进底层技术与业务场景的对接问题，更是各方关注的重中之重。未来依托于立言研究院的平台，也希望推动企业、持牌机构监管、行业协会、研究者共同探讨这样一些场景的应用和对接。下面有请京东数科副总裁、首席经济学家沈建光先生进行分享。

京东数科副总裁、首席经济学家 **沈建光**

推动金融数字化与高质量发展

非常荣幸参加立言研究院的第一次论坛。我想从以下两方面进行分享：一是金融数字化的发展非常快速，中国在很多方面都已经准备就绪，此次疫情，京东从物流方面，到电商，再到金融科技，受到的影响比在线下的肯定要小得多；二是金融数字化发展需要解决一些现实问题。

首先，金融数字化是高质量发展的必经之路。一是疫情加速了金融数字化发展，科技公司与传统金融机构之间的合作将加速。此次疫情，对我国很多数字化发展做了一个比较好的压力测试，现在经济面临严峻局势，传统线下业务受到很大影响，但也大大加强了传统金融机构和科技公司的合作空间，例如，线上获客、数字营销、智能风控、智能客服和其他一些智能业务，此次疫情会大大加快传统金融机构线上化。二是中国金融科技行业的发展领先全球，业态不断成熟。龙头企业脱颖而出，早期金融科技公司也继续挖掘空白和痛点，很多传统科技公司都在加速布局金融科技，传统金融机构依托客群优势，也加强建设非常强劲的技术基础设施，所以从各个形态上来看，中国业态非常适合现在金融科技行业的大发展。三是中国金融科技创新在不断迭代发展，经历了从解决方案1.0到3.0的升级。金融科技1.0就是科技自营，线上电商积累的业务、场景和数据开始做白条、数字金融、放贷等业务。金融科技2.0就是技术输出，帮助金融机构做金融，将数据、场景、风控能力输出。金融科技3.0就是开放平台，用数据科技连接金融和实体产业，把数据科技作为金融数字化、产业数字化的桥梁，因此称为数字科技。四是金融高质量发展需要加快数字化转型，金融数字化有利于构建一个广覆盖、多层次、有差异的金融机构体系，有利于更好地服务实体经济。有效风控问题、传统中小微覆盖面不足问题都可以通过数字化解决。很多大的数据打通，对提高整个金融服务质量、降低风险起到非常大的作用。

其次，金融数字化发展需要解决以下几个现实问题：一是金融科技公司和金融机构的关系问题。由于资源禀赋存在差异，金融数字化需要金融机构和数字科技企业双轮驱动。不同的金融机构对金融科技新兴技术应用差异非常大，如人工智能方面，大银行投入非常大，但是农业商业银行、民营银行投入比重非常低，同时在大数据方面、物联网方面也存在很大差距。二是金融机构数字化战略、部署和业务转型问题。大型金融机构都在转型，新型银行也成为未来银行数字化转型的重要方向。三是处理好金融数字化发展和数字化金融基础设施建设的关系。线上完善的数字金融基础设施有助于更快、更好地推进金融数字化、智能化发展。例如，法人机构识别编码，在很大程度上方便了金融机构在各界的服务。同时，金融数字化技术标准制定以及线上开户 eKYC 等问题，涉及金融基础设施问题，也涉及监管问题，需要政府顶层设计。

2020 年以来，伴随金融科技监管沙箱应用的逐步落地，中国从被动监管转向主动监管、从静态监管转向动态监管、从规则监管转向原则监管的趋势更加明确。这有利于加强监管技术开发、调整监管力度和做好监管协调，帮助金融科技企业缩短创新周期、帮助监管部门及早发现潜在风险，实现保护金融消费者权益的多方共赢。

未来，进一步平衡拥抱金融科技发展与防范金融风险的关系，既需要相关的市场主体严守合规底线，也需要政府和监管部门进一步探索构建符合中国国情、与国际接轨的金融科技创新监管工具。

主持人杨涛：谢谢京东数科副总裁、首席经济学家沈建光。既有宏观层面的高屋建瓴，又有非常接地气的微观层面的讨论，在我认识的宏观经济学家中，他是在互联网企业里面非常成熟的学者，我自身也很钦佩他。京东积极参与到北京金融科技创新这一过程中，相信从研究者的角度也会找到更多的研究素材来推动产学研一体化的发展。最后一个环节是圆桌讨论环节，有请金融科技 50 人论坛执行秘书长闫文文主持圆桌讨论环节。

言 论

主持人闵文文：感谢立言研究院，我是金融科技 50 人论坛的闵文文，接下来的环节将由我抛砖引玉，邀请本环节各位专家进行分享。疫情之下，支付宝也在积极创新，近日，支付宝宣布升级为数字生活开放平台，非常符合今天创新与发展的主题。接下来有请蚂蚁金服研究院执行院长李振华老师进行分享。

蚂蚁金服研究院执行院长　**李振华**

近日，支付宝改版成数字生活平台。其核心逻辑就是：第一，疫情期间，越来越多的企业面临数字化转型需求，而过去在互联网领域，支付宝更多服务的是 C 端。第二，疫情带来的冲击也是中小微企业进行数字化转型的机遇。疫情结束后，用户的数字化生活习惯并不会产生大的改变，数字生活方式会成为一种趋势，因此中小微企业由线下转线上能够大幅提高效率、降低成本。第三，数字化转型速度越快的企业，未来在国际上将更具竞争力。过去，认为很多商业活动、娱乐产业、文化产业等必须依赖线下，但是当疫情这种极端情况出现之后，可以发现，其实有很多领域，可以实现线上替代，同时在线下转为线上之后，也会使得效率显著提升和成本下降。不管从未来发展趋势还是从成本和效率角度来看，数字化转型都是必须的。未来需要一些公共服务平台帮助企业完成转型。对于大规模企业来说，可以自己进行统一的 IT 系统架构，开发设计在线协作平台。但是更多中小微企业、商户还是需要有一个基础服务平台，这就需要一些过去该领域内的头部互联网企业去完成、去推动。有这些企业群体的推动，中国未来很有可能会成为全球数字化转型领先国家。

另外，疫情本身对整个企业的复工复产具有非常大的影响，金融如何在疫情当中更好地支持实体经济，特别是支持小微企业至关重要。疫情冲击下，与消费联系更紧密的行业，像旅游、餐饮、交通等行业受到的影响较大，同时，小微企业受到的影响也较大。我国已经采取诸多措施，包括降费减税，财政补贴支持，促进各个省市尽快复工复产，鼓励疫情不严重地区的劳工输出，以及相应的金融支持等。但是政策上能够惠及的小微部分，可能更多的还是有一定规模的小企业。蚂蚁金服研究团队通过调研发现，国家采取了很多金融措施缓解小微企业对融资的需求，取得了巨大成效，但小微企业中的个体工商户和微型企业在疫情期间享受的金融支持还是远远不够，尤其是获得信贷资源的比例较低。金融系统中，微型企业和个体工商户虽然在 GDP 创造上并没有很大贡献，但是关系到中国巨大的就业问题。北京大学曾做过相关研究，根据支付宝数据进行测算，目前中国个体工商户这类微型企业数量将近 1 亿，关系到就业数据有 2.2~2.3 亿，背后关系到 4~5 亿人口的生计问题。如果能够给予这些微型企业、个体工商户更多的信贷资源支持，就可能会使固定支出缓解，使企业面临的资金链断裂问题得到一定的抑制和好转。

虽然中国是一个居民储蓄率高的国家，但其实近几年储蓄率已经开始逐渐下行。因为居民本身的流动性问题，流动性约束会降低居民对未来的预期，这也是对居民消费产生较大影响的原因之一。对微型企业和个体工商户给予支持，能够促进其生产，同时提供一定的流动性支持，缓解消费者本身的流动性约束，有助于促进生产和消费。

因此应当针对微型企业和个体工商户建立一个广覆盖、多层次、差异化的银行体系。一方面，传统银行应当加大数字化转型，互联网银行发挥"服务小微"的优势，允许快速补充附属资本增加放贷能力，能够在疫情期间不依赖网点，通过线上给企业提供无接触贷款。另一方面，经过十几年的证明，微型企业、个体工商户有独特服务需求，如何把互联网满足这样需求的政策瓶颈打破，是需要探讨的。未来服务需要基于线上账户来提供服务，需积极探索中小微企业远程开户系统和结算账户，央行已经就疫情期间该方面的探索进行鼓励。

最后，疫情加速了金融体系数字化转型，未来商业银行及整个金融体系进行转型都将是综合性的，涵盖贷款业务、理财业务、保险销售业务等领域线上线下的全面探索。疫情期间，很多用户通过在线方式进行理财，很多保险机构通过线上完成承保。整个金融体系在疫情冲击后会发生全方位的转型。在这个过程当中，那些布局较早的银行、证券公司、基金公司、银行理财子公司等会极大程度上丰富客户来源、降低本身的风险，同时，这一过程也需要有些政策方面的探索和探讨，也可以在监管沙箱当中进行尝试。

主持人闵文文：感谢李院长。我们能够感觉到蚂蚁金服和支付宝这次转型的信念是非常坚定的，这也源于他们对中小微企业线上转型需求的深刻理解。下面有请腾讯金融研究院秘书长杜晓宇为大家分享金融科技创新与发展的思考。

腾讯金融研究院秘书长　**杜晓宇**

▼

谢谢主持人，尊敬的各位领导、各位专家下午好！非常荣幸参加立言研究院第一期研讨会，首先祝贺立言研究院成立。疫情期间，金融科技发挥了非常重大的价值和贡献，金融科技支撑非接触服务，保证社会整个机制的有效运行，这与我国金融科技好的发展基础密不可分。

同时疫情也给金融科技带来新的发展契机。首先，金融科技在疫情期间发挥了重要作用。一是移动支付在此次抗击疫情中发挥的作用非常明显。我国移动支付在金融科技领域是发展最好的一个业态，在国际上也是一张亮眼的名片，通过搭建一个包含生活缴费、电子商务、医疗健康、教育培训、娱乐、文化服务等活动的移动支付生态体系，疫情期间我国移动支付不管是支付系统还是支付行业都实现了非常稳健的运行，因此居民可以足不出户，通过手机无接触购买生活必需品，解决疫情期间最大的痛点。二是金融科技助力疫情期间的风险防范，提高对各类诈骗行为的打击力度，保证了金融体系的有效运行。三是金融科技企业在疫情期间给政府提供了很多帮助和支持，通过小程序、公众号等方式，支持了社保、税务、公安、海关等政务服务。

其次，此次疫情对金融科技和监管科技的应用起到很大的推动作用，影响了金融科技的发展趋势和发展方向，要求金融机构加强自身硬实力、加强研发投入、提升基础能力。一是线下服务可能会向"无接触式"服务方向发展和普及，移动支付对于数字经济增长的作用将越来越大，未来包括餐饮、零售、票务、出行以及医疗再到各种政务、税务、社保场景，都会采取这种"无接触"的方式，同时用户这种交易习惯已经培养起来，移动支付的地位和价值更加巩固，能够更好地满足消费者需求。二是金融科技是小微企业，有些可能会利用好政策的红利，包括延期和以后核销的政策，还会出现变相的资金空转行为，当前利率更加低的情况下，要防范资金空转，这些都需要借助一些金融科技手段监控来防范风险，当然也需要金融机构和金融科技企业与监管部门密切合作，未来仍存在比较大的发展空间。三是2B类金融水平未来会有巨大的空间。以前金融科技服务主要集中在C端信贷的风险控制，在2B服务上有一定的欠缺，包括企业风控管理、尽职调查等还不能完全满足智能化、远程化的方式，疫情之后，这一领域也成为金融机构一个有力的发力点。

后疫情时代金融科技发展的一些建议包括：一是政策上需要进一步稳定金融科技发展的预期，将防范风险的单一政策目标调整为防范风险和促进发展的双重目标，更加鼓励和推动金融机构和科技企业的合作。二是北京是一个金融科技创新非常好的地区，但是现在需要关注金融科技创业企业的生存问题，短期内金融科技企业面临上下游产业链的冲击，还有一些初创类金融科技企业面临招工困难、资金周转紧张、流水变慢等问题，包括后续的融资减少，难度加大，都需要政府部门出台扶持政策，更好地雪中送炭，放水养鱼，减轻企业负担。三是建议加强政策引导，利用金融科技的一些优势促进消费增长。越是收入高、学历高的群体，消费下降幅度越大，这部分群体也是未来补偿性消费或者是倒逼性消费最重要的人群，可以通过政策打掉消费链条中的阻碍，促进消费。四是在北京搭建专门的金融数据中心，由信用管理机构和金融监管部门合作，结合大数据、供应链金融、区块链等技术对各行业信息资源进行整合，为中小企业和金融机构提供更多数据分析，全面整合各方面的资源，便于小微企业授信和金融业的发展。

主持人闵文文：谢谢晓宇秘书长，让我们再次体会到在抗击疫情过程中金融科技展现出来的一些价值和作用，更明晰地了解金融科技的意义。接下来有请杨涛院长做本次会议的总结。

主持人杨涛：谢谢闵秘书长主持，也再次感谢今天参会的各位领导和嘉宾的精彩分享，我自己也收获非常大，既形成了众多共识，也有一些值得进一步探讨和商榷的地方。既有围绕疫情背景下整个金融科技领域发展趋势的分享，也有针对北京如何做好金融科技创新、如何使得金融科技创新更接地气各方所作的有价值的思考和研究。立言首都金融论坛第1期圆满结束，再次感谢各位嘉宾的参与和分享，希望继续得到各位专家的支持。谢谢大家，今天的会议到此为止。

金融科技创新监管试点与"监管沙箱"探索

编者按

2020 年 4 月 30 日,由北京立言金融与发展研究院主办,国家金融与发展实验室和北京市地方金融监督管理局指导,金融科技 50 人论坛学术支持的金融科技创新监管试点与"监管沙箱"探索研讨会成功举办。这是北京立言金融与发展研究院成立后举办的立言首都金融论坛第 2 期会议。当前,北京金融科技创新监管试点工作及"监管沙箱"实践亟须总结经验和进一步完善,其他城市金融科技创新监管试点工作也应有序展开和渐进探索。围绕相关主题,来自业界和学界的多位嘉宾,通过线上形式参与了本次研讨并展开热议,提出了很多富有建设性的意见和建议。专家认为,金融科技监管的核心目标是要实现所谓安全与效率的平衡,"监管沙箱"的目标就是金融科技创新和风险管控。中国不仅在金融科技实践方面在国际上比较领先,在监管科技上也一直处于前沿。

嘉　宾

杨　涛　北京立言金融与发展研究院院长、
国家金融与发展实验室副主任

胡志浩　北京立言金融与发展研究院副院长、
国家金融与发展实验室副主任

丁华明　中国支付清算协会业务协调三部主任

张　健　中国工商银行（以下简称工行）
金融科技部副总经理

尹振涛　中国社会科学院金融研究所金融科技研究室主任

马洪杰　神州数码信息服务股份有限公司副总裁

闫文涛　中诚信征信有限公司（以下简称中诚信征信）总裁

朱太辉　京东数科研究总监

李　耀　众邦银行首席信息官

翁爱芳　依图科技金融行业总经理

李　晶　北京立言金融与发展研究院首都金融智库合作基地
主任

闵文文　金融科技 50 人论坛执行秘书长

前　瞻

————————◆————————————————————

　　主持人胡志浩: 各位领导, 各位嘉宾, 今天是立言首都金融论坛第 2 期, 对于金融科技创新监管试点与"监管沙箱"这一热点问题, 当前监管学术界和市场机构都在积极地寻找相关答案。为深入做好金融科技创新监管试点工作, 央行发布了上海、重庆、深圳、雄安、杭州、苏州这六个地区扩大试点, 引导持牌金融机构、科技公司申请创新测试, 在依法合规、保护消费者权益的前提下探索使用现代技术手段①。在当前疫情肆虐情况下, 从金融科技助力疫情的防控来帮助企业脱困。在此背景下, 立言研究院主办了本次论坛, 本次论坛得到国家金融与发展实验室和北京市地方金融监督管理局的指导以及金融科技 50 人论坛的支持。

　　本次论坛邀请监管部门、行业协会资深专家和业内人士共同围绕金融科技创新监管试点和"监管沙箱"探索进行主题分享和交流。立言研究院是经北京市人民政府批准设立的非营利性高端金融智库, 旨在充分利用国家金融与发展实验室智库资源, 全面服务国家金融改革和发展战略目标, 着重服务北京经济金融改革和发展各项重要任务, 致力于为金融机构和工商企业提供咨询服务。首先有请主办方立言研究院院长、国家金融与发展实验室副

————————————

　　①　中国人民银行在上海等 6 市(区)扩大金融科技创新监管试点, http://www.pbc.gov.cn/goutongjiaoliu/113456/113469/4014870/index.html。

主任杨涛老师致辞。

北京立言金融与发展研究院院长、

国家金融与发展实验室副主任　**杨　涛**

五方面谈金融科技创新监管试点及"监管沙箱"

今天的主题主要围绕金融科技监管的试点与"监管沙箱"。2019年，为了贯彻落实央行《金融科技（FinTech）发展规划（2019—2021年）》，同时为了推动打造包容审慎的金融科技创新监管工具和原则，推动监管专业性、统一性和穿透性，北京率先开展金融科技创新监管试点，近期又推动第二批试点。在这样的背景下，有以下几方面需要关注：

第一，明确金融科技监管的时机和监管对象。监管对象归根结底是要把握风险，是系统性风险还是非系统性风险，在不同金融科技创新领域风险特征是什么，这些是金融科技监管需要解决的首要问题。

第二，金融科技监管的目标。监管的核心目标是要实现所谓安全与效率的平衡。当前条件下，能否通过监管优化来促进金融科技创新健康发展，重要衡量标准是能否有效服务实体经济，解决现有金融服务实体当中存在的矛盾与不足。例如，原有普惠金融发展当中一个重大难题就是成本高、效率低。如今，通过金融科技监管的创新与引导能否有效促使金融科技的这些主体、现象和产品最终解决这样一些普惠金融产品的矛盾，是一个重要的关注方向。

第三，金融科技监管的主体。这离不开中央相关监管部门，离不开在多层次监管体系当中的地方金融监管主体，离不开行业协会，在这样的多层次监管主体发展过程当中，如何更有效实现协调、互补与配合，如何解决过去在监管交叉或者是空白地带容易出现各类金融风险的这种状况，是讨论金融科技监管创新的一个重要核心点。除此之外，当监管更复杂的产品、更复杂的技术的时候，金融监管者在人才层面也有了更多的挑战。

第四，金融科技监管方法。引入了各种各样的新技术手段来解决原有监管体系当中的短板或者是矛盾。例如，解决现场监管能力不足的问题，解决原有信息统计系统标准化不够的问题，解决过去监管与被监管者沟通成本太高的问题。

第五，金融科技监管的创新保障。保障靠的是制度规则不断优化，靠的也是生态基础、基本要素不断优化，这里涉及大量软环境、硬环境的要素。例如，全球机构法人编码体系（LEI），实际上就是在全球主要参与金融市场交易的机构都给予一个身份证，这个身份证以编码形式体现出来，未来在全球金融市场交易当中我们就能够更有效地辨识对手方的基本情况，减少合规成本、尽调成本，更好地提高金融交易效率，避免在金融体系里的所谓黑池交易，搞不清楚究竟是哪些主体参与到这个体系当中。这样一些基础性的工作同样也是金融科技监管能够带来系统性效果的重要保障。

　　总而言之，金融科技监管和"监管沙箱"相关的一些领域正是当前关注金融科技、关注金融问题的一个重要着眼点。相信今天通过来自于不同领域各位专家的交流，我们会对下一步在金融科技监管发展当中的一些创新重点、需要解决的难点形成更多的共识。

聚 焦

▶ ───

主持人胡志浩：下面为主题发言阶段，邀请中国支付清算协会业务协调三部主任丁华明先生就这一主题进行分享。

中国支付清算协会业务协调三部主任　**丁华明**

金融科技创新监管国际经验与中国实践　▼

　　中国支付清算协会早在 2017 年 5 月就成立了金融科技专业委员会，同时根据金融科技行业类别和产业链分布情况发起设立了监管科技、数字货币、金融大数据、人工智能、区块链五个研究组，在中国人民银行指导下围绕"研究、交流、服务、自律"的职责定位广泛开展市场调研和组织专题研究，支持金融科技创新监管试点，推动行业标准化建设，负责金融科技创新产品认证自律管理，各方面工作在大家支持下取得了积极成效。结合此次论坛主题，今天给大家汇报的题目是《金融科技创新监管国际经验与中国实践》。

　　当前金融科技蓬勃发展，创新产品层出不穷，一方面提升了金融科技机构的服务效率和能力，另一方面使金融风险变得更加错综复杂，也给监管带来诸多新的挑战。

第一，当前金融科技创新展现的新特点。主要有五个方面：一是金融科技创新将参与主体、交易过程和交易媒介数字化，提高了交易效率，同时增加了金融业务的安全性和透明度。二是渠道网络化，2019 年银行业金融机构离柜率总体超过 85%。随着科技深度运用于金融领域，服务渠道网络化程度进一步提升，具备任意时段和任意地点的服务能力。二是场景多元化，金融服务可获得性、便捷性大大提高，在场景多样化的基础上，应用大数据分析细分场景下客户的个性化需求，有利于提供差异化、定制化的产品和服务。四是服务的智能化，金融机构运用新一代人工智能手段，推出"看懂图像、听懂语言、读懂文字"的智慧金融产品，大幅降低服务门槛，显著提升服务覆盖率、可得性和满意度。五是区域化，云计算广泛应用逐步实现金融产品运营模式从粗放型向集约型转变。

第二，金融科技创新给监管带来新的挑战。第一个挑战是金融创新监管穿透性不足。跨行业、跨市场的跨界经营日益丰富，不同业务之间相互关联渗透，金融传导性更强，风险传播速度更快；金融科技利用信息技术将业务流变成信息流，一些金融科技创新产品过度包装，准确识别底层资产和最终责任人存在一定难度，业务本质定性更难。第二个挑战是金融创新监管存在滞后性。从监管的三个前后流程来看，市场准入阶段的部分新生金融业态和领域成为监管盲点；在市场运作过程中传统监管采用的报表、检查等方式依赖金融机构报送，监管、合规报告无法实现合规校验；在发现违规事件之后进行处罚无法及时有效防范和化解风险。第三个挑战是金融监管一致性。一方面是金融机构合规人员在业务经营范围、数据报送口径等方面存在理解偏差；另一方面是监管政策规则中文表述不可避免存在二义性的问题，客观造成对一些法规的理解偏差。第四个挑战是监管成本和合规成本。特别是 2008 年金融危机以来各国加大了对金融监管的力度，包括处罚力度，一方面是监管新规推出速度加快，金融机构对监管要求如果了解不深入、不及时，可能导致创新滞后，耽误了商机，也可能面临处罚；另一方面是监管处罚力度的加大，迫使金融机构投入更多人力、物力、财力去理解监管新规。

第三，国际金融科技创新监管的经验。首先看一下"监管沙箱"的源起，面对金融科技创新复杂性需要提供个性监管的要求，很多国家和地区采取加速器、创新金融、创新中心、沙箱监管等方式完善监管机制，在带来效益与防控风险之间寻找一个平衡。"监管沙箱"这个术语是计算机安全领域演化出来的，得到多个国家和地区的认可，通过提供一个缩小版真实市场和宽松版环境鼓励金融企业对创新产品、服务商业模式等进行大胆操作，使创新风险能够在一定虚拟环境或者受限制的地域、局部充分暴露出来。从公开资料看，截至 2020 年 3 月，全球已有 40 多个投入运行的"监管沙箱"，范围涵盖英国、澳大利亚、新加坡、中国香港等国家或地区，此外还有不少国家或地区即将投入运行或拟设立"监管沙箱"。

下面展示一下"监管沙箱"的演进趋势。目前来看，国际上有几种"监管沙箱"的演进趋势，第一个是数字沙箱。单纯的规制沙箱向数字沙箱演进，最重要的是配套数字化环境和管理工具，其中英国率先提出来数字化监管的一个工具。数字化监管主要是采用分布式账本技术，构建实施监管报告系统，探索使用智能语言处理技术将企业资料转化为一种可读格式，利用技术提高金融机构监管报告的质量，将监管合规程序、公司政策与标准、公司交易应用程序与数据库联系起来，提高数据库报告准确性，开创一种模型驱动和机器可读的监管环境。第二个是分级沙箱，依据复杂性和带来的风险进行分级管理。第三个是跨境沙箱，目前很多金融创新也涉及跨境金融业务的交易，基于跨境创新需求，为促进规制统一性推出跨境沙箱，可跨不同辖区进行测试，英国2019年1月联合国际金融监管机构和相关组织已经启动了全球沙箱机制。

第四，中国金融科技创新监管的实践。2020年4月27日中国人民银行再度发布公告扩大试点工作，增加试点城市包括上海、重庆、深圳、雄安、杭州、苏州6个地市区，另外最引起大家关注的是，这次明确提出除了持牌金融机构之外，科技公司也可以申请创新测试，这是一大创新。北京第二批项目里面就已经包括了科技公司，第二批项目比第一批项目多的一个重要原因就是有科技公司申请。

我国金融科技创新监管试点工作的监管理念首先是以维护金融安全为根本，把安全和发展作为一个有机整体统一考虑，另外是不断在实践中探索和发展金融科技创新监管新模式，也在不断地拓展改进工作的方式和方法，试点范围也扩大了、参与对象也扩大了，还有监管工具也会进一步跟进,包括一些科技手段、平台建设,也包括监管部门、行业协会,包括参与的主体、社会公众联合这种机制也会更加高效。工作流程方面,事前、事中、事后都有精心的安排。

金融科技创新监管试点工作的几个关键要点:一是事前从业务合规、技术安全、风险防控等方面把好入口关,落实主体责任,最重要的还是源头,也有利于提高监管的效率。强化内部管控和外部评估,确保金融科技创新不突破现有法律法规、部门规章和基础规范性文件。二是在事中协同方面,首先通过金融科技创新应用声明书的准备、公示、监督、审核、备案等环节构建监管部门、行业协会、社会公众、金融机构协同共治,金融科技创新应用声明书是我国"监管沙箱"的一个特点,声明书是整个试点工作的关键点。三是建立健全内外部投诉处置和反馈机制,构建行业投诉处理机制,建立事中、事后监督惩戒机制,按照监管部门工作部署,下一步让行业协会,包括我们协会也要在行业投诉处理方面发挥更大的作用。

第五,金融科技创新监管工作的展望。前不久,中国人民银行范一飞副行长在《中国金融》发表署名文章《我国金融科技创新监管工具探索与实践》,主要有以下观点:一是支持科技公司直接申请测试。作为金融科技创新的重要参与方,科技公司主要从事金融相关的业务系统、算力存储、算法模型等科技产品的研发设计和能力输出。科技公司在满足信息保护、交易安全、业务连续性等方面的要求前提下可直接申请测试,涉及的金融服务创新和金融应用场景则须由持牌金融机构提供。科技公司既可联合金融机构共同申报，也可单独申报后结合应用场景选择合作金融机构。二是进一步优化测试风险防控机制。利用监管科技手段加快建立创新风险监控平台和规程，采用监管探针、外部感知、信息共享与报送等方式实时采集分析创新风险情况，实现对潜在风险的提前探测和综合评估。测试机构需履行风险防控主体责任，并借助第三方专业支撑能力，做到问题早发现、风险早预警、漏洞早补救。对短期内难以补救的风险漏洞，及时采取综合性风险补偿措施；对存在重大安全问题的创新应用，及时阻断并退出测试；对造成损失的，测试机构须通过风险拨备资金、保险计划等进行赔偿，切实保障消费者合法权益。三是加快构建金融科技监管的框架。这是一个系统性工程，以创新监管工具为基础，打造包容审慎的创新监管工具，更好地适应金融科技风险复杂多变、产品日新月异等形势，增强金融监管效能，防范化解创新风险。以监管规则为核心，通过创新监管工具更好地掌握金融科技创新的服务模式、业务本质、风险机理等，有助于更快出台监管规则，纾解因规则滞后带来的监管空白、监管套利等问题。以数字化监管为手段，充分发挥数据、技术等生产要素的重要作用，建设数字监管报告平台，采用自然语言处理、知识图谱、深度学习等人工智能手段实现监管规则形式化、数字化和程序化，强化监管渗透的深度和广度，加快金融科技监管的数据加持、科技武装能力。

　　第六，中国支付清算协会在监管科技方面开展的几项重要工作。一是成立监管科技研究组，主要是致力于推动监管科技的研究探索与应用实践，例如，牵头开展了监管科技蓝皮书——《中国监管科技发展报告（2019）》的编写。二是参与支持金融科技创新试点工作，根据中国人民银行工作安排，作为全国性行业协会参与北京试点工作，配合做好金融科技创新监管试点的项目初审、信息公示、意见处理、风险监测等工作。下一步将继续全面支持上海、深圳、苏州等地的试点工作。三是负责金融科技产品认证自律管理，协会按照中国人民银行和市场监管总局的要求，负责金融科技产品检测认证的自律管理，建立健全金融科技产品安全评估管理体系，建设维护"中国金融科技产品认证管理平台"，实现认证过程可追溯、结果可核实的全流程管控。

谢谢！

主持人胡志浩： 谢谢丁主任用比较充分的资料展示了关于金融科技创新的监管国际经验和中国实践，尤其是介绍了下一步国际"监管沙箱"的演进趋势，还有监管当局下一步的工作展望，很多重点问题值得共同探讨。下面有请工行金融科技部副总经理张健先生。

中国工商银行金融科技部副总经理　张　健

商业银行视角谈"监管沙箱"

"监管沙箱"是当前整个行业里面大家讨论比较多的热门话题，

我重点从银行视角跟大家做一些分享。

金融科技本身就是一个非常热门的话题，对于监管来说，监管科技发展也非常迅速。"监管沙箱"通过划定刚性边界、设置柔性边界、留足发展空间等方式，帮助营造了一个健康有序的金融科技创新环境。工行高度重视、积极参与"监管沙箱"试点，在第一批项目中，工行主要采用物联网、区块链等技术，应用到供应链金融的场景，将支付、融资等金融服务和整个供应链、产业链结合起来。一方面为政府提供产品质量安全的追溯管理，为企业提供一站式品控溯源解决方案，包括配套金融服务方案；另一方面为广大消费者提供可信溯源信息检索服务。这样一个利用物联网、区块链等技术的场景，应该算是金融科技赋能业务发展的典型案例。

从商业银行的角度，对"监管沙箱"今后的应用及推广提出几点思考与建议：

第一，对于"监管沙箱"的机制需要进一步持续完善，机制持续完善有利于监管和创新的良性互动。"监管沙箱"一方面能够有效降低金融创新的合规成本，另一方面能够助力更多的创新产品走向市场、面向客户，实际上成为了平衡监管和创新之间关系的重要支点。同时在创新产品正式推向市场之前充分利用"监管沙箱"的机制，可以在缩小版真实市场、宽松版监管环境中接受检验，后续迭代优化之后逐步扩大推广范围。面对旺盛的金融科技创新需求，对于监管来讲，可有效利用"监管沙箱"这样的机制来逐步扩大创新试错空间，引导规范开展金融科技创新。

第二，对于银行来讲，还是要始终以市场和客户为服务主体。在"监管沙箱"实施过程当中全方位做好对消费者或者对于客户权益保护的机制设计，其中一项工作就是要建立风险补偿和退出机制。"监管沙箱"是在消费者保护前提下的创新实验，纳入到"监管沙箱"的创新项目本身还是容易产生一些不易识别的潜在风险，所以在这种情况下，银行要提前制定稳妥的风险补偿机制，比如，预留一定的保证金建立赔付机制来保证消费者的财产安全。同时，如果试点失败，要有失败退出的预案，做好对客户的解释，避免引起一些不必要的纠纷。另外，要做好客户隐私的保护工作。"监管沙箱"机制下客户数据的保护也是一个挑战，需要银行和监管做好协同，合理确定对客户数据采集的范围，而且要建立可靠的信息传输方式和严密的信息使用管理制度，对客户的隐私做好保护。

第三，银行要利用好"监管沙箱"的机制，特别是关注并且化解新技术、新业务模式带来的风险。银行一直在借助金融科技手段驱动对服务模式、内部经营管理模式的深刻变革。同时也要关注金融科技应用带来的风险，包括人工智能、大数据等，新技术应用本身可以变革服务模式和经营模式，同时也会带来新的风险。如应用程序接口（Application Program Interface，API）技术可能导致的外部风险转化为输入型风险，生物识别技术可能导致的信息盗用风险，分布式和云计算技术可能导致的生产运维转型问题等。

第四，对监管方面的一些建议。在"监管沙箱"机制的推进过程中，要进一步增强业务的驱动力，对业务规范和业务制度的有效性进行监管。

第五，要充分利用"监管沙箱"的机制优势，逐步提高对金融科技创新风险的容忍度，或者说试错的空间，发挥"监管沙箱"对金融创新的促进作用。

最后，"监管沙箱"目标就是金融科技创新和风险管控，对银行来讲要两手抓，而且两手都要硬，对工行来讲也特别希望能够继续参与到整个"监管沙箱"的试点当中，和监管部门、行业协会，包括产业端加强合作，希望各个行业、各个方面对我们的工作能够继续给予理解和支持。北京金融局，包括中国支付清算协会、立言研究院对工商银行参与"监管沙箱"给予了非常多的指导，借此机会表示感谢！后续也希望各位领导、各位同仁、各位专家继续对工行"监管沙箱"项目给予关注和支持。谢谢大家！

主持人胡志浩：谢谢张总从商业银行视角分享了对于"监管沙箱"的思考和建议。我个人认为在"沙箱"之下，已经进入"沙箱"的金融机构和科技机构，就是在这一平台下进行自我安全性和效率的平衡。接下来有请中国社会科学院金融研究所金融科技研究室主任尹振涛先生。

中国社会科学院金融研究所金融科技研究室主任　**尹振涛**

泰国"监管沙箱"经验借鉴

▼

谢谢志浩主任，谢谢杨老师的邀请。今天给大家汇报的是微观的主题，也是国际经验，有以下一些思考。

海外的一些经验比较丰富，大家关注更多的是英国、澳大利亚、加拿大、新加坡、中国香港这些国家和地区，今天我主要从泰国的角度分享。选择泰国有几个原因，一是泰国金融科技发展比较有特色，泰国的互联网普及率在整个东盟地区相对来讲比较高；二是泰国从传统金融机构的覆盖比率来看比较低，金融科技或者是普惠金融的市场空间比较大。在此基础下，泰国政府对金融科技发展持有非常积极的态度。另外，泰国是全球最佳科技外包中心或服务国家，具备一定的科技服务基础和实力。

泰国政府高度重视并主导了电子支付行业发展，将电子支付作为整个金融科技的基础设施，这是非常重要的一个特点。泰国金融科技发展属于政府推动型或者政府主导型，更多聚焦在电子支付行业。由泰国政府成立了全国银行间管理交易所，统一对电子支付进行结算，泰国中央银行建立实时全额清算系统，引进了国外一些经验和一些具体的系统，实现电子支付实时结算。泰国传统商业银行借助电子支付基础设施的不断推进，更多去普及传统银行卡、信用卡、ATM 和电子支付。这一背景下，泰国政府与泰国银行出台了《国家电子支付总体规划》，围绕着总体规划，其他各个部门事实上相互配合，包括劳工部、财政部、审计署等，共同推动电子支付发展。泰国政府支持金融科技发展有两点：一是 2016 年颁布"支持发展 P2P 网络借贷发展规划"，二是 2018 年颁布《数字资产法》支持数字货币的发展规划。法令更多地侧重两点：①以更合法合规的方式进行融资；②对这种行为包括数字货币交易进行合理征税。

　　下面是泰国"监管沙箱"的大致方向，中国在实行"监管沙箱"的时候侧重防范风险，保护金融消费者，同时支持金融科技的发展。泰国完全反过来，首要目标是鼓励金融创新，吸引国际投资，增强金融活力和吸引力，而将市场化金融科技构建、金融消费者保护和风险防控放在了次要目标里。泰国希望通过"监管沙箱"支持金融科技的发展，吸引国际投资到泰国来，增强金融的活力和吸引力。泰国金融科技发展很明显是政府推进型，泰国政府这种特殊的体制，非常积极地吸引市场化机构参与到金融科技体系建设当中，尤其是参与金融基础设施的建设，与中国市场发展有些相同，也有很多不同。另外，泰国实行"监管沙箱"并不是放到某一区域，是央行主导下的全国性、综合性沙箱，2016 年 10 月发布的"监管沙箱"指南，当年年底正式推行。这个过程对中国也有一些启示：一是对企业和产品虽有双重要求，但事实上更倾向于牌照；二是申请时必须说明现有的法规与自身的不兼容点，在"监管沙箱"外不能进行业务的原因；三是收到申请后 60 天内必须答复；四是测试期一般为 6~12 个月；五是机构通过了"监管沙箱"的测试之后可以申请开展更广泛的服务，但不再享有特权。泰国还出台了向金融科技企业开放信用数据、对金融科技企业实施减税政策等配套措施。

　　另外，"监管沙箱"并不是一个独立的政策，除了很多监管部门共同努力，还需要很多其他方面的配合。一个是在"监管沙箱"出台的同时，泰国银行也向财政部提出修改泰国征信信用信息法当中对金融机构的定义的要求，按照原有法案，包括金融机构之间的数据主要是只能对金融机构进行共享、分享或者使用的数据，泰国银行明确提出要修改这一法案，是因为没有配套政策，"监管沙箱"作用也会降低。另一个就是对进入"沙箱"的金融科技企业进行降税。

　　第一轮和第二轮加入到测试的企业有四种类型，大多数围绕着支付展开，这与泰国政府支持支付有很大的关系。这个过程当中有几个特点：第一个特点是完全由商业银行主导制定二维码的标准，目前泰国二维码支付标准基本上就是由五家银行共同商讨、商议与监管部门共同确定的标准。第二个特点是二维码支付正式被纳入国家电子支付的系统当中。最后，泰国是一个旅游国家，必须要解决偏远旅游景点二维码支付问题。

　　另外，泰国开始考虑生物识别、区块链等其他一些技术。泰国"监管沙箱"还做了一些新的迭代，第一个特点突出表现在一些专业委员会或是专业监管部门，很多专项项目在泰国不断推进。第二就是泰国金融科技企业联盟在 2018 年推出"监管沙箱"社区计划，基本上只吸收初创型企业。

　　最后，对我国"监管沙箱"工作提出几点思考：一是央行、监管部门、地方政府都可以推进"监管沙箱",但监管部门推进会更加有效。国务院金融稳定发展委员会、央行可以推进"国家级沙箱",监管机构和协会可以主导推动成立专门的"专项沙箱",地方政府推进"区域沙箱"。"监管沙箱"属于政府推动型或者是监管部门推动型,中国是由中国人民银行监管部门推动,落地主要是地方推动,存在衔接问题。泰国银行、泰国保监会,还有行业协会或者是联盟,以及地方政府,都可以有自身"监管沙箱",各有各自的特点,各有各自的权限,且有一定的联动关系,当然更重要的是有自身独特的地方。二是"让谁进来"的问题。当前"监管沙箱"以项目为主,首先考虑持牌机构,但这在很大程度上受制于监管能力,而不是牌照思维。科技企业要想纳入到"监管沙箱",大型科技企业可以通过先合作、后独立申请的方式,小型科技企业可以通过申请一些"专项沙箱"的方式。三是"进来以后"的问题。"监管沙箱"不仅是选谁入栏,还要看如何圈养。在这个过程中,金融监管部门工作量非常大,包括监管监测和评估、沟通协调和配合、孵化推广和背书等,需要很强的科技和人才支撑,部分监管服务可以采用外包的形式。四是"走出去后"的问题。当前"监管沙箱"进入标准很清晰、退出标准不清晰,退出后能否直接获得牌照或许可、是否法律豁免或尽快启动法律以及法规的修改等问题需要进一步明确。

主持人胡志浩: 谢谢尹主任用泰国的角度进行分享,麻雀虽小五脏俱全，确实指出了很多有意思的信息，也提出了对于中国的启示，进入试点以后如何向全国进行业务推广，跟现有法律法规冲突应该怎么平衡这些问题，引发我们很多思考。下面有请神州信息副总裁马洪杰先生。

神州数码信息服务股份有限公司副总裁　　**马洪杰**

科技企业视角谈"监管沙箱"

大家好，我将从金融科技公司或者说科技创新主体角度做一些分享。

第一，"监管沙箱"对金融科技创新起到了重要的推动作用，央行在"监管沙箱"试点上允许金融科技单独申报，这无疑对金融科技公司是一个重大利好。从服务对象来看，"监管沙箱"既包含监管者，又涵盖创新主体；从监管者视角来看，监管试点为认识创新提供监测工具和手段；从创新主体角度来看，监管试点可以降低创新主体合规风险，创新主体能够在产品设计之初和整个过程中得到监管部门的合规建议和指引，从而减少双方信息不对称导致的风险成本，最终为金融科技企业业务创新提供新的动力。

第二，从测试技术和环境角度来看分为虚拟沙箱和真实沙箱，其核心都是为金融创新提供安全快捷的测试环境。开展"监管沙箱"的同时，通过标准、测评和认证整个闭环，对金融科技创新试点进行整体监控，提升整体监管效能。

第三，有利于推动金融业务场景和产业的结合。尤其是"监管沙箱"里金融机构场景和金融科技产业端围绕整个民生的融合。很多金融产品和服务都和具体场景有着紧密的关联，尤其伴随着我国金融服务实体经济要求的持续强化，特别是疫情期间，中小企业生产、流通、消费都和金融服务有着紧密联系，由此衍生出一系列创新的金融服务模式、金融产品、金融解决方案，通过监管试点进行测试，研究监管模糊或者不确定性等特征可以推动金融业务场景和产业的融合。"监管沙箱"不是合规背书，是有限定条件的监管豁免安排，需要取得相应监管当局的授权，测试对象是金融解决方案或者应用，不以申请法人主体为测试对象，因此不以申请法人机构作为合规性背书，同时也不对业务模式可持续性、发展性进行测试，这些应该由市场主体做出判断。"监管沙箱"并不追求创新零失败，而是让监管者更好地理解和认知创新，在做好消费者保护的前提下宽容失败。"监管沙箱"的测试需要基于真实业务场景，不对脱离业务场景技术进行测试，业务逻辑合规性和新技术适用性是"监管沙箱"的核心。

另外，重点谈一下对监管科技的认识。监管科技是"监管沙箱"中非常有力的支撑，监管科技本质是利用最新的科技手段来服务金融监管和合规，以实现金融机构的稳定有序发展为目标，监管科技对监管和行业创新有着非常重大的影响。

监管科技对"监管沙箱"支撑包括三个方面：一是监管科技未

来发展的核心技术要以云计算、大数据、人工智能、区块链、API
五大领域为主。云计算为监管科技提供了廉价的计算和存储资源；
大数据实现了大规模数据挖掘分析能力，高效实时处理能力；人工
智能基于大数据提供交互能力；区块链保证基础信息的真实性和不
可篡改性，同时保证业务的合规性，提高了业务办事的整体效能；
API 提供监管规范性。二是数据资产化给"监管沙箱"提供了有力
支撑。各个行业在数字化转型过程中积累了大量数据，而数字资产
化可以为"监管沙箱"进行风险管理、内控、反洗钱、审计、合规
监管等提供更多数据来源。2019 年发布的《金融科技（FinTech）
发展规划》明确要运用大数据打通金融业务数据融合应用通道，破
除不同金融业态数据壁垒，化解信息孤岛等关于大数据资产化方面
的要求，推动形成金融业数据融合的新格局。当前大数据应用多
聚焦在客户、产品、服务、线上渠道等领域，而在风险管理、内
控、反洗钱等方面的运用仍停留在以资本、指标、规则为主的传统
业务范式层面，所以在监管科技逐步成为趋势的背景下，金融机构
在大数据应用思维中，应该从以客户为中心，延伸到以监管合规为
中心，逐步突出用数据驱动风险管理、合规管理，运用大数据技术
评估计量风险中后台业务，最终实现资产数据化到数据资产化的转
变。三是技术工具化是监管科技的重要方面，可以提升整个监管试
点的效率。利用微服务平台可以实现相关业务快速部署，对错综复
杂的数据进行快速解耦和组合，让试点更加敏捷和高效，实现监管
数据的共享性和统一性，对监管合规性实行统一标准，实现监管和

机构内部整体统一。

神州信息本身也是以科技为主赋能金融的金融科技公司，借此机会对今后金融科技创新试点和"监管沙箱"提出以下具体建议：

第一，当前背景下金融科技创新一定要"基于'新基建'、围绕新技术"。一是"新基建"给产业带来巨大机会，直接投资加上带动投资达到千万亿级别，给各行各业带来前所未有的机会和深远影响。金融业天生具有数据海量性、交互实时性、业务网络性的特点，5G、人工智能、工业互联网、物联网等新的基础设施本质上就是信息数据化的基础设施，将给金融业发展和金融科技创新带来更多突破。人工智能在金融行业的应用会得到更大的普及，移动支付技术将更加安全，金融诈骗现象能得到有效遏制。未来万物互联，金融数据的采集将呈现指数级的增长，技术人员将通过海量数据对个人属性、经济行为进行分析。从信息基础设施、融合基础设施和创新基础设施三个维度来看，都值得进一步探讨和发现机会。二是新技术要向标准化、工具化和平台化演变与发展，这是新技术不断创新的动力。标准化平台为新技术创新实践提供了坚实的保障平台，而标准和工具平台化可以为金融科技创新过程中各类主体、各个环节提供上下联通的创新模式。在银行业转型发展历程中，神州信息一直追踪前沿技术，不断将自主创新技术和行业融合作为企业发展的生命线。IT架构很重要的一个变化就是，基础设施从传统服务器、数据库向多云平台的转化，产品和服务也在不断创新。三是围绕金融安全的顶层基础设施的重构。基础设施重构有三点需要阐述,即面对 5G 时代人、机、物融合的这种新型技术设施架构,如何实现对它的管理,如何实现新型系统架构带来的 PaaS^① 层数据管理,以及如何实现对分布式、去中心化价值传递体系的技术支撑。四是希望构建整个金融超脑,以数据和知识为核心来塑造核心竞争力,在金融领域的知识图谱构建方面探索更多。

第二,"监管沙箱"一定要侧重场景和产业的融合,不同于之前的供应链金融,产业协同金融通过云、大数据、区块链等来消除传统供应链金融单纯依赖核心企业授信的局限性,实现物流、资金流、信息流、人流、技术流五流合一,让中小企业可以跨地域、跨管辖范围、跨全生命链周期授信。传统供应链金融中,核心企业经营情况非常关键,如果受到宏观经济、行业,包括疫情对自身经营产生影响的话,就会出现不可控因素,中小企业还有一定的局限性,经营情况不是特别稳健,如果中小企业在整个产业协同过程中抱团在一起,各个环节融合在一起,金融机构把客户需求、产品设计、贷前调查操作、贷后管理这些链条打包在一起,最终把原材料采购、生产、物流和产品交互等环节深入整合,就可以加快整个产业协同金融的发展。

从金融服务实体经济的角度,以农业和金融融合为例,需要更多的创新点。相关数据显示,在中国传统金融体系中,农林牧渔占GDP 贡献将近 10%,但获得银行贷款却不足 1%,融资困难是制约

---

① PaaS 是 Platform as a Service 的缩写,是指平台即服务。

农业产品经济发展的桎梏。农业群体缺乏大数据信息的支撑，普遍被认为服务风险较高，信用问题是导致金融机构对农户群体缺乏信任的本源。从金融服务实体经济角度来看，金融和农业场景融合需要优化金融产品和创新模式，依法合规地拓宽涉农信贷抵押物的范围，畅通涉农贷款风险缓释渠道，包括涉农保险产品的创新。

总之，当前的金融科技不能简单停留在银行，要扩展到保险机构，也可以跨平台和各行业融合，构造一个更多维立体化的金融产业场景，也希望神州信息能够依托自身智慧城市、智慧农业、量子通信等领域经验，和行业端、企业端、政府端打通 B 端和 C 端客户资源，与金融机构一起推动面向场景业务，促进金融科技企业和产业互联网发展。最后希望和在座专家领导保持紧密合作，为后续金融创新监管合规贡献一分力量，谢谢。

主持人胡志浩： 谢谢马总，从科技类企业的角度解释金融业可能面临的技术和信息特点，的确让我们受益匪浅。通过企业自身设计的一些场景和产业融合的案例，可以看到神州信息之前跟大量企业金融机构有长期密切的合作，才会对这些场景、这些产业融合理解得如此深，这也是下一步"监管沙箱"要吸收一些非持牌机构进入"沙箱"中的原因。下面是圆桌讨论环节，有请金融科技 50 人论坛执行秘书长闵文文女士主持。

言　论

主持人闵文文：感谢胡院长，非常感谢以上各位发言嘉宾。烦请各位专家结合自己所在的机构和企业做一分钟自我介绍，并且谈一谈"沙箱"对于企业创新的必要性。首先有请中诚信征信有限公司的闫文涛总裁。

中诚信征信有限公司总裁　**闫文涛**
▼

下午好，各位嘉宾好，首先向参会人员简要介绍中诚信征信的定位和发展目标。中诚信征信是一家基于大数据风控的信用科技公司，发展目标是通过大数据和 AI 技术，并结合公司自身积累的风控经验为金融机构风险管理提供技术服务。中诚信征信一直坚信，金融科技的本质是风险管理，风险管理不一定局限于技术本身，技术只是辅助的，怎么样将技术结合经验更好地服务风控是中诚信征信一直以来思考的话题。2013 年以来，国际金融发展遇到了各种各样的问题，整个 P2P 行业，包括大数据行业，还有区块链行业，出现了各种各样的问题，有些突破了合规或者是法律底线。"监管沙箱"对科技企业的重要意义有以下几点：

第一，"监管沙箱"有利于企业创新，能够缓解很多合规压力和合规成本，减少创新者的担忧。

第二，"沙箱"提供了一个能够检验金融科技商业模式的高效或者低成本的环境。最近几年出来很多新技术，但是到底能不能形成一个很好的商业模式，需要付出很大的商业代价来检验，如果在整个监管的合理指导之下，原本需要很长时期的商业模式检验，可以使用相对短的时间做校验，无论对创新还是对市场来说，都可以很好地节约成本、提升效率。

第三，"监管沙箱"提供了一个金融科技企业和持牌机构合作的平台。第一批甚至第二批"沙箱"里面包含了一些金融科技企业和持牌机构之间合作的项目申报，为金融科技企业提供了很好的潜在市场资源，通过这种方式拉近和很多持牌金融机构之间的业务合作，也有利于降低后续的合作成本。

最后，提出两个"监管沙箱"亟须解决的问题：一是"监管沙箱"主体以持牌机构为主，限制了金融科技公司的参与，未来需要在批准门槛上有一定的放松；二是"监管沙箱"主体退出后的法律问题和合规问题，如信息隐私保护、与现有法律条款的协调等。

主持人闵文文： 谢谢闫总，接下来有请京东数科研究总监朱太辉先生！

京东数科研究总监 **朱太辉**

▼

　　大家好，今天主要对"监管沙箱"的未来发展做三个方面的前瞻分析。

　　第一，在目标层面上，要不断深化对"监管沙箱"作用的理解，从改善金融创新监管拓展至全方位提升金融服务质效上。"监管沙箱"的直接目标是提升金融创新监管的专业性、统一性和穿透性，但最终目标是要实现金融服务实体经济和防范金融风险的统一与协调。当前起步阶段的入箱测试项目基本上是技术和流程创新性方面的，主要是金融服务补短板的项目，还没有涉及业务模式创新。但金融业务模式的创新对于改善金融服务同等重要，而且技术和流程创新需要业务模式创新配合才能更好地改善整个金融服务的效率。"监管沙箱"的作用可以进一步扩大，关注和测试的创新可以从推动金融服务补短板方面，进一步扩大到推动整个金融服务"增量、扩面、提质、降本"上。

　　第二，在实施层面上，要总结形成一些确定性的"监管沙箱"规则，提升整个"监管沙箱"测试的确定性。现在试点范围也在不断扩大，在这些试点基础上应该总结完善"监管沙箱"的经验，明确"监管沙箱"未来的发展方向，甚至形成一些比较确定的规范。引导"监管沙箱"，引导市场主体对"监管沙箱"形成更好的确定性预期，从而更好地形成推动市场的金融创新。在实施主体上，明确中央监管部门和地方政府的监管如何协调，以及各个地方的"监管沙箱"的设计如何做到标准统一，又能体现地方差异，随着"监管沙箱"试点范围不断扩大，这一问题更加紧迫。"监管沙箱"适用对象和申请主体标准范围如何界定。现在北京市第二批试点征集已经放宽到金融科技企业可以独立申请①，这是一个很大的进步，"监管沙箱"的测试评估标准应该涵盖哪些方面，评估主体和评估机制如何设计，是否引入外部专家、行业专家等，以及在风险防控和消费者保护机制方面应该有哪些明确的考核标准，最终"监管沙箱"退出机制如何设计，都应该有一些要求。国外一些"监管沙箱"经验确实值得借鉴，但是各个国家"监管沙箱"又会在不同层面出现差异，需要我国结合地方特色进行一些选择性的吸收。

　　第三，在应用范围上，"监管沙箱"是中性的，既可以用来测试金融技术、金融业务的创新，也可以用于测试监管规则调整和监管工具实施的效果。通过这种相对真实的沙箱环境，分析监管规则适配性以及新制度和修订的监管规则的合理性。从监管部门的变化来看，一些监管规则也做了一些修订，如疫情暴发之后，由于线上金融非接触式业务模式的快速发展，远程开户等一些政策也做了暂时性的调整。金融科技和金融数字化快速发展确实需要金融监管规则的调整，而"监管沙箱"既可以用于测试金融技术业务的创新，也可以用于测试监管规则调整和监管制度的一些创新，因此，"监

① 《关于征集北京市金融科技创新监管试点创新应用项目（第二期）的公告》，http://jrj.beijing.gov.cn/tztg/202003/t20200327_1740527.html。

管沙箱"应该发展成为一个金融监管部门和金融市场主体良性互动的重要渠道，最终实现金融科技创新和监管规则修订的完善和进步，进一步提升金融监管和金融创新的适配性，谢谢。

主持人闵文文：非常感谢，下面有请众邦银行首席信息官李耀先生。

众邦银行首席信息官　**李　耀**
▾

大家好，众邦银行于 2017 年开业，是我国第 11 家民营银行，也是湖北省唯一的民营银行。众邦银行大股东卓尔集团在疫情期间成立了 7 家应急医院，3 家方舱医院，贡献了武汉 1/6 床位，支持武汉顺利度过了疫情最艰难的阶段。众邦银行是全国首家专注于服务小微企业的互联网交易服务银行，为交易平台上下游供应商和经销商提供服务，这些供应商、经销商多数都是小微企业，规模很小，所以普遍面临融资难、融资贵的问题。众邦银行的使命是希望能够借助金融科技的手段，用创新业务模式服务小微企业。

民营银行在牌照要求上最多只能有一个线下网点，线上从事一些新的业务模式创新非常关键，因此"监管沙箱"非常必要。

第一，"监管沙箱"打开了一个创新空间。银行是特许经营，一般企业基本上就是法无禁止皆可为，银行需要在特许经营范围里面去开展业务。

第二，对从业者来说，"监管沙箱"提供了一个对等创新的机会。不同地方对于监管的政策解读不太一样，就会造成在某些地方监管比较宽松的情况下会有一些创新，但是如果比较严格的话可能创新就没有了。

第三，"监管沙箱"可以提供一个可控的创新，创新意味着会有失败、试错，金融领域面临信用、市场、流动性、操作风险、法律风险等一系列风险，有了"监管沙箱"之后，在一个制度的"笼子"里面试错，可以保证创新的可控性。这是"监管沙箱"的必要性。

目前来看，"监管沙箱"创新还有一些痛点。

第一，封闭的商业模式和商业环境导致各个机构在创新上重复投入，行业壁垒导致共享机制缺失，需要消除这种创新上面的重复投入。

第二，合规成本。银行面临严监管的问题，而且基本上是现场、非现场组合方式，非现场以月报、季报为主，一方面沟通成本比较高，另一方面很多报表数据报到监管机构之后信息还不能充分利用起来，比如，金融机构其实把很多明细数据都报上去了，但是真正使用的时候，监管机构还是希望用另一套方式采集完再送上去。我们期望通过一些监管科技的引入来使得合规成本大幅降低。一是监管采集标准化。运用大数据技术把结构化、非结构化数据都做一个标准化采集。二是监管能力实时化。风险7×24小时都存在，季报、月报都比较滞后的，需要实时介入金融机构业务模式，做一些实时的监管。三是监管分析智能化。监管机构面对如此多金融机构，必须使用一些智能化手段，如使用大数据、人工智能、机器建模，通过模型分析去评估。

第三，内部容错机制。创新需要几个要素：技术要素、人才要素，还有包容要素。技术、人才是创新的基础点，在包容上，目前互联网企业创新是常态，对于金融机构来说，创新如果失败如何退出，怎么在整个银行内部评价，怎么包容，如果"监管沙箱"能给一些指导和原则性的框架，就可以让各个金融机构有更大的积极性激活创新想法。

主持人闵文文：首先，对众邦银行在战"疫"中作出的贡献表示感谢；其次，可以感受到众邦作为一个非常年轻的银行，在实践中的探索和创新。接下来有请依图科技金融行业总经理翁爱芳女士。

依图科技金融行业总经理　**翁爱芳**

▼

依图科技是一家从事人工智能创新性研究的科技公司，在 AI 领域的技术发展主要有"能看、能听、能想"三个层次，目前，已囊括 AI 安防、AI 金融、AI 医疗、AI 生物制药和 AI 芯片等几大板块。

　　接下来分析"监管沙箱"对以依图科技为代表的科技企业的重要意义：一是产品创新与金融实际场景的结合能够实现整个科技产品的快速迭代，"监管沙箱"能够为科技企业提供真实的实验环境，通过空间试错，减少试错成本，避免验证不充分时出现的潜伏性和突发性系统风险；二是创新和监管互动，"监管沙箱"为科技企业建立了与金融机构的沟通平台与沟通机制。依图整个发展过程中主要关注科技的发展、未来 AI 技术发展以及现在的算法和算力发展，但是跟监管层面，特别是金融监管层面很少实现互动，所以对于一些高质量真正创新的科技公司来说，希望在一定规范下实现创新，并且创新出来的成果能够真正得到保护，能够将创新带来的风险降到最低。所以，"监管沙箱"为像依图这样的创新企业建立了与金融机构的沟通平台与机制，创新企业在开始创新阶段就清楚地明白创新发展路径、创新底线与边界，同时创新可能造成的风险，风险是否还有可管控的方法等都可以通过金融"监管沙箱"去实现互动和沟通；为像依图这样的创新企业提供了非常良好的长效发展机制，从本质来说扩大了创新试错空间，让企业释放更多创新潜力。谢谢！

　　主持人闵文文：非常感谢。接下来有请北京立言金融与发展研究院首都金融智库合作基地主任李晶老师。

北京立言金融与发展研究院

首都金融智库合作基地主任　**李　晶**

▼

　　首先我对北京立言金融与发展研究院首都金融智库合作基地做简要介绍。国内掀起了兴办智库的热潮，截至目前，国内有 4000 多家智库，但我国智库建设和发展存在诸多问题，"库多智少"问题非常突出。由追求数量规模发展向高质量创新发展进行转变，是当前政府支持国内智库建设的首要任务，推进智库建设是以习近平总书记为核心的党中央建设中国特色社会主义提高治国理政能力的实践。北京市委书记蔡奇同志高度重视北京市智库建设，多次明确表示首都新型智库建设要把握正确方向，在"新型"上做文章，突出自身特色，服务中心工作，为促进首都发展积极建言献策；要突出问题导向，建设高质量智库，注重做长期的研究积累；要加强改革创新，促进可持续发展，打造具有全球影响力的"百年思想库"，不仅为首都发展尽心出力，也要为国家发展贡献力量。基于这样的一个背景，成立了首都金融智库合作基地，围绕以下几个主要目标方向：

　　首先，围绕聚合资源，智力共享，人才培养，协调发展，共谋献策，着力打造开放型、公共型、尖端型、创新型智库，立言研究院将在北京市委市政府的直接领导下，在国家金融与发展实验室、北京市地方金融监督管理局业务指导下围绕着北京四个中心建设，重点防范和化解金融风险，推动首都经济高质量发展，基地将发挥组织协调作用，统筹推进现有智库工作，建立日常沟通联络机制。在这里希望在座各位领导及企业智库、社会组织智库、媒体智库等能够与立言研究院加强合作和联系，共同就某一个政府以及社会关切的课题向政府建言献策。

其次，从"一个思考、两个任务、三个问题、四个建议"角度分析"监管沙箱"对于金融科技企业创新的必要性。一个思考是设立"监管沙箱"的初心是什么？本人认为设立"监管沙箱"目的是平衡鼓励创新与防范金融风险，"监管沙箱"又是国际金融科技竞争中保持领先的必要工具之一，这两项也是"监管沙箱"的"两个任务"。三个问题：一是当前这种松监管会损害消费者的权益，严监管非常容易扼杀金融科技的创新，这也是现在面临的一种困境。二是识别真实的创新企业难度在加大，所以在做一些"监管沙箱"测试的时候，建议把一些纯的金融科技技术公司纳入进去。三是要警惕过度泛滥使用金融科技一词，避免重蹈 P2P 网贷等互联网金融的覆辙，要恪守好金融的边界，对于一些不具有金融牌照的技术公司，严格进行对外宣传和公司名称登记，避免衍生出第二次"P2P"风险。"监管沙箱"作为监管创新的工具，成为金融科技创新和金融风险防控之间的重要媒介和有效手段，就"监管沙箱"提出以下四个建议：一是我国金融创新涉及面比较广，类型比较多，将"监管沙箱"设在单一监管部门下不利于专业指导和监督，可以参考香港沙盒设置模式，由国务院金融稳定发展委员会牵头，中国人民银行负责，协调银保监会和证监会具体执行分业监管的沙盒框架。地方金融监管局可以参与指导，包括传统小贷转变为互联网小贷、融资贷款以及利用区块链做无抵押贷款机制都可以进行相应创新。二是允许非持牌机构进入沙盒测试。虽然现在第二批已经允许一些科技企业单独申请，但在持牌问题和其他相关场景与金融机构合作的时候还是遇到了一些瓶颈，比如，一些科技公司掌握着比较成熟的技术，包括在"三农"领域，实际上合作伙伴只是村信用社或者地方农商行，监管部门对这样的项目可能不是特别重视。建议监管部门尤其是在审批沙盒项目时，要给予这些机构更多的机会。三是持牌金融机构运营目标是"稳"字当先，现在有些银行本身存在着高风险的金融创新、科技创新，与银行原有的模式不太相符，所以通过设立金融科技"监管沙箱"，审批确定持牌金融机构主体，前期是可行的，积累一定的运营经验以后，建议还是再逐步放宽一些准入限制，当然这个准入限制还是要明确一些最低门槛。希望进一步增加政策透明度，针对科技企业申请要区别于持牌机构的申请，要给予科技企业更多的机会和容忍度。四是"监管沙箱"以后应该给一些已经成功测试的项目包括机构颁发临时性的业务运营牌照，使其纳入到常规监管框架包括日常报送范围内，真正把"监管沙箱"一些实际有益的效果扩展到有利于民生的环节。

　　主持人闵文文：感谢李主任的精彩发言，最后请杨院长对本次会议做总结发言。

北京立言金融与发展研究院院长、国家金融与发展实验室副主任

杨　涛

▼

　　一方面，今天围绕金融科技创新监管与"监管沙箱"探索进行了非常好的头脑风暴，个人收获也很大，"监管沙箱"本质上是一个特殊的金融科技创新与发展当中的生态建设。这个生态本身就是多主体参与，今天，政府、监管、协会、持牌机构、技术企业还有专家形成了很多有价值的共识，比如说，在"监管沙箱"进一步细化过程当中是否进一步探索：初期注重技术创新，到后期同步开始关注金融的业态以及在产业当中的应用场景创新。这样一些形成共识的观点后续会进一步归纳，也会通过我们的渠道报送相关决策部门以供参考，这也是立言研究院自身的一个重要定位。

　　另一方面，2020年，立言研究院也在不断完善内部架构，近期初步设立了一系列下属机构，比如说金融科技研究所、文化金融研究所、普惠金融研究所、金融资产管理研究所、地方金融监管研究所，还有国际金融与自贸区发展研究所，另外还有首都金融智库合作基地，所以下一步研究院会有更多的会议活动持续推出，希望得到各方朋友大力支持和参与。谢谢大家！

经济"新常态"下金融如何
支持实体经济快速复苏

编者按

▶──────────────────────────────────────

　　2020年5月29日，由北京立言金融与发展研究院主办，国家金融与发展实验室和北京市地方金融监督管理局指导，金融科技50人论坛学术支持的经济"新常态"下金融如何支持实体经济快速复苏研讨会在京举办。这是北京立言金融与发展研究院成立后举办的第3期会议。面对当前复杂的经济形势和国际、国内的环境，"新常态"被赋予了更多的内涵和不同层次的理解。在经济下行和新冠肺炎疫情叠加的影响下，以小微企业为代表的实体经济部门的生存和发展，成为当前我国经济面临的最突出问题；金融如何解决小微企业融资难题、如何更好地服务实体经济发展，也成为各方关注的焦点。"新常态"下，经济在社会发展中的核心地位并没有改变，除了传统渠道之外，还面临着经济复苏动能减弱、社会多元化的挑战、社会资本脱实向虚等问题。来自政、产、学、研不同领域的专家参与了本次研讨，提出很多富有建设性的意见和建议。专家认为，"新常态"下高质量经济体才能应对时代挑战，政府、企业和金融机构需共同发力助力实体经济发展，金融科技赋能、金融数字转型等均为当前有效手段，大有可为。

嘉　宾

李　扬　国家金融与发展实验室理事长、

北京立言金融与发展研究院学术委员会主席

刘尚希　中国财政科学研究院院长

雷　曜　中国人民银行金融研究所副所长

张丽平　国务院发展研究中心副所长

刘　勇　中关村互联网金融研究院院长

杨　涛　北京立言金融与发展研究院院长、

国家金融与发展实验室副主任

陈　文　西南财经大学数字经济研究中心主任

陆　琪　中国经济体制改革研究会互联网和新经济专业

委员会副主任

刘　斌　上海浦东改革发展研究院金融研究室主任

李崇纲　北京金信网银监管科技研究院院长

李　晶　北京立言金融与发展研究院首都金融智库合作

基地主任

闵文文　金融科技 50 人论坛执行秘书长

前 瞻

◢━━━━━━━━━━━━━━━━━━━━━━━━━━━━━

主持人李晶：各位领导，各位嘉宾，今天是立言研究院的第3期活动。本期活动主要围绕经济"新常态"下金融如何支持实体经济快速复苏进行在线座谈、分享。当前，面对日趋复杂的经济形势和国际、国内的环境，中小微企业融资难、融资贵问题依然存在，突如其来的新冠肺炎疫情更是加重了这种经营困难，面对复杂经济形势环境，"新常态"被赋予更多内涵。"新常态"下，经济在社会发展中的核心地位并没有改变，除了传统渠道之外，还面临着经济复苏动能减弱、社会多元化的挑战、社会资本脱实向虚等问题。首先，有请北京立言金融与发展研究院学术委员会主席、国家金融与发展实验室理事长李扬老师致辞。

国家金融与发展实验室理事长、北京立言金融与发展研究院学术委员会主席 **李 扬**

"新常态"下小微企业金融支持 ▼

疫情冲击下"新常态"包含两个要点：一是"新"，中国经济经过30多年高速发展后进入了一个中低速发展阶段，疫情冲击下还会再度降低；二是"常态"，中国经济出现下行的趋势，会出现一定波动，但出现大反弹的概率较低。经济基本要素包括分工和交换，此次疫情给交换设置了障碍，很多产业链条在疫情之后修复困难甚至无法修复，疫情必然给"新常态"带来深远影响。

疫情下要重提"新常态"，而且要在疫情冲击下对"新常态"深远含义进行探索。为了更深入理解"新常态"，以下判断需要一起体会，首先，是关于全球百年未遇之大变局的判断。其次，所有政策的提出必须针对"新常态"，所有的制度安排要有助于解决"新常态"下的一些新问题。"新常态"下，整个经济正在酝酿着转型，过渡到下一个长周期，而新的周期下一定会有新的科学技术、产业结构以及产业组织形式。以产业组织形式为例，技术基础的变化会带来就业形态的改变，企业部门的长尾群体具有独立的、不可替代的存在价值。因此疫情之后政府出台的政策应当着力于从基础设施投资，转向安全、卫生和人力资本等领域，并且更加重视小微企业。最后，传统的小微企业金融支持措施是片面的，主要从四个方面分析：一是根据调研，很多小微企业将信息、技术、人才等要素放在首位，而非传统意义的资金，因此，从狭义的角度谈小微企业支持措施是不对题的。二是在对小微企业进行资金支持时，除了银行信贷等债务资金支持外，还应当有投资或股权性质的资金支持。当前，我国的金融体系中没有专门支持小微企业投资的制度安排，而债务资金的成本又太高。三是小微企业需要政府机构来管理、支持及提供服务，不能放任自流，我国应当设立专门服务中小企业特别是小微企业的社会组织。四是小微企业问题不是纯粹的经济问题,更不是纯粹的金融问题,而是一个综合的社会问题。小微企业金融应该具有政策性质,不能太追求商业利润,这就需要财政的直接或间接支持。

主持人李晶: 感谢李老师,从"新常态"下中国经济形势,尤其是全球的经济状况等方面的分享。

聚　焦

主持人李晶：下面为主旨演讲阶段，首先有请中国财政科学研究院院长刘尚希。

中国财政科学研究院院长　**刘尚希**

小微企业融资难和融资贵问题及其对策

首先，当前中央"六保"任务中的"保市场主体"，更重要的是保几千万的中小微市场主体，因为它们更脆弱，也事关就业的稳定和民生大计。当前政府出台的帮助企业融资的阶段性政策是疫情条件下的特殊措施，今后很难常态化。如何从根本上解决中小微企业融资问题、金融如何更好服务实体经济是一个需要深入研究的大问题。中小微企业融资难、融资贵主要在于信息不对称，但仍然可以解决，而且在我国实践中已逐渐找到解决问题的途径，即数字金融，包括数字技术，如大数据、云计算、人工智能算法，可更充分、更对称地了解信息。一些平台性的金融机构实际上改变了以往的金融机构组织架构或者经营模式，我国数字革命形成的科技金融发展让我们看到了解决这一问题的希望。

其次，我认为小微企业融资难和融资贵是两个问题，不能混在一起。对于小微企业融资难问题，本质是融资渠道问题，属于金融体制范畴的问题。整体来看，我国金融市场化程度不够，具体表现在金融机构市场化程度不够和金融价格（利率、汇率）市场化程度不够。金融机构作为市场主体，一方面，大的金融机构市场化程度不够，金融价格、利率市场化程度也不够；另一方面，中小金融机构发展也不是完全市场化，存在政府的不适当干预和监管现象。尤其是服务于长尾客户的民营金融机构在持股比例、经营模式等方面受到了很大的限制。民办金融机构主要服务于长尾客户，中小微企业、微商、个体经营者，应当鼓励、支持其发展。当前，与外资金融机构相比，民办金融机构存在不平等的待遇。而政府背景的中小金融机构，如城商行、农商行在经营模式上不完全市场化存在很大的风险隐患。对民办金融机构实际上采取了歧视性的政策，若不解决整个金融体系发展市场化问题，中小微企业融资难问题很难解决。

中国"影子银行"的发展是为了满足融资需求而通过扭曲的市场化方式成长起来的，通过正规金融途径、渠道难以获得的金融服务，只能通过另外一种曲折的方式，即衍生出来半明半暗的渠道，获取高成本资金。"影子银行"是一种市场化方式，可以推动金融发展，但以一种扭曲方式在发展。因此"影子银行"的大力发展，既要看到金融风险的一面，也要看到"影子银行"是为了满足融资需求而扭曲的以市场化方式成长起来的，这说明我国金融市场化程度偏低，进而导致了融资难问题。

而对于小微企业融资贵问题，金融机构一般根据企业风险进行定价，而小微企业的内生脆弱性使得风险定价较高。当前，我国针对小微企业融资采取的措施往往带有一定的行政色彩，如对金融机构的新增贷款比例、融资成本等提出要求，但是实施效果不太明显。

融资贵问题是融资定价问题，融资根据风险定价，风险高定价高，中小微企业与大企业相比脆弱性大，生存期限短，风险很大，因此定价高。但这一融资贵问题随着金融科技的发展得到解决，如果在体制机制上进一步推动市场化，监管体制上做出相应改革，同时借助市场化的金融科技发展将金融科技与传统银行结合，把大数据、云计算、人工智能、算法甚至区块链等技术融合起来，有望解决融资贵的问题。

最后，提出一点建议。解决小微企业融资难和融资贵问题，传统的方式主要就是通过政府来分担风险，但这种分担风险的办法并不会促进金融市场主体发展，如果政府分担大部分风险，金融机构就没有足够动力来改变经营模式，对推动整个金融体系市场化未必是良策。当前，仍需积极利用好政策性融资担保机构和商业性融资担保机构来促进中小微企业金融服务，但从根本来看，应从政策路径转到改革路径。当前采取的政策措施可以解决或者缓解一些问题，可以治标，但是要治本的话，需要进行金融体制的改革，尤其是金融监管体制的改革。金融监管模式应从过去"唐僧式"监管（念紧箍咒）变成"如来佛式"监管（尽情施展本事，但跳不出手掌心），用市场的手段解决市场问题。

此外，融资难、融资贵问题不是市场失灵，当前数字化大趋势下完全可以解决。随着数字技术的发展，借助大数据、云计算、人工智能、算法甚至区块链等技术，线上利用实时数据、行为数据，借助智能风控可以改变传统银行运行模式，金融科技与传统金融机构的深度融合有助于解决小微企业融资难、融资贵问题。通过金融科技用市场手段解决市场问题是根本之道。

主持人李晶：感谢刘院长的精彩发言，下面有请中国人民银行金融研究所副所长雷曜。

中国人民银行金融研究所副所长　雷　曜

小微企业融资现状与强势企业吸收

疫情之后，"稳企业"重点放在稳小微企业之上，"保就业"重点也放在保小微企业之上。小微企业融资难不仅是金融问题，更是综合性的社会问题。金融系统要按照党中央、国务院的统一部署，加大力量完成对小微企业稳主体、保就业的有关工作，其中大数据、云计算及人工智能等数字技术在支持小微企业融资和监管科技创新方面发挥了独特的作用。一篇中国人民银行工作论文中曾将中国小微金融服务情况和全球情况进行比较，基本结论是我国小微企业融资情况与融资条件均处于世界较好水平，线上金融的蓬勃发展更为小微企业提供了有效的融资渠道，小微企业生存周期也符合发展中国家特征。对比经济合作与发展组织的小微企业若干指标来看，特别是对比其中发展中国家金融支持小微企业指标来看，中国也处于较好水平，反映出在党中央的直接领导部署下、在各部门支持下，金融部门取得了一定成绩，中央银行在"六稳""六保"下出台的政策措施，体现出疫情之后对宏观经济对冲力度和时机的及时把握。

小微企业融资难之所以是世界性、长期性难题，主要存在两个问题：第一，从理论层面分析，道德风险突出。如无法分辨小微企业是自身经营不善还是受疫情负面冲击致使其陷入融资困境，融资难问题则会进一步加剧。第二，从全球层面看，政策性安排可能出现强势企业吸收问题。政府给予的政策支持容易被强势企业吸收，小微企业政策效果大打折扣。由此可以提出两个解决思路：一是小微企业融资难是综合性问题，应当给予综合施策；二是联合使用金融工具和财政工具，用好融资担保这把关键"钥匙"。

针对政府性担保公司提出三个政策建议：

第一，将政府性担保公司对小微企业的审查由实质性审查转变为形式性审查，运用科技手段提高形式审查效率，减少主观审查。考虑到我国融资担保行业起步较晚，现阶段政府性担保公司没有足够能力进行大规模实质性审查，应由银行完成。除能力不足外，政府性担保公司倚重于实质性审查，势必会为了规避风险进一步提出反担保等要求，如减少业务量或向小微企业中的大企业倾斜。建议进一步发挥数字普惠金融作用，推动各类公共信息的应用，既提高银行放贷效率，也便于政府性担保公司提高审查效率，形成一次性客观审查模式，做到尽职免责。

第二，转变政府性担保公司的风险管理和考核模式。从主要依靠放大倍数管理风险上限，转变为按平均代偿需求保证其资本金的充足。按放大倍数对政府性担保公司进行风险管理，实质上是商业性的，将导致担保公司逃避高风险的小微企业融资，或选择其中优质企业，造成强势吸收问题。若按照所需代偿的不良融资担保贷款进行测算，根据代偿能力对资本金进行安排，其隐含前提条件是允许小微企业贷款具有一定的不良率，且需要由财政承担。例如，疫情冲击之下，有一部分小微企业还款能力受宏观经济下行影响，因此为政府性担保公司设置足够的资本安排是合理的。同时，为防范道德风险，应由银行"接单"、担保公司"买单"，"银担"共担风险。

第三，优化政策性担保公司和合作银行的风险分担制度，根据企业的异质性进行差别性安排。当前一般由担保公司和银行以固定的担保比例进行风险分担。从国际经验特别是美国经验来看，对一些微型企业和一些资本规模相对较大的企业可采取差异化安排。疫情以后，有地方反映，在小微企业金融服务中对区域和行业差异关注不够，银行和担保公司之间的风险分担比例也可以更灵活地根据区域和行业进行差异化设定。另外，可以通过对合作银行风险管理能力的考核制定风险分担比例。比如，面对同样的客户，如果银行

A 的融资担保贷款不良率高于银行 B，一般认为银行 A 的管理能力弱，那么担保公司在与银行 A 合作时，就适度降低分担比例，从而激励优秀的银行。

以上三个制度有助于提升银担合作服务小微企业的质量，当然，最终还需提升小微企业还款意愿和还款能力。

主持人李晶：感谢雷所长的精彩发言，下面有请国务院发展研究所副所长张丽平演讲。

国务院发展研究中心副所长　**张丽平**

政策落地视角看疫情下金融支持实体经济

今天，我主要从政策落实角度谈四点认识。第一，疫情下金融支持实体经济政策"快、全、准、实"。"快"即"快速"，中国人民银行、财政部等部门出台金融支持疫情防控政策速度非常快，2020 年 1 月 23 日武汉封城，2 月 1 日五部委发布《关于进一步强化金融支持防控新冠肺炎疫情的通知》，出台 30 条措施；"全"即"全面"，出台金融支持政策既有宏观政策又强调微观支持政策，既有短期应急措施又有长期金融改革，既包括信贷、保险、资本市场等金融体系各领域又涵盖抗疫、复工复产、就业、小微企业、外贸等层面；"准"即"精准"，针对经济和疫情的双重影响，金融支持一如既往强调对中小微企业、涉农和外贸的支持，同时强调对受疫情影响较大产业支持；"实"即"实在"，专项再贷款、中小微企业贷款还本付息等支持政策都需要投入真金白银，是实打实的。2020年2月5日发布由财政给予的贴息政策，3月31日规定增加面向中小银行再贷款贴现额度一万亿元政策，《政府工作报告》又提到对中小微企业贷款还本付息政策延长至明年3月等，政策精准且实在。

第二，政府、企业和金融机构共同发力是政策起作用的关键。政府通过宏观政策、支持鼓励政策及规定监督等措施引导市场主体，调动金融机构和企业积极性；金融机构践行国家金融支持实体经济政策，需要根据市场经济规律决定是否向企业提供资金以及提供多少资金；企业需要积极转型，既要成为挺过疫情的"剩"者，也要成为抓住机遇的"赢"者。从《政府工作报告》看，政府在两方面都提供支持，除了金融外，财政方面，国家既发布了加大减税降费力度政策，也发布了降低企业生产经营成本政策。

第三，政策落地还存在一些难题需要解决。一方面，金融机构面临既要积极践行国家政策、又要守住自身风险底线。国家支持政策更多针对整个宏观经济的稳定，支持小微企业稳定发展，但金融机构本身也存在稳定发展的需求。在经济下行、受危机冲击的情况下意味着：风险上升，金融机构风险也上升，因而既要践行国家支持政策又要守住自身风险底线，对金融机构考验很大。另一方面，企业面临如何成为并向金融机构证明自己是"剩"者和"赢"者的问题，金融机构和企业之间缺乏可持续的增信机制。从企业角度看，要成为赢者，就要吸引市场资金投入，同时还要向资金提供方证明自己是赢者，也是难题。企业认为金融机构做不到雪中送炭，只能锦上添花，而金融机构，尤其是对保证储户利益的银行来说也是难题。二者之间如果有较好的增信机制会更有利于解决这一难题，但从市场发展来看，二者之间增信难题还没有得到很好的破解。对构建可持续的增信机制，其实市场一直在探索，如抵质押、互联互保、担保公司、产业发展基金、信用保证保险、供应链金融、区块链技术的应用等，这些都尝试解决这个难题，但效果都不太理想。抵押物在经济好时可以做抵押，但经济不好时就丧失了抵押的价值。互联互保曾经是一个比较创新的模式，但后来出了很大问题。担保公司存在规模问题，产业发展基金也同样。最近信用保证保险也出现一些问题。供应链金融主要靠链上核心企业对中小企业提供一种隐形担保，但有赖于核心企业是否愿意提供担保，如果整个产业出现问题，供应链金融也无法提供优质金融服务。区块链技术本身还在发展过程中。

　　第四，解决难题的三点建议。一是通过科技更好地赋能金融，实现金融服务高效、普惠、安全的发展。科技赋能金融主要需要在两个维度发力，一方面是科技自身的发展，另一方面是科技要丰富金融功能，在金融领域更深入应用。科技赋能金融有三个途径，第一个途径是传统金融机构利用科技来武装自己；第二个途径是非传统金融机构利用科技提供金融服务，如第三方支付；第三个途径是科技企业发展，为金融机构提供第三方服务。三个途径都要发挥作用，以便科技赋能金融能更好实现三个主要目标，第一个目标是实现高效金融服务，包括获客、新产品、新业务和新商业模式发展；第二个目标是普惠，使更多人获得金融服务，不只小微企业，还有其他偏远地区、没能获得传统金融服务的个人；第三个目标是安全，通过科技提高防控风险能力，才能为传统意义上的高风险企业如小微企业提供服务。二是通过对拥有积极态度和相应能力的企业提供倾向性支持政策，鼓励企业展开有效自救与转型。对受疫情影响大的企业，金融机构在执行国家金融支持政策时，可通过与企业深度交流沟通和对企业密切跟踪时，识别出积极自救和转型的企业，在实施中对这些企业提供更加有力或有倾向性的措施，以提高政策效果。三是增信机制需要更多依靠政府力量，短期内要发挥好财政资金的撬动作用，尤其是进一步完善政府性融资担保政策。融资担保要市场化、专业化，但在有些规定下很难做到市场化、专业化，所以需要对财政资金，尤其是政策性融资担保进行一些必要调整，如调整上级对政府性融资担保考核制度。很多政府性资金被定义为国有，在考核上非常严格，从而会限制市场化运作。长期来看，还要进一步完善信用体系建设。构建社会经济信用体系还存在很大的发展空间，只有整体信用体系完善，企业和金融机构之间的信任程度才会提高，从而促进政策的顺利推进。

主持人李晶：感谢张所的发言，下面有请中关村互联网金融研究院院长刘勇发言。

中关村互联网金融研究院院长 **刘 勇**

金融科技赋能科技金融，助力实体经济发展

目前，国内疫情基本稳定，各个行业都在加快复产复工，如何助力中小微企业发展，如何发挥金融力量支持实体经济快速复苏，是当下面临的重要问题，也是未来一段时期的重要主题。加强金融与科技深度融合，推动金融科技与科技金融融合能更好地发挥其在赋能科技创新和实体经济发展方面的积极作用，既是顺应新一轮科技革命和产业革命的必然选择，也是增强金融服务实体经济能力、防控金融风险、深化经济供给侧结构性改革的重要方向。当前，金融科技和科技金融正形成发展的闭环，金融科技通过技术创新提升金融的效率，科技金融通过金融手段提升科技企业融资效率，金融科技发展必然会推动科技金融服务业务线上化、智能化，同时优化场景和应用，金融科技推动科技金融精准融资，加速资本高效对接，二者之间可以相互赋能。以"金融+技术"，新动能、新模式互补最终形成发展闭环，助力中小微企业成长。下面结合国际和国内金融科技赋能科技金融、助力实体经济发展情况，从三个方面分析。

首先，国际上金融科技赋能科技金融、服务实体经济主要通过政府、孵化器、科技金融平台，以点带面协同发展，走的是生态化、体系化发展路径。主要有三类模式：第一类，由政府主导推动金融科技底层技术，提升决策能力，以以色列为典型代表，以色列

政府一直将推动创新作为国家发展的重中之重，不仅在法律法规、资本供给、科创管理体制方面形成合力，鼓励和保障科技创新，而且将科技创新的成果应用到项目决策、投资管理等方面实现精准投融资。以色列实行首批科学家负责制，主要部门负责制定年度科技计划、资助科技研发、协调指导等科技活动，促进其有机结合。近几年，随着金融科技技术快速发展和普及，科学家除了引进人工智能、大数据等技术，在财报、规范、研发、资本化处理、定量、控制等方面进行智能化处理和决策，在年度计划中也将工作机制自动化、智能化纳入到下一步工作重点，增强决策有效性，提高匹配度。第二类，赋能创新生态系统，优化中小微企业融资。比如，国际顶尖孵化器正逐步引进金融科技底层技术，从三方面不断提升科技金融服务中小微企业能力，一是建立智能工作机制，以人工智能等技术取代部分创新、创业企业的入驻申请，量化相关企业技术实力，人力资源辅助决策；二是构建辅助投资运营自动化处理机制，采用云计算和大数据等技术，标准化、格式化相关创新的方式来对创业企业财务、人员流动、技术研发等情况量体裁衣；三是实行分类、分批精准对接机制，在系统运作过程中，采用底层关键技术对相关企业不同园区进行分类分层，建立不同的数据库和采集手段，运用不同模型测算运营情况，赋能创新生态系统优化中小微企业融资。金融机构在金融提供服务类似中关村担保、中关村银行、百信银行等，对数据的渴望非常强烈，所以数据的采集如何有效化来支撑金融服务也是一个很重要的问题。第三类，通过双向赋能，打造互利共赢的商业模式。国际上部分大型银行、保险机构与科技金融平台类企业采取合作，加大对金融科技企业的投资力度，利用被投企业金融科技技术赋能，提升投资效率、降低成本，部分国际化金融科技平台也在不断投资金融科技项目，同时将被投项目研发出来的技术用到自身投资决策当中，形成科技金融孵化新技术、金融科技技术提升科技金融运作效率的正向循环。目前，科技金融重点孵化主要集中在区块链、人工智能、生物识别等行业，金融科技技术在科技金融的应用主要集中在信贷服务、决策、身份采集等方面。

其次，我国国内金融科技赋能科技金融、助力实体经济发展主要通过技术和业务模式的变革创新，走的是多元化、场景化发展路径。目前，金融科技和科技金融都发挥重要作用助力中小微企业渡过难关，聚焦中小企业信贷需求，更好地服务实体经济。受疫情影响，各种实体店、影院、餐饮等现金流中断，资金压力负担很重，很多中小微企业面临融资还贷压力，目前还款压力情况下，金融科技力量对信贷优惠政策有效实施也能发挥关键性作用。服务经济过程中，一方面，金融机构为疫情期间生产企业提供定向信贷支持，确保企业生产获得资金上的扶持；另一方面，基于"大数据+AI"，通过多维度大数据验证和综合分析，智能建模和精准分析，为有需要的企业提供精准服务，从而给予受疫情影响的中小企业精准的信贷支持，度过疫情。在破解中小微企业融资问题上，银行通过金融科技手段提升中小微企业信贷服务能力，更现实、更长效地解决中小微企业融资难题。目前，金融科技赋能科技金融服务中小微企业信贷应用还处在初级阶段，未来将不断演变，派生出更多模式和应用场景。我国现在金融科技赋能科技金融服务中，小微企业主要呈现出两大特征：一是金融科技赋能科技金融新路径不断丰富，构建了可智能响应中小微企业需求的金融服务场景，实现了风控体系以抵质押物驱动转向数据驱动的变迁，提高了金融产品的智能化程度。金融科技与科技服务金融对金融业的业务流程、产品设计、组织体系等方面都发挥积极作用。服务方面，金融科技赋能银行等科技金融服务，金融机构提供非接触服务，丰富了可智能响应中小微企业需求的金融服务场景，为客户实时获取金融服务提供了极大方便。风控方面，金融科技打破传统风控边界，基于多维度数据分析建立信用模型，实现风控体系以抵押物驱动转向以数据驱动的变迁，提高了科技金融风控效率，目前来看更重要的是通过科技的力量发展提升金融，在此方面风控会更有效。产品创新方面，金融科技加速科技金融产品创新步伐，通过对客户需求的分析实行个性化产品定制，基于对信息深度挖掘提高金融产品智能化程度，借助金融科技特色小微信贷产品，普惠金融产品得到快速发展。二是科技金融服务中小微企业融资新技术持续创新。央行 2019 年发布《金融科技发展规划（2019—2021 年）》，提出合理利用金融科技手段丰富服务渠道，完善产品供给，降低服务成本，优化融资服务，提升金融服务质量与效率[①]，在信息技术不断发展的背景下充分发挥金融科技力量，运用新技术有效解决中小微企业融资难、融资贵问题也是科技金融发展的必然趋势。如区块链技术在企业确权和征信时可将核心企业信用传递到尾端供应链，从而实现产业链数字资产的可移动、可追溯，降低基于产业链的中小微企业融资风险。运用大数据技术时，科技金融机构可将来自多种渠道的数据进行连接和整合，在流程标准化等方面实现内部智能化管理，通过外部数字整合和内部数据升级开发更多的场景，全面提升中小微企业融资业务的风控能力、服务能力和盈利能力。

最后，对未来的金融科技赋能科技金融、助力实体经济发展提出一些看法。一是金融科技赋能科技金融有助于解决信息不对称问题，将加快风控智能化和业务场景化发展。从横向数据来看，金融科技使更广泛地利用社会数据成为可能，数据的采集和分析由闭环体系单维度发展到全社会多维度，降低了信息不对称风险。从纵向数据来看，科技和金融的结合提升了金融机构的信息收集生产能力，数据采集和分析由单一环节到实施多环节，使洞察客户成为可能，减少突发性因素造成的风险。另外，基于供应链金融对企业物流、资金流、信息流进行全流程监控，实现金融产品和场景紧密结合，贷前通过模型进行比对，降低了市场风险。贷中、贷后实行有

---

① 《金融科技（FinTech）发展规划（2019—2021 年）》，http://www.pbc.gov.cn/zhengwugongkai/4081330/4081344/4081395/4081686/4085169/2019090617242730910.pdf。

效监管。

二是银行将继续成为金融科技赋能科技金融、服务金融实体经济的主力军，转型开放银行将成为银行业未来发展的必经阶段，并且会诞生更多更加创新的新模式、新业态。随着关键技术不断推进，开放银行会在开放 API、软件开发工具包（Software Development Kit，SDK）等技术上与区块链、人工智能技术进行传统融合，提供更多实践案例，未来，金融科技赋能银行业转型将继续作为金融科技行业发展的主战场。一方面，银行科技子公司布局持续深化，部分头部企业在满足自身内部需求基础上将金融科技作为核心服务向中小企业或政府部门输出，提高普惠金融服务的可获得性。另一方面，全国性商业银行与互联网金融科技开展广泛合作，优化互补，银行业金融科技发展会更加务实、接地气。随着央行《金融科技发展规划（2019—2021 年）》的发布，金融科技行业将持续保持创新发展回归本源的基调，沿着融合业务技术、赋能传统金融、防控风险、助力实体经济等主线在经营产品、经营模式方面进一步赋能银行业发展。

三是金融科技赋能科技金融的风险控制更加凸显，要强化金融科技的监管，建立风险传导效应，提升金融资源的充分利用。金融科技具备金融和科技双重属性风险，赋能科技金融的同时也会提高风险性，因此积极推进金融科技赋能科技金融助力实体经济，同时要强化金融科技监管，建立风险传导机制，全面支持实体经济快速发展。目前，强监管是常态，监管科技新型模式成为主流。随着北京第二批"监管沙箱"的推进，地方特色"监管沙箱"或试点逐步成形，标准化建设也会进入一个新的阶段，除了技术标准稳步推进外，金融科技产品认定标准也稳步推进，技术标准、业务标准将不断健全。

主持人李晶： 谢谢刘院长的精彩发言，下面有请北京立言金融与发展研究院院长、国家金融与发展实验室副主任杨涛发言。

国家金融与发展实验室副主任、北京立言金融与发展研究院院长

杨　涛

金融数字化转型、服务实体经济角度的三点看法

首先，面对经济下行与疫情冲击挑战，一个重要的认识角度，就是通过数字化改革来提升效率，从经济数字化过渡到金融数字化已经势不可当。数字经济在经济发展中的作用慢慢体现，疫情期间作用愈发凸显。2020年第一季度相关指标中，相关新技术产业要么比较突出，要么在经济下行压力里体现亮点。数字化改革起到的作用分为三方面：一是全新数字经济模式；二是传统产业还需进行数字化改造；三是数字化基础设施建设。面对数字化不同层面发展机遇，金融领域从过去互联网金融到未来的金融科技，都是利用数字化全新手段更好地改良运行模式。

其次，基于不同层面数字化的发展机遇，金融数字化转型和发展有三方面内容。一是金融行业主体数字化。银行作为最典型的金融行业主体，往往会面临经济周期、产业周期、监管周期等周期性冲击和影响。二是金融功能与业务的数字化。数字化转型过程中支付清算、融资、股权细化等金融市场基本功能也发生一些裂变，这些变化体现在金融市场参与者行为模式、交易模式、风险定价上。三是金融监管数字化。从开放银行到开放金融，平台金融到平台生态，加上金融监管数字化，当前，中国人民银行推动金融科技创新监管试点不仅是为金融创新提供一个可实验的环境，更重要的是倒逼监管自身如何适应数字化时代的挑战，用数字化方式改善自己的监管能力。

最后，金融数字化需要夯实"新基建"。完善的金融基础设施能够保障金融体系健康运行、提高金融服务质量、确保国家金融安全。金融基础设施指的是支付清算基础设施，分为小额支付系统以及跟证券有关清算结算系统。狭义的"硬"金融基础设施主要是支付清算基础设施，广义的还包括信息体系、征信系统以及技术类基础设施等。进一步拓展来看，还有其他"软"性金融基础设施，如金融业标准化是未来金融基础设施发展的重中之重。比如，当前全球法人机构编码体系LEI通过赋予全球各国金融机构一个金融身份证，使得各方在参与金融市场交易当中能够更好地辨识身份、了解风险、降低成本。

金融数字化转型话题中，服务实体经济是一个非常广义、宏大的命题，但重要的抓手就是在服务好实体经济、数字化转型突飞猛进前，先把数字化时代金融基础设施建设好。数字化时代金融基础设施变革重点很多，比如说货币体系、支付清算、信用、技术、标准化、关键信息基础设施、金融领域的软硬件，监管合规还有会计信息体系、金融文化，这些都是当前重要的关注点。

主持人李晶：非常感谢杨院长的发言，杨院长从经济数字化和金融数据化，尤其是"新基建"方面进行了一些阐述。下面是圆桌讨论环节，有请金融科技 50 人论坛执行秘书长闵文文女士主持。

言 论

主持人闵文文：感谢李晶老师，非常感谢以上各位发言嘉宾。圆桌讨论环节，各位专家将结合自身工作背景、目前复杂的国内国际经济环境分享对"新常态"的理解，并提出对金融支持实体经济快速复苏好的经验和建议。首先有请西南财经大学数字经济研究中心主任陈文老师。

西南财经大学数字经济研究中心主任　**陈　文**

首先，分享对"新常态"的理解，在"新常态"下，传统金融学一直强调的大数法则逻辑是无效的，长尾风险突出，在强化金融机构支持实体经济能力的同时，金融机构也面临越来越大的风险。其次，作为商业化的金融机构，必须解决生存问题，需要密切防范风险，同时作为国有金融机构，必须承担一定的社会责任，必须要支持实体以体现自身的社会价值。"新常态"下对金融机构构成了一些新挑战，对此有如下四点看法：

第一，所有企业都不同程度受到了疫情冲击，但并不都需要金融支持。此次疫情作为一次较大的"体检"，是我国经济"变危为机"的契机，各个行业都面临洗牌。金融应该支持真正有助于经济转型的企业，支持真正符合国民经济高质量发展的企业，并从宏观层面上稳定预期，现在是资金和资产端的两极问题，一是大量企业需要资金，二是市场上资金大量富余。市场上存在大量可抄底资金，这需要发挥市场力量支持企业。

第二，金融支持实体经济过程中要防止扭曲。如消费券发放及设计需要进一步优化、对特定行业支持产生的正外部性和负外部性也需做出一些调整和补偿。否则，可能会因为政策扶持带来市场价格信号扭曲问题。

第三，金融支持实体经济过程中金融科技大有可为。金融科技大大加速了银行线上化趋势，但未来突破点在金融基础设施建设上，尤其是要提高金融基础设施应对危机的能力。

第四，数字鸿沟问题。数字经济的发展使得线上企业和线下企业在数据获取等方面存在较大差距，进而导致了融资不均衡问题。美国一位学者在《货币经济学杂志》上发表的学术文章表明，这些年美国大企业发展得越来越好，小企业发展得越来越差，一个原因是数字经济时代，大企业更易产生数据，金融市场对于风险的定价越来越依靠数据，大企业由于数据可获得性强，比小企业融资成本低，这导致大企业发展更快。因此，鼓励线上信贷有可能会导致一些能够产生数据、有能力有技术实现线上的企业较容易获得融资，而没有真正跟数字经济融合的企业就会面临融资情况越来越差的问题。这就需要从两个维度看：一是积极推动企业线上化，包括政府给予财政补贴支持，例如，北京支持小微企业线上化出台专门政策。二是对于没有实现数字化或觉得数字化不合算的企业，不能唯金融科技论，应保持一些线下金融服务，促使每个企业个体能够公平获得金融服务。

主持人闵文文：感谢陈主任的发言，接下来有请中国经济体制改革研究会互联网和新经济专业委员会副主任陆琪老师。

中国经济体制改革研究会互联网和新经济专业委员会副主任　**陆　琪**
　　　　　　　　　　　　　　　　　　　　　　　　　　　　　　▼

　　首先，"新常态"是经济从高速增长阶段转向高质量增长阶段，只有高质量的企业才能在"新常态"经济中存活下来，只有高质量的经济体才能有效应对时代的挑战。

　　其次，小微企业金融服务是金融科技运用、施展的重要领域。金融科技发挥作用主要体现在两个方面：一是在企业风险与融资成本匹配方面，当前小微企业融资呈现出融资成本差异性低、融资机制不够灵活的特点，商业银行大多采取统一定价的方式，并不区分行业内各家商业经营和信用差异，这种定价方式和量化个体信用风险的小微贷款定价模型相比，对银行而言，在承受相同风险时，成本较低，但是却使低风险小微企业承担高风险小微企业的成本。能够获得与风险相匹配的较低融资成本是那些信用资质比较良好的小微企业的新的需求，这种需求的满足需要金融科技发挥更大的作用。二是在融资周期与经营周期匹配方面，大多数小微企业经营周期较长，资金流动具有很强的周期性，尤其是商贸批发类、传统加工行业特别明显，资金流动带有很强的周期性，小微企业资金周转特点使得小微企业主希望融资和还款周期能与流动周期相匹配，因此一次性的申请和审批的循环贷款能够节省小微企业申请贷款的时间及成本。这两点都是金融科技可以大有作为的领域。

最后，从体制机制改革出发，增加小微金融的供给实际上更能有效降低成本，在有效保护金融消费者权益的基础上，尊重市场选择、鼓励金融市场淘汰劣币是小微金融进一步发展的前提条件。要进一步发挥金融领域经济体制改革的引领作用，推动司法制度改革在社会主义市场经济体制完善中的作用。

主持人闵文文：谢谢陆主任，陆主任主要关注小微企业困难，从金融科技还有体制机制改革等方面提出了自己的思考和建议，非常感谢。接下来有请上海浦东改革发展研究院金融研究室主任刘斌分享。

上海浦东改革发展研究院金融研究室主任　**刘　斌**

▼

今天主要汇报金融科技如何支持实体经济快速发展。

首先，我国需要建立适合金融科技发展的宽松环境，鼓励金融科技公司和金融机构合作。近年来，我国金融科技领域融资持续减少，未来一段时间内金融科技发展的深度，包括底层技术的投资还存在差距。从与金融科技公司的交流来看，目前金融科技公司与金融机构之间的合作并不容易，大部分金融科技公司生存困难，在未来发展过程中如何创造包容的宽松环境鼓励金融科技公司与金融机构进行合作，非常关键。所以有必要为金融科技发展创造良好的融资和发展环境。"监管沙箱"也存在较大的创新空间可以探索，使得金融科技公司能够真正帮助金融机构，或帮助企业获取更好的金融服务。

其次，当前我国金融科技的主体是持牌金融机构，而银行业作为最主要的持牌金融机构，大多以金融科技子公司形式推动金融科技发展，这种模式存在很多问题。如金融科技子公司在服务母公司和服务市场之间应当如何平衡、如何服务一线业务需求、如何建立市场化运作机制、如何吸引高端金融科技人才等，金融科技子公司模式是否具有可持续性需要进一步的思考。

再次，数字经济的核心是数据。国内数据的法律法规并不完善，可通过国外相关领域实践为我国进一步完善数据共享与开放提供经验借鉴。我国央行已经成立了国家级金融基础数据中心，包括北京打造金融大数据平台，可以拿到国内所有金融机构的数据，数据的使用需要相关的法律法规来约束。

第四，当前各项政策无法落地的一个重要原因是金融机构缺少关于小微企业的数据。上海已经建立了上海数据交易中心，将政府数据对外开放给银行，比如说交行，给中小微企业放贷款，政府将中小微企业相关数据开放给交行，供交行使用。这种模式是否可以形成机制，需要进行更大范围的探索，如何把政府数据、金融机构数据包括互联网数据等多维数据放到一个平台上，并在今后可以大范围进行复制，可在京津冀或者长三角、珠三角地区进行探索。

第五，探索数字银行牌照。国内已经有很多民营银行牌照，像微众银行、网商银行等互联网银行实践很好，但国内没有相应的制度设计，所以金融机构可以推行数字银行牌照让金融机构鼓励商业银行将内部网络金融部门、直销银行部门等功能独立出来。当前，很多银行互联网渠道不畅，可能受到内部资源和制度的制约。可鼓励商业银行将网上银行等业务独立出来，设置专门的数字银行实体，探索更好的外部合作方式。

最后，我国需要仔细思考"金融科技是一个工具，还是一个目标"的问题，不要将金融科技工具化、手段化。

主持人闵文文：刘主任聚焦金融科技发展环境问题，从国际视野、详细数据、自身交流体验出发，对目前国内金融科技发展环境态度并不特别乐观，刘主任对该方面的研究非常全面，希望以后还能够邀请刘主任参会，非常感谢。接下来有请北京金信网银监管科技研究院院长李崇纲先生。

北京金信网银监管科技研究院院长 **李崇纲**

北京金信网银金融信息服务有限公司专注于用监管科技为地方金融监管和风险防控提供解决方案。监管科技是金融科技的子级，主要用户是地方金融监督管理局，包括北京、重庆、深圳等地的金融局都在应用相关的产品和服务。这其中有一个核心指标叫"冒烟指数"，在全国各地都发挥着影响力和作用。依托"冒烟指数"的大数据平台已可以实时覆盖一千多万家涉金融的企业，监测是否有违规、违法的金融活动和行为。同时还参与了公安的金融犯罪案件侦办，2019年参与的案件数量有近百起，涉及案件金额达到数千亿元，并且也参与了《国内监管科技蓝皮书——中国监管科技发展报告（2020）》还有其他的一些研究著作的出版，我们将地方遇到的实际情况、地方金融监管的实际痛点以及提出来的大数据解决方案，尽可能体现在高端学术专著里，为全省各地地方金融监管领导干部分析当前金融科技发展趋势、现状以及监管科技如何应用到业务中，并且还组织了金融与科技大讲堂。

地方金融监管局有三大职能：一是防范非法金融风险；二是地方金融机构的常态监管；三是服务实体经济。技术可以提升和改进现有工作模式，提升监管服务效率。底层有基础数据、人工智能中台，可以对各类企业（包括违法金融活动在内的所有活动，全部可通过技术平台完全覆盖）监测后再通过数据算法对企业评级、评估，由政府牵头和地方金融机构从监管科技角度提出金融服务实体经济解决方案，通过连接"政银企"三方，构建一二三体系帮助缓解中小企业融资难题。其中"一"即一套平台，由地方政府出资构建地方金融服务平台；"二"是服务两端用户，一端是中小企业，对中小企业做评估、信用评级，另一端是金融机构，将金融机构在平台上展现出来；"三"是指三个数据库，包括政府数据库、互联网数据库和企业运行数据库。这一体系能够在确保信息安全的情况下实现跨层级、跨部门、跨地域的互联互通，优化金融机构与民营企业的信息对接机制，实现资金供需双方线上高效对接，让信息多跑路，企业少跑路。部分地方政府已经构建这样的平台，但力度较小，投入较小，应当由政府牵头、搭台，将企业和银行两端需求撮合和对接。未来地方金融基础信息库的构建，需要政府对企业基础信息、银行服务进行统筹，在各地构建服务平台，连接"银政企"。

主持人闵文文：非常感谢李院长，"冒烟指数"非常形象，李院长研究和实践经验都非常丰富。今天我们这个主题活动基本上就到此结束了，再次感谢各位领导的参与和发言。

第 4 期

中国金融资产管理行业
监管·再平衡·2021 展望

编者按

2020年6月29日，由北京立言金融与发展研究院主办，国家金融与发展实验室和北京市地方金融监督管理局指导的"中国金融资产管理行业监管·再平衡·2021展望"主题研讨会在线举办。这是北京立言金融与发展研究院成立后举办的第4期会议，也是中国资产管理行业系列研讨会的第一场。资产管理行业是金融业的重要领域，是深化金融供给侧结构性改革的关键部位之一，也是金融服务实体经济投融资需求的主要业态。专家指出，除了监管政策、同业竞争等影响因素之外，金融科技对资产管理行业的冲击非常大。尤其是在疫情冲击下，无论是监管政策还是客户偏好都出现了明显变化，数字化时代金融科技的应用从供给端的产品设计转变为需求端的业务创新，资产管理行业也需要转型升级。中国资产管理行业的健康发展需要监管制度的完善和行业内部的再平衡。

嘉　宾

杨　涛　北京立言金融与发展研究院院长、
　　　　国家金融与发展实验室副主任

李　健　中国银行业协会研究部主任

陈　阳　北京立言金融与发展研究院
　　　　金融资产管理研究所所长

孔令艺　深创投不动产基金管理（深圳）有限
　　　　公司执行董事、首席投资官

胡志浩　北京立言金融与发展研究院副院长、
　　　　国家金融与发展实验室副主任

喻　浩　横琴平安不动产股权投资基金有限公
　　　　司总经理

潘　登　招商财富资产管理有限公司机构业务
　　　　部负责人

前　瞻

主持人杨涛： 各位领导，各位嘉宾，这是立言研究院举办的第4期立言首都金融论坛。此次的主题是围绕金融资产管理展开的，一方面这是国家层面一直关注的热点问题，另一方面北京市层面近期也在开展相关工作。立言研究院也下设了由陈阳所长负责的金融资产管理研究所。此次会议是资产管理行业探讨的系列一，重点围绕监管、再平衡和 2021 展望。参加今天会议的有来自于政、产、学、研方面的专家代表，会从不同层面带来更多的启发，希望研讨的理论和政策更有效地结合起来，最终能够更好地、更多地服务于我国金融资产管理行业。

第一个环节是致辞发言环节。

北京立言金融与发展研究院院长、国家金融与发展实验室副主任

杨　涛

四方面深入思考中国资产管理行业发展

首先，聚焦金融资产管理行业，我们需要进一步厘清概念、范畴和边界问题，尤其是区分资产管理、财富管理等容易混淆的概念。无论是学术研究还是行业角度，资产管理、财富管理等概念边界既有重叠，又有差异性，这是在推动政策与行业发展时需要进一

步探讨的。例如，从管理对象来看，资产管理更多探讨资产本身，比如股票、公司股权、债券等，财富管理的内容会更加宽泛，金融资产是财富的一部分，还有大量其他非金融资产、另类投资等，这是一个比较的视角。从投资的层面来看，资产管理更多的是对接项目端，是一个融资方，财富管理经常是对接客户端，是投资方。从服务的重点来看，资产管理通常是金融服务，财富管理除了金融服务之外，还涉及家族生意、医疗服务、税收、法律等，还有一些多元化的元素。但是从方式、目标、对机构资质的要求等方面看，二者实际上既有类似之处，又有一些侧重点的差异。未来，一方面对于这样一些不同的概念边界要寻找共性领域，形成共识；另一方面也需要进一步梳理其中存在差异化的地方，以此形成不同的发展路径。

其次，基于全球资产管理市场及主要经济体资产管理发展实践，提出我国资产管理行业发展的思路。在全球资产管理与财富管理突飞猛进发展的同时，也遭遇经济下行、长期增长率下行等问题，过去"高歌猛进"的市场其实是遭遇了一些新的波动和新的挑战。与此同时，虽然北美等地区在全球资产管理和财富管理市场当中仍然稳居前列，但亚太地区也在快速发展、快速迭代，影响力逐渐提升。某种程度上，在全球资产管理和财富管理市场当中，出现了一些所谓"西风东渐"的现象，这背后跟不同经济体的经济结构、产业结构、人口结构、社会结构、金融自身结构的变化是密切相关的。从发展模式来看，美国的资产管理和财富管理其实更多依托于市场自然生长，主要依靠市场自发的迭代以及外部监管的逐步完善，这一过程中也出现了一些问题和挑战，类似于旁氏骗局。另外类似于英国这样一些代表性的经济体，并不是一个自然生长的过程，主要依靠政府的政策监管，通过大量法规条款对资产管理和财富管理机构的经营模式、性质、产品范围、从业资格等进行约束，尤其是在银行体系之外一些独立第三方机构，包括理财顾问、资产证券化机构等，规范相对来说比较严格。而中国显然不能够简单地对照和比较海外的情况，一方面国家有自上而下相对严格的一套监管体系，另一方面自下而上市场成长的空间实际上非常之大，也不可否认曾经存在一些"监管漏洞、监管空白"。未来，我国资产管理行业的发展需要深入研究全球典型经济体的发展模式，并进行动态的比较，既要吸取其他国家的经验，又要避免重蹈覆辙。

再次，从三个层面分析我国资产管理行业"大"的特点。一是从行业供给层面来看，近年来，资产管理行业跨界竞争、创新合作事件频频出现，原有行业壁垒逐渐被打破，资产管理混业经营事实上已经开启，在资管混业时代如何进行重新定位，如何更好地进行融合互补发展，从差异化经营跟多元化组合配置当中获取新的增长动力，逐渐走出传统的盈利模式和范畴，这是从供给层面给我们带来的共同挑战。二是从行业需求层面来看。资产管理行业面对的服务对象越来越复杂和多元化，企业端的关注已非常之多，居民端无论是资产性投资需求、资产配置需求、财富管理需求还是小额现金需求，都变得越来越多元，尤其是前两年，无论是资产管理还是财富管理发展面临的社会环境、产业环境、经济环境都是相对稳定的，预期也是相对稳定的。当前面临的外部不确定性因素逐渐增加，疫情的冲击、利率的下行、未来会不会跌入负利率时代等都全面影响甚至颠覆了现有资产管理领域的需求特征，进而给未来产品和服务带来了重大冲击和影响。三是从大资管时代环境要素来看，环境因素变得大而复杂，大资管时代的环境要素包括整个金融市场发展的软性基础设施和硬性基础设施，这使得过去比较简单的供需对接变得非常复杂。

最后，分析影响资产管理行业发展的主要因素。进一步聚焦，对于现有大资管时代的冲击和影响可能是多方面的，在下一步研究和探讨当中需要把现有这些冲击和影响因素进一步梳理清楚，然后观测分析这些因素究竟是短期的还是中长期的。比如，监管层面外部条件的变化会不会带来更多的影响值得进一步地思考。再比如，同业竞争环境越来越复杂，无论是资产管理整个产业链还是财富管理这个产业链，未来会不会形成一些新的产业链的架构和模式也值得思考。除了监管政策、同业竞争等影响因素之外，金融科技对资产管理行业的冲击非常大。从财富端的角度来看，金融科技使得智能投顾、智能投研、线上财富管理、分销渠道等发生了很大的变化，尤其是近年来线上财富分销平台利用大数据技术推出一些新型的财富管理产品，降低了财富管理的门槛，拓展了大量中低端客户，从源头上给资产管理行业带来深远的影响。从资产端来说，资产证券化、结构化资产的一些配置其实也跟金融科技、新技术密切相关。所以展望未来，大资管时代的冲击和影响，不仅是对过去特定历史背景、条件不变的情况下所讨论的这些模式的冲击和影响，而且是如何看待金融科技时代给资产管理、财富管理带来的冲击和影响。此时特别需要关注疫情给客户端、需求端带来的影响和变化，疫情没有充分暴发之前能够适应线上或者拥抱金融科技的客户是分层的。中高端的客户群体可能喜欢依托线下渠道进行财富管理，老年人也是更喜欢线下渠道，但是疫情扑面而来，无论是监管政策还是客户偏好都出现了明显变化，特殊期间政策允许更快地发展一些线上业务，如对公账户线上开户以及线上业务的开展，在特定历史期间是允许和支持的，当然疫情结束之后需要补充相关资料以及相关程序。政策的引导短期内冲击和影响还是非常大的，另外，过去不太适应线上的这部分客户在持续不断的疫情条件下，在非接触式金融服务越来越深入人心的情况下，慢慢适应了这些新变化，无论在企业端还是 C 端，对于行业的影响都是非常深远的。过去金融科技应用更多从供给端对于产品设计产生深刻影响，数字化时代金融科技的应用从供给端的产品设计转变为需求端的业务创新，资产管理行业也需要转型升级，当下面临的最后一个挑战是，中国与其他国家存在一定程度差异，这种差异就成了未来这个行业发展的重大外生影响变量。

聚　焦

主持人杨涛：下面是主旨演讲环节，邀请三位专家，分别从不同角度来做深入的主题演讲和分享。首先有请中国银行业协会研究部主任李健。

中国银行业协会研究部主任　**李　健**

金融供给侧改革助推财富管理进入新时代

今日的汇报从宏观政策、转型背景和发展趋势展望三个方面进行分析。第一方面是对 2020 年以来一些短期的阶段性逆周期调节政策和长期国家金融业以供给侧结构性改革为主线的脉络进行梳理，资产管理或者财富管理供给和需求两端其实都离不开金融政策的顶层设计；第二方面是分享新时代财富管理业务与经济和金融高质量发展的关系；第三方面是尝试进行一些发展趋势展望。

第一，短期阶段性逆周期调节政策和中长期金融供给侧结构性改革。在宏观政策方面，疫情导致全球经济活动受到前所未有的影响，国际货币基金组织在 2020 年 6 月刚刚修正全球经济的展望，不管是美国还是欧洲，实际上相比于 4 月预测都进一步进行了下调，现在中国成为预测当中全球范围内唯一一个有望实现正增长的主要经济体。国内短期政策的目标是优先稳就业、保民生，阶段性的逆周期调节重点关注"六稳""六保"。国家为了应对此次短期或者阶段性疫情的影响，为实现"六稳"，特别是"六保"，从货币政策、财政政策、就业政策方面都出台了很多阶段性的短期逆周期调节政策，使得至少从上半年来讲，经济韧性依旧比较强。长期政策仍以深化金融供给侧结构性改革为主线，着重增强金融服务实体经济能力、精准有效处置重点领域风险、深化金融改革开放、平衡好稳增长和防风险的关系等。2020年6月18日，易纲行长在第十二届陆家嘴论坛上也提到，国家的一些短期阶段性逆周期调节政策未来也会随着经济的复苏逐渐退出，更多将聚焦长期的金融业改革的目标。所以除了短期政策之外，有必要更多地关注国家长期以供给侧结构性改革为主线的政策逻辑，下一步也会对财富管理行业转型有很强的指导作用。

供给侧改革要求金融业回归本源，要注重服务实体经济能力的提升。从任务来讲，一是要调整融资结构。过去以间接融资为主，直接融资占比较低，现在存量社会融资里，直接融资占比不超过30%，未来要逐渐提升直接融资占比，包括要发展债券市场、提高股权融资比例等。一方面有助于提高金融机构国际竞争力，另一方面直接融资在防范和化解风险、提高金融体系韧性等方面有望发挥更大作用。二是要调整市场结构。2018年中央经济工作会议指出，资本市场在金融运行中具有牵一发而动全身的作用，要通过深化改革，打造一个规范、透明、开放、有活力、有韧性的资本市场，刘鹤副总理也提出"建制度、不干预、零容忍"，这些都涉及在市场结构方面的调整。从银行业角度来讲，要增加中小金融机构数量和业务比重，改进小微企业和"三农"金融服务结构。三是针对银行业，需要调整信贷结构。从原来更多垒大户或者是支持房地产、基建，支持融资平台等更多地转向支持符合国家产业发展方向的战略性新兴产业，包括提高小微、民营企业，制造业中长期贷款的占比。

从防风险的角度来讲，一是要进一步防止资金空转和脱实向虚。短期看，货币政策要保持流动性合理充裕，监管政策针对当前个别机构通过票据业务和结构性存款套利等现象采取一系列措施。二是要强化公司治理。关注高风险金融机构的处置等。三是要进一步推动各方面监管制度的统一和完善。在资管新规的引领下，把原有监管漏洞补齐，让这个市场实现规制的统一。四是加强金融市场基础设施建设，整合金融业综合统计机制和相关规则，实际上也是从底层防范风险。从深化金融改革开放的角度，近期北京市推动更多的外资财富管理机构进入发展，这正是深化开放的措施。五是要平衡好稳增长和防风险之间的关系，这是长期的主线目标。从数据来看，2020年上半年随着逆周期调控政策的推出，银行业总资产有所扩张，前两年随着去杠杆，银行资产规模增速下降，整个中国金融业里面，银行资产占金融总资产的比例又进入到一个扩张区间，但是短期政策随着经济复苏陆续退出，长期还会以金融供给侧改革为主线去推动改革和发展。

第二，新时代财富管理业务与高质量发展的关系。当前，财富管理业务进入到新时代，与经济和金融高质量发展有直接的关系，财富管理业务转型也是经济高质量发展的客观要求。过去，财富管理资产端、资金端和资产管理机构三者分别存在不同程度的结构性短板。过去资产端由于房地产行业的发展和地方政府融资平台，在一定程度上扭曲了资产端的一些标的供给，使这个市场结构形成一个倒金字塔结构，以国企、大型企业为主，直接融资占比较低，债权融资比股权融资多得多，非标资产在整个市场上较多。资金端股票市场以散户为主，债券市场以机构为主，两类投资主体都有短期化特征，由于开放程度较低，境外资金比例原来也非常小，近几年才逐渐改善。中介机构或者资产管理端同业之间的产品占比较高，有隐性刚兑预期的较多，净值产品较低。以银行理财为代表的销售渠道影响力比较高的，不管产品投资属性是否回归本源、竞争力是强还是弱，只要销售渠道影响力大，一般销售效果就比较好。从产品管理的分配来讲，头部效应比较强。一些比较好的头部基金公司、头部资产管理机构管理的资产管理规模（Asset Under Management，AuM）绝对数额比较大，很多小机构加起来还不如头部机构。由此造成资本市场至少有三大错配，一是资金风险偏好和资产实际风险不匹配。市场上大部分资金以低风险偏好资金来源为主，但是过去几年市场上资产以非标为主，或者来自地方政府融资平台、房地产、信托等，资金来源端和资产端风险偏好不同，这是由于过去多年房地产和地方政府融资平台的存在，一定程度上扭曲了资金的高效配置和传导。深层次原因是民营、小微企业缺乏一定市场化和标准化融资渠道，包括金融机构对销售人员短期业务考察压力比较大，造成的扭曲和不匹配。二是资产价格和内在风险、潜在风险不匹配。以股票市场和债券市场为例，很多股票估值长期比较高，市盈率超过 100 倍，民营企业债券信用风险溢价又长期比较低，背后反映了金融市场定价能力不足的问题。三是做空机制包括减持，整个市场配套交易机制不健全造成长时间资产价格扭曲。资金供需结构存在不匹配现象，以散户为主，短期投机目的性资金比较多，长期限的价值投资比较少。财富管理业务转型本质上是适应我国经济发展模式和融资模式的匹配，充分发挥资金在资源配置中的重要作用。

国务院金融委近期会推动"一行两会"出台 11 项金融业改革措施，很多即将出台的政策或者已经出台的政策的目的都是想要解决资本市场几个方面不匹配或者长期扭曲的问题，并且推动加快健全资本市场制度，特别是 2020 年 6 月 18 日银保监会郭树清主席在演讲当中，一方面提及银行业贷款支持小企业，另一方面着重提出六条银行业支持资本市场发展的政策。不管是外国政府机构的发债，包括信用评级行业对外开放，还是注册会计师中介机构的改革措施，都是对资本市场改革来完善这些基础制度，可以说财富管理行业进入到了一个高质量发展的新阶段。

财富管理行业的发展包括直接融资占比的提升，背后反映出随着国家经济发展模式地转型，要让现代服务业、高端制造业，包括科创型企业能够更高效率的获得资金、获得有效的资源配置。实际上整个财富管理行业的转型迫在眉睫。实体经济增长从最早以依赖出口增长的发展模式，到前些年以房地产基建为主的间接融资模式，到下一步不管是"新基建"还是现代高端制造业，其融资特点已经没办法满足仅限于银行贷款抵押模式了，必须更多地引入长期资本，发展与科技创新相适应的风险投资和股权投资等直接融资，相应的资金端和资产端必须要进行调整。

第三，财富管理发展趋势的展望。在经济向高质量发展转型、金融对外开放不断深化、金融科技驱动加速等一系列时代背景下，我国财富管理行业正在进入新时代。从金融机构角度来看，新设机构给财富管理市场带来新的变化，整个市场上新设的机构类型越来越丰富。从 2019 年开始，银行理财子公司纷纷成立，进入到市场当中，成了新的市场参与主体。截至 2020 年 6 月，银行理财子公司已经发行 1600 多只产品，在市场上的规模、影响力也都逐渐扩大。同时，原有的参与主体，像公募基金投顾试点业务正式启动，原有销售模式也进一步升级和改革，从买方投顾角度推动财富管理业务是一个非常大的变革，给整个财富管理市场带来了许多新变化。另外，海外的财富管理机构纷纷落户中国，随着金融业进一步开放，越来越多的海外资产管理人进入市场。不仅是标准化市场管理，一些另类的像橡树资本等不良资产处置机构也纷纷进入市场当中。最后，原有存量的金融机构调整组织架构适应新变化，向财富管理转型。从投资端来看，党的十九大报告指出，要拓宽居民劳动收入和财产性收入渠道，国内居民对于财产性收入和养老第三支柱服务的客观需求愈发迫切。

关于新时代财富管理业务的发展趋势，至少有以下六个方面值得关注：

一是以银行理财子公司为代表的财富管理机构，包括公募基金、券商等都要从过去"以产品为中心"向未来"以客户为中心"转变。例如，理财子公司要打破原有资金池，向标准化资产、净值化产品转型，这背后需要有新的培育，如投研能力、风控水平，包括金融科技赋能、人才等。过去有产品就卖产品，保本还是非保本，客户直接选，未来产品类型将越来越多，变成表内存款，适应低风险偏好的客户；中高风险偏好客户适应理财子公司的公募理财，以一元钱为起点，有混合型的、权益型的、"固收+"的；从理财子公司角度，高风险偏好客户适应私募理财，可以进行一些私募股权产品配置，包括大类资产配置等。所以未来不同风险偏好的客户的需求都要设计相应的产品去满足。

二是金融科技赋能驱动财富管理的发展。一方面是高净值客户如何运用科技赋能精准刻画风险偏好和投资习惯，从而实现产品的精准营销。另一方面是大量的普通长尾客户，每个客户的 AuM 或者资产托管量只有几万元甚至更低，如何用金融科技准确刻画这部分客户的需求来实现低成本的服务。

三是随着财富管理的发展包括净值化产品的推出，下一步打破刚兑，规范金融产品的销售和加码金融消费者的保护确实是一个迫在眉睫的问题。2020年上半年有中国银行"原油宝"事件，包括很多资产管理行业的争议和纠纷，这一话题越来越受社会业内外关注，其中至少有四点值得金融机构深入探讨：①财富管理机构和客户如何去塑造和接受"卖者有责，买者自负"的文化。②整个销售模式要重建。如何满足客户需求，对整个销售团队的理念、从业人员销售能力、说话口径等都有非常高的要求。③这是一个漫长的过程，投资者教育不是一日之功。④机构自身做好产品信息的披露，相应权利义务的划分如何在产品说明书或者合同当中体现，是下一步转型过程中非常值得关注的问题。

四是要进一步把握金融业对外开放深化的机遇。一方面积极与境外资产管理人学习，另一方面监管机构提到允许一些中资金融机构跟外资金融机构合资设立资管机构，让中资、外资金融机构在产品创新和转型等方面有新的机遇。

五是买方投顾试点之后将拉开财富管理新时代的大幕，很多原有销售模式、收费模式，包括理念都会有巨大转型。

六是财富管理要注重打造特色化、综合化服务方案。比如，下一步有些银行提出"商行＋投行"发展策略，以后银行为企业客户服务过程当中有一系列综合融资服务方案，既可以提供银行贷款，针对初创型、成长型企业还可以提供投行式、一站式综合化服务，整个财富管理可以从资产端、资金端、企业对公客户端为企业提供融资服务，企业主反过来可以买银行财富管理产品，可以成为银行财富管理高净值客户。这一系列的特色化、综合化经营方案特别值得金融机构深入思考和挖掘，谢谢。

主持人杨涛：谢谢李主任的精彩分享，从宏观、行业、微观不同层面都进行了非常深刻的分析和理解。面对当前资产管理与财富管理的快速发展和变化，我们在关注政策与监管演变的时候，更为重要的是看到背后经济社会发展阶段、社会公众行为方式、融资结构都在发生变化，所以不仅仅就产品、就行业来谈，更重要的是需要把背后一些大的演变逻辑进一步梳理清楚，这对于研究者、行业从业者都是一个新的挑战。下面有请北京立言金融与发展研究院金融资产管理研究所所长陈阳。

北京立言金融与发展研究院金融资产管理研究所所长　**陈　阳**

中国金融资产管理行业观察及建议：
监管·再平衡·2021展望

各位领导、嘉宾，下午好！我将从中国金融资产行业监管、结构化问题和行业展望三个方面展开今天的分享。第一部分是金融供给侧改革与资产管理行业的监管逻辑；第二部分从直面现象的角度，讨论金融资产管理行业的结构失衡和再平衡问题；第三部分是着重分析金融资产管理行业未来发展的新格局和新模式。

第一，金融供给侧改革与资产管理行业的监管逻辑。从当前和未来一段时间的趋势来观察，我国金融资产管理行业监管逻辑是以供给侧结构性改革为出发点的，也就是"一个基础，六大方向"：一个基础就是确认金融在国民经济中的战略地位；六大方向就是服务实体经济、优化金融结构、管理金融风险、遵循经济规律、发展金融科技和进一步扩大对外开放。在这样的背景下，重塑金融监管围绕着服务实体经济，促进经济转型升级这一条主线来进行。我国金融资产管理行业规模超过百万亿元，重塑金融监管就是要迭代供给端改造、新需求适应和金融协调发展问题，鼓励、创造和健全中长期资金开展价值投资的制度体系，更好地服务实体经济、促进经济转型升级，也是下一步深化金融供给侧结构性改革的关键部位之一。

过去五年左右的时间，中国资产管理行业复合增长率保持在25%以上，而且预期未来会继续发展壮大。资管新规的推行，要求资管业务回归"受人之托、代人理财"的本源，标志着我国金融资产管理领域进入统一功能监管的新时期。我国金融资管行业的生态环境因此而得到进一步完善，从而也有利于整个行业的可持续发展。

第二，金融资产管理行业的结构失衡和再平衡问题。当前，我国金融资产管理行业存在的期限错配、权益错配、普惠因应关系错配三大问题亟待纠偏。资产管理行业野蛮生长与金融抑制交织，隐形刚兑、多层嵌套、资金池运营等风险积累，监管真空与重叠监管同时存在。因此，针对当前我国金融资产管理行业实现再平衡，初步建议：一要强调顶层设计，构建与完善金融资管行业的系统性制度框架，可以进一步增强整个行业更好地服务实体经济，去除包括规避宏观调控、着眼监管套利、抬高投融资成本，乃至脱实向虚的自我循环业态和生存观念。二是国内金融资产管理机构应利用政策法规过渡期窗口，加快提升应对市场激烈竞争的能力，创新服务实体经济的核心能力。三是在机构运营层面，我国的银行、保险、基金、证券、信托、资产管理公司，以及私募股权投资机构等，需通过自身不同的资源禀赋和竞争优势，找到后资管新规时代生存与发展的"新蓝海"。四是提升金融资产管理行业治理水平，增加合格机构投资人数量，加大权益类资产管理产品发行力度，支持从业机构加大权益类资管产品发行比重，进一步因应全社会普惠金融的客观需求。五是引导商业银行稳妥处置非标资产和特殊资产。六是考虑增加对权益类资产配置实施鼓励和差别化的支持政策与监管政策。

第三，金融资产管理行业未来发展的新格局和新模式。一是在2021年会有新的格局、新的模式出现，未来中国资产管理行业将面临市场扩容的新格局，多元化资产配置的需求将进一步提升，金融资产管理行业将实现加速外延式增长。二是养老金、高净值客户、商业银行和保险公司将成为中国乃至世界头部资管机构立足和必争之地。三是银行理财子公司将进一步谋求成为金融资管行业的新军和中坚力量。四是在资金来源端与金融资产管理人的机构层面，2021年会发生一些变化，货币超发叠加低（负）利率时代，对于风险资产配置的需求会进一步地增加，行业头部集团会加速回归形成，也必然对监管提出更多的要求和挑战。

与此同时，伴随着推动新旧增长动力的转换，"去杠杆"政策背景下的市场出清将与资管行业AuM高增长共存。以银行不良贷款、企业债务违约处置为核心业务的遇险交易市场规模亦持续扩大。对应的特殊机会投资领域成为资产管理行业的重要组成部分，现实挑战与发展机遇并存。

我们认为现阶段特殊机会投资领域存在这样一些机会：一是当前我国经济处于新旧动力转换、经济由高速增长转变为高质量增长的发展阶段，存在金融与实体经济失衡、部分传统行业严重杠杆化的问题，使得特殊机会投资的市场规模持续上升，我国特殊机会投资迎来新一轮的机遇。二是发展特殊机会领域投资，有利于进一步实现把主动防范化解系统性金融风险放在更加重要的位置，通过科学防范、早识别、早预警、早发现、早处置，着力防范化解重点领域风险，着力完善金融安全防线和风险应急处置机制。三是特殊机会投资有利于推进金融供给侧结构性改革，也有利于进一步提高中国金融业全球竞争能力，扩大金融高水平双向开放，提升开放条件下经济金融管理能力和防控风险能力，增强参与国际金融治理能力。这与习近平总书记金融思想中有关"防止发生系统性金融风险是金融工作的永恒主题"是高度相关和逻辑自洽的。

在推进特殊机会投资领域合作与资管创新的过程中，创设特殊机会投资基金、推进特殊机会资本跨境合作、完善特殊机会投资专业化交易市场及配套制度创新等，都值得积极探索与实践。

主持人杨涛：谢谢陈阳所长的精彩分享，相信下一步在陈阳所长的领导下，金融资产管理研究所在推动资产管理行业政、产、学、研一体化方面会有更多的贡献。下面有请深创投不动产基金管理（深圳）有限公司执行董事、首席投资官孔令艺。

深创投不动产基金管理（深圳）有限公司执行董事、首席投资官
孔令艺

基础设施公募REITs政策出台及对不动产投资的影响

2020年4月30日，中国证监会和国家发展改革委联合发布基础设施公募REITs试点的通知，正式拉开了中国版不动产投资信托基金（Real Estate Investment Trust，REITs）入幕。作为股票、债券、现金之外新的大类资产配置类别，基础设施公募REITs试点的通知出台后，引起了全市场的广泛关注。在此之前，我国研究推进REITs已经超过十五年，但REITs在海外发展的时间更长，它起源于20世纪60年代的美国，发展至今，已经走过半个多世纪的历程。

我国于当前这一时点推出基础设施公募 REITs，主要是基于政策环境、疫情对宏观经济冲击等方面的考虑，可谓正当其时。

首先，简要分析公募 REITs 试点出台的背景和意义。从短期来看，推出公募 REITs 是为了应对疫情影响和经济下行压力，通过 REITs 市场盘活存量资产、支持经济重启；从长期来看，REITs 市场建设将成为解决中国不动产投融资体制诸多结构性问题的破题之作，能有效填补中国资产管理市场的产品空白，拓宽社会资本的投资渠道，满足居民理财、养老金、保险等长期资金的投资需求，推动经济高质量发展，助力中国经济转型升级。

公募 REITs 是实现化财务杠杆为资本杠杆的战略工具，能够为基础设施补短板、经济稳步增长提供创新型资金来源。中国的公募 REITs 在基础设施领域推出，而不是在商业地产领域破题，一个大的监管背景就是：在"双循环"新发展格局下，拉动"新基建"发展，"稳增长""降杠杆"的宏观背景。推出公募 REITs 的监管机构的意图也是完全对标海外成熟市场去打造一个崭新的权益型资本市场，所以此次试点如能行稳致远，将起到非常好的降杠杆、基础设施补短板以及拉动"新基建"投资作用，符合当前中国的实际情况。

这次公募 REITs 试点推出主要聚焦于三个方面：一是聚焦基础设施领域，二是聚焦重点区域，三是聚焦优质项目。其中，就行业方面而言，涉及优先支持、鼓励以及不支持的几个不同方向。首批 REITs 试点项目会经过严格筛选，国家发展改革委和证监会两部委会同证券交易所将先后对申报项目进行筛选，最终推出的项目数量较少，体现了小开口、稳起步的监管意图。具体而言，无论是在资产质量还是试点区域方面，都有一些特定的限制。虽然优先支持的重点区域覆盖18个省市以及一些国家新区和国家级经济开发区，范围较广（监管机构在2019年年初界定的重点区域范围主要是京津冀、长三角、粤港澳大湾区和雄安新区以及海南省，而长江三角洲和长江经济带是2020年新纳入的），但实际上，监管机构对于参与首批公募REITs试点的项目质量提出了很高要求，最终符合要求的优质资产应该不会特别多。

其次，介绍REITs。REITs是一种资产的上市方式，指通过证券化的方式，将具有持续、稳定收益的不动产资产或权益转化为流动性强、标准化的上市金融产品。REITs具有权益属性，在交易所像股票一样通过询价方式实现IPO，并可连续竞价交易。REITs在海外是一个非常成熟的产品，2020年2月，全球REITs的市值达到2.17万亿美元；3月，由于疫情影响，全球资本市场经历至暗时刻，当时美国发生几次股市熔断，全球包括REITs在内的股指都有一定程度的下跌；截至2020年5月，全球REITs市值为1.54万亿美元，其中，美国是最大的REITs市场，占比超过60%。简单来讲，REITs其实就是持有型不动产的资产证券化或是上市，是让中小投资人通过购买REITs份额参与大宗不动产物业投资的上市资本市场品类。

全球来看，许多国家推出REITs主要是因为当时的经济增长或者其他方面受到一些阻力。

先来看美国，美国是在 1960 年发布的 REITs 法案。推出 REITs 法案前的 1957—1960 年，美国 GDP 经历负增长，失业率出现超过 5% 的历史高位，国内物价水平发生剧烈波动，不动产市场也出现了由于"二战"后大量新建住房无法消化而导致不动产市场价格指数走跌。此外，美国股指在 REITs 推出前的五年大部分表现为震荡态势，并且 1957 年出现显著下跌。因此，推出 REITs 有拉动美国经济的作用。

亚洲一些代表性国家，如新加坡，其金融监管局在 1999 年发布房地产基金指南，专门在监管指引中新推出一个和商业化信托并列的指引。1997 年亚洲金融危机之后，从 1998 年到 1999 年第一季度，新加坡经济陷入负增长，失业率超过历史平均水平，物价出现大幅波动，供需失衡情况明显，不动产景气指数和股指走势都受到了冲击。此外，韩国于 2001 年推出 REITs 法案，同样是因为受到亚洲金融危机的影响。

总结海外国家基本相同的历史规律，再回顾 2020 年开年以来监管机构加班加点推动公募 REITs 开闸，说明 REITs 在推动经济增长或者说向实体经济输血方面的作用，已获得各国监管机构的共识。REITs 被认为是存量持有型不动产的盘活工具，具备拉动经济增长以及提高金融市场活跃度的作用。

从市场整体影响来看，REITs 在中短期拉动经济的作用，体现在 REITs 市场的推出类似于股票板块开板，将给实体经济带来重大影响。一方面，当前中国居民的存款能够投资的渠道比较有限，房产、股票以及其他一些理财产品是为数不多的可投资方向，而 REITs 可搭建起大类不动产资产和居民投资诉求之间的桥梁。另一方面，对机构投资者来说，以我司为例，我司一直以来偏重早期投资，具备丰富的风险投资经验，我们对于 REITs 以及不动产领域的布局持有同样的投资逻辑，即当资产上市平台构建起来后，为相关持有型不动产以及基础设施行业前端投资孵化项目提供众多可预期的退出机会。从这一角度来说，REITs 对于整个持有型不动产行业引入私募资本也具有重要作用。

很多人误以为基础设施的相关资产并不适合发行 REITs，然而，在美国这一全球最大的 REITs 市场中，排名前五的均是基础设施类 REITs，其中最大的是美国铁塔。同时，物流基础设施和数据中心也符合中国基础设施公募 REITs 试点的行业范围。在美股熔断期间，基础设施类 REITs 的抗跌性反而表现得更好。2020 年，疫情对于商业地产、公寓和酒店的冲击比基础设施更大，因此，全球 REITs 市场下跌的背景下，美国基础设施 REITs 在此次疫情期间反弹更快、资本市场表现也更好。对标中国基础设施行业，符合当前宏观环境。

当前，中国的金融机构在进行资产配置或者投资时，权益投资配置的比例小于固定收益投资配置，权益投资需求小于固定收益投资。REITs 的重要属性就是债性和股性兼备。一方面，REITs 每年强制分配分红回报，类似于债权，每年给 REITs 投资人提供一个稳定的派息回报，在美国可能是 3%~5%，或者是 2%~4%；另一方面，

REITs具备权益属性，即能够带来比较好的价值增长，所以仍是一个带有权益属性的金融产品。基于全球主要市场REITs走势和大盘指数走势的比较，在美国、新加坡和澳大利亚市场中，REITs在过去十年的走势都强于大盘指数，能够给投资人带来权益回报。同时，疫情期间REITs跌幅很大，因此，权益属性也体现在如果真的发生市场性风险，REITs不是稳住不动，依然会下跌，但是下跌之后可能不同行业品类的REITs指数的反弹情况不一样，其中，工业类REITs的抗压性更好。

接下来分享这次公募REITs试点的监管思路。证监会等监管机构推出本次公募REITs试点的整体思路，是希望能够对标海外成熟市场，尊重市场规律，优选优质资产，建设可持续发展的公募REITs资本市场。目前，我国已发行的REITs产品是在资产证券化框架下进行的，和公募REITs有区别。针对这次公募REITs试点，监管部门推动的是一个完全对标海外成熟市场的权益型资本市场，能够通过询价进行定价、期限不确定，并且有持续活跃的二级市场，同时能够打破刚性兑付。目前，在不动产和基础设施领域，投融资活动都会有增信措施的输出，存在债性思维，但对于公募REITs，监管机构想要建立的是真正的股性市场，实现优质资产价值发现。希望能够推出一批真正具备投资价值的优质资产，迫使市场上现有的资产方能够拿出好资产，进一步使得资金方通过参与公募REITs获得良好的投资回报。首批公募REITs试点审批流程比较严格，目前，国家发展改革委和中国证监会共同进行联合审批，国家发展改革委侧重项目筛选准入，证监会侧重产品制度与规则的完善、工作机制的建立、产品审查与机构监督。首批试点申报项目将优中选优，充分保障投资人利益。

公募 REITs 基金的载体是封闭式证券投资基金，监管机构为了推出公募 REITs 试点，打破了封闭式基金的一些运作限制。比如，过往公募基金投资都有"双十限制"，但根据证监会发布的《公开募集基础设施证券投资基金指引》的规定，此次公募 REITs 要将80% 以上基金资产投资于资产支持证券，借此间接持有底层基础设施资产。同时，公募 REITs 基金虽然是封闭式运作，但是进行上市交易，只是借助封闭式基金这种产品载体形式。公募 REITs 结合两层监管载体，需要同时申请资产支持证券和公募基金注册，这样的法律架构与当前的《中华人民共和国基金法》《中华人民共和国证券法》监管框架有关。根据证监会的监管法规，为了发行公募REITs 产品需要找到合格的公募基金管理机构，同时还需要有基金子公司或者同一控制下的证券公司来做专项计划管理人。此外，对于发行人来说，作为资产原持有方，发行人把资产转让给 REITs 上市之后，可以通过担任外部管理机构进行管理。综上，REITs 不同于以往的公募基金产品，其汇集了多方不同类型的管理职能，所以内涵非常丰富。

最后，结合产品实践以及监管机构此次推出公募 REITs 的总体政策导向，分享一下公募 REITs 的推出可能会对不动产投资和资产管理行业产生的影响。简言之，既有机遇也有挑战。

机遇主要表现在两个方面：首先，随着公募 REITs 的推出，权益型投资将迎来一次发展契机，持有型不动产投资周转率得到改善，同时借助 REITs 上市提升估值。此前，不动产行业的大量投资都是偏债型投资，某种程度上是因为中国没有不动产可以上市并退出的资本市场品类。但是，公募 REITs 的推出为前端投资提供了比较明确的退出渠道，所以将有利于机构投资人和资产管理方用权益型方式参与到基础设施和不动产投资中。其次，大类资产配置渠道得到有效拓展。公募 REITs 将为投资者提供一批高流动性、收益稳健的资产作为投资选择。

面临的挑战也表现在两方面：首先，目前来看，中国市场上成熟物业投资机会不多，而成熟物业符合直接发行公募 REITs 上市的条件，使得早期投资机会会受到资金方的哄抢，前端投资机会有可能竞争会更加激烈。公募 REITs 的推出，使得成熟投资机会将更少，投资布局需要尽早向前端延伸。此外，一些热点物业的投资可能会面临进一步的挑战，预计物业投资将回归基于资产现金流的估值作为判断标准，类似现金流但不同类别的物业的估值差异将会收窄。以美国的物流地产和办公地产为例，2007 年，美国办公地产和物流地产的资本化率分别为 4.8% 和 5.6%，但是随着资本的持续涌入，2019 年办公地产和物流地产的资本化率达到同样水平。这说明随着资本的涌入，热点物业的投资机会将吸引更多人的注意，优质投资机会也会面临更加激烈的竞争。其次，这次公募 REITs 政策的出台对当前公募基金管理提出了更高的要求。过往公募基金管理机构更多的是对公开市场证券进行相关投资运作，但是根据证监会指引，若要从事公募REITs基金业务，公募基金管理人需要配备不少于三名具有五年以上基础设施项目运营或基础设施项目投资管理经验的主要负责人员，同时还需要了解资产，这对业界提出很大挑战。大量的基础设施和不动产的实际管理并不掌握在金融机构手中，而是在实际运营方手中，所以未来对于金融机构而言，进一步深入到实际运作当中也是公募REITs带来的机遇和挑战。谢谢大家！

主持人杨涛：谢谢孔总的精彩分享，下面是圆桌讨论环节，请国家金融与发展实验室副主任、北京立言金融与发展研究院副院长胡志浩主持本次圆桌讨论环节。

言　论

━━━━━━━━━━━━━━━━━━━━━━━━━━━━━━━━━━

主持人胡志浩：谢谢杨老师，大家下午好！前面几位嘉宾关于中国资产管理相关议题进行了主旨演讲，参会嘉宾一定收获颇丰，下面进入圆桌讨论环节，均为来自资产管理一线的管理人员，他们在中国资产管理业务领域中有深厚的业务积累，首先，有请横琴平安不动产股权投资基金有限公司总经理喻浩进行发言。

横琴平安不动产股权投资基金有限公司总经理　**喻　浩**

━━━━━━━━━━━━━━━━━━━━━━━━━━━━━━━━━━

我来简单介绍一下平安不动产，平安不动产是国内最大的地产投资商，而非开发商。目前有1000名员工，投资金额超过6000亿元，控制资产过万亿元，不包含对众多房地产商二股东的股权。平安不动产基金是平安旗下专业的不动产基金管理品牌，是平安不动产公司的战略业务，旗下管理人"横琴平安不动产股权投资管理有限公司"，与远洋基金类似，过去服务平安不动产，未来会走向市场，成为市场化基金。平安不动产基金专注于不动产领域投资，近年正逐步加大股权投资力度，积极参与标准化投资，如REITs，投资者也从高净值客户向机构客户转型，包括市场上很多大的机构，如中石油等。

现将中国资产管理行业的监管导向总结为三个方向，即权益化、标准化和机构化。除了机构投资人、权益类投资之外，其实监管更希望金融产品净值化、标准化，应该说监管导向有三个：第一个就是机构投资者，多多益善；第二个就是权益类投资；第三个就是标准化投资。2017年3月，李克强总理在第十二届全国人大五次会议上提出，盘活存量资产，推进资产证券化，支持市场化债转股，加大股权投资力度，为整个未来金融提供了两个主要方向，就是标准化和增股权。权益化是指大力发展权益类产品，减轻金融机构"刚性兑付"的压力；标准化是指大力发展净值类产品、大力发展直接融资，有利于增强资产流动性，减少集中兑付压力；而机构化是指引入更多投资机构参与市场，这有利于优化投资者结构，维持金融秩序的稳定。当前，所有金融机构和投资机构都在围绕这三点，不断转变投资方向和调整客户结构。近几年，资产证券化蓬勃发展，但非标增股权业务发展比较缓慢，主要是市场投资者对非标增股权投资较为担心，这是市场通病。REITs既是权益类投资又是标准化投资，参与投资人以机构为主，满足监管的各项要求，未来会是一个很好的创新型产品。

主持人胡志浩：谢谢喻总，未来资管方向的机构化、权益化和标准化确实是市场发展方向也是监管的导向。无论是监管还是市场层面都希望通过"三化"使整个资管市场和金融体系更趋于成熟。最后有请招商财富资产管理有限公司机构业务部负责人潘登先生。

招商财富资产管理有限公司机构业务部负责人　**潘　登**

　　谢谢各位领导。招商财富是一家资产管理公司，属于公募体系下的基金子公司，全资大股东是招商基金，招商基金大股东是招行。与目前招银理财管理公司有一定的区别，现在公募是比较大的市场主流，整个公募体系规模24万亿元，与银行30多万亿元理财对比，在整个资管体系上仍然是很大的主流市场，当然现在很多资金也来自于银行理财"委外业务"。

　　对于招商财富资产管理有限公司来说，与公募基金存在的区别是更多地参与一级市场、一级半市场及金融衍生品投资。招商财富主要有两块一级市场业务，私募股权投资和资产证券化投资。招商财富私募股权投资业务在最近投资公司中排名第97位，中方投资公司中排名前50强。基金子公司从2013年成立，起初展开类信托通道业务，2015年开始，大力发展主动管理业务，开始私募股权投资和资产证券化投资，当前，私募股权投资主动管理规模在100亿元左右，最近也有一些项目上市科创板。同时，资产证券化比较关注地产、医药流通行业。主要进行地产供应链、资产证券化以及商业抵押担保证券、REITs，在商业抵押担保证券和类REITs产品发行中规模在100亿元左右。公募REITs，必须是同一实控人加基金子公司的结构，或者是券商加券商自管公募的结构去发行公募REITs加底层资管计划再加上特殊目的机构，招商财富积极进行各种项目投标。招商财富已经中标一个央企高速公路公募REITs竞标方案，公募REITs由发改委主导，证监会审批，所以申报链条由省发改委先批准，然后报到国家发展改革委投资司，批准之后才能到证监会，现在已经发布征求意见稿，但具体细则还未公布，招商财富与原始权益人投资，等待细则出来之后，会拟定具体方案申请省发改委上批。因为公募REITs是中国大类资产配置中最后一个缺少的环节，如果有了公募REITs，整个中国大类资产配置就完备了，当然这一大类资产配置不包括像美国那些金融衍生品，目前国内监管趋严态势下，金融衍生品不会大力发展，所以公募REITs填补了中国大类资产配置最后的空白，招商财富对此比较重视。

下面分享对机构投资人加大权益投资的看法。近两年，养老金入市受到关注，所谓养老金，最热门的应该是职业年金，从人社部到各地方人力资源部都竞相推动职业年金入市，区别于企业年金的公务员养老金，截至2020年，31个省份养老金都会进行全面招标，招商基金具备资格，也参与其中。国外最大机构投资人就是养老金、企业年金或者职业年金，截至2020年第一季度，整个基金公司和证券公司具有养老金资格的公司总共管理养老金规模达2.5万亿元左右。养老金入市是中国市场长期资金的一个非常稳定的利器。中国股市追涨杀跌，波动大，主要因为中国没有长期资金入市，但养老金入市为中国提供非常大的一个长周期。未来资管机构要更多地盯住养老金的投资需求，为养老金定制资产。之前养老金入市主要投资股票、债券，也可以通过信托和保障计划投资非标，未来养老金会不断增加投资范围，拓展到资产证券化、类REITs和不动产 REITs 等产品。虽然当前国内公募 REITs 以基础设施建设为主，而且强调稳定的现金流，但是预计今后商业不动产和住宅项目都会加入到公募 REITs 行列，这也会为中国存量房地产市场打开一个新的空间。

主持人胡志浩：谢谢，保险资金尤其是养老金在美国举足轻重，中国早晚也会面临这样的问题，由高储蓄、高速发展逐渐进入中低速发展，老龄化程度也不断加重，这一过程中如何进行资产配置确实值得思考。作为一个资产管理者，第一要为投资人做好服务，同时资产结构变化也会对投资前端资产提出新的要求。各个机构都在逐鹿中原，希望拿出更好的业绩，资产管理行业必然不是一个零和博弈的行业，通过激烈的竞争能够改善整个行业运营效率，这只是一个微观的结果，其实有更强的宏观效应，就是通过整个资产管理行业的改变，从资产配置、价格发现甚至风险管理方面显著提高整个宏观金融的效率，这是近几年来防风险改革、资管行业变革监管的要求和行业内在改革的需求。

后疫情时代的文化金融如何"破局"

编者按

2020 年 7 月 30 日，由北京立言金融与发展研究院主办，国家金融与发展实验室和北京市地方金融监督管理局指导，北京市朝阳区金融服务办公室（以下简称北京市朝阳区金融办）支持的"后疫情时代的文化金融如何'破局'"主题研讨会在京举办。这是北京立言金融与发展研究院成立后举办的第 5 期会议，文化产业是受新冠肺炎疫情影响最大的产业之一，疫情期间文化新业态的崛起对金融服务提出了更高的要求。后疫情时代，金融需要更加有效地服务文化产业的复苏和升级，文化金融如何"破局"成为各方关注的重点问题。专家表示，文化金融研究是整个金融应用研究当中既需要重点布局又值得深入探讨的领域，当前还存在一些重点、焦点、难点问题。一个完善的、健全的文化金融体系离不开四个要素：供给、需求、市场和环境。后疫情时代，文化金融要更具精准性和前瞻性，加强文化金融服务理念创新、手段创新和模式创新。

嘉　宾

杨　涛　北京立言金融与发展研究院院长、
　　　　国家金融与发展实验室副主任

王勇刚　国家文化产业创新实验区管委会党组成员、
　　　　副主任

付　宁　北京银行文创金融事业总部副总经理

于　何　东书房艺术发展（北京）有限公司首席执行官

金　巍　北京立言金融与发展研究院文化和旅游金融
　　　　研究所所长、国家金融与发展实验室文化金融
　　　　研究中心副主任

于　淼　中国文化产业投资基金副总裁

高晓蒙　北京三多堂传媒股份有限公司董事长

岳　明　首都金融服务商会资产管理专业委员会主任

王晓锐　中国文化金融 50 人论坛副秘书长、
　　　　深圳市文化金融服务中心常务副主任

韩复龄　中央财经大学金融学院教授

徐义国　北京立言金融与发展研究院地方金融监督研究
　　　　所所长、国家金融与发展实验室秘书长

前　瞻

主持人徐义国：各位专家、各位嘉宾，本期立言首都金融论坛的主题为"后疫情时代的文化金融如何'破局'"。本期论坛指导单位为国家金融与发展实验室、北京市地方金融监督管理局，支持单位为北京市朝阳区金融办。首先有请杨涛院长致辞。

北京立言金融与发展研究院院长、国家金融与发展实验室副主任

杨　涛

从供给、需求、市场和环境四要素
谈文化金融体系

感谢各位领导、各位专家百忙之中参与此次会议。此次会议主题"文化金融"是立言研究院重点布局的研究方向，研究院专门设立了文化金融研究所，由金巍教授带领，希望下一步结合北京以及全国文化金融领域的智库研究需求，进一步深化研究。立言研究院也在打造首都地区金融智库协调发展平台，一方面聚合在京各类金融智库，取长补短、协调配合、形成合力，另一方面针对北京市经济金融发展当中迫切需要解决的问题，发挥平台作用来实现智库与政府需求之间的对接。希望得到在座各位领导、各位专家更多的支持、帮助和指导。

接下来围绕文化金融进行分析。当前，对文化金融主要有三方面比较突出的感受。一是文化金融研究是整个金融应用研究当中既需要重点布局又值得深入探讨的领域，当前还存在一些重点、焦点、难点问题。后疫情时代文化金融面临的环境发生了重大变化，经济下行和疫情冲击使得整个经济社会发展受到了冲击。从全球来看，2018年以来，经济下行压力越来越突出，再加上疫情冲击，各国过去所谓经济增长的黄金时代一去不复返。国内虽然处在经济复苏过程当中，但是复苏力度明显有所弱化。面对这一趋势性变化、历史变化，"文化产业＋文化金融"必然无法独善其身。文化产业与金融在发展方向、发展规模、全要素生产率以及资本与收益匹配等问题上需要进行更深入的思考与研究。

二是新技术与数字化的发展，尤其是疫情期间非接触式服务模式的兴起。新经济、新动能在对冲传统经济下行压力、缓解经济发展当中起到了重要作用，新经济使得文化产业和金融产业都受到了深刻的冲击和影响，需要重新考虑文化金融是否发生了一些趋势性的变化。

三是当前国际形势日益复杂，我国在政治、经济、金融、地缘等方面都面临着前所未有的巨大挑战，中国的文化产业发展在新的全球竞争格局下需要发挥更多的作用，而不仅在经济意义上。

另外，文化金融的要素体系也需要进一步梳理和完善。文化金融领域虽然出现了很多热点、焦点、亮点，但也存在很多不足。当前，无论是在研究领域还是在实践领域，文化金融都呈现出碎片化的特征，缺乏系统性的考量。一个完善的、健全的文化金融体系离不开四个要素：供给、需求、市场和环境。

从供给要素来看，理论来讲，文化产业供给主体包括银行、证券、保险、信托、一些其他金融组织，甚至包括政策性金融机构，以及提供多元化辅助金融服务的基础设施运作主体等，即文化金融的供给是多元化的，与此相应的供给产品也是多层次的，除了信贷产品之外，还包括股权类、保险类、融资租赁、融资担保等产品。

从需求要素来看，需明确文化产业各类企业主体的金融需求，以及与之相伴的内在成长与发展需求。近年来，国家支持企业发展，包括民营企业、中小企业、科创企业甚至文化企业更多关注的还是供给侧，但是让企业获得更多信贷支持和融资支持并不是最终目标，最终目标是使企业有能力利用金融资源、技术资源、管理资源等实现可持续发展。

从市场要素来看，不同主体、不同需求者以及不同产品需要更好地对接，从政府和公共部门角度来讲，文化金融领域市场建设同样重要，不仅仅是简单地推出某类产品，一个可持续的市场自发机制是保证文化金融健康持续发展的重中之重。

从环境要素来看，金融支持文化产业发展需要信用、资产评估、中介组织等环境要素的配合，文化金融始终绕不开无形资产、知识产权评估等问题，而税费优惠等非融资政策也是解决中小微文化企业融资难题的可行之策。例如，文创金融虽然跟文化金融等同概念，但文创某种意义上更多纳入了一些中小微文化企业，或者更突出中小微创业企业。整个中小企业发展面临多元化难题，不仅需要解决融资问题，还面临税费问题、中小微企业应收账款回收难等问题，文化领域中小微企业同样面临这些问题。

总之，文化金融研究是整个金融应用研究中既需要重点布局又值得深入探讨的领域，希望未来依托国家金融与发展实验室、立言研究院以及全国各地政府部门、行业部门、金融机构的企业还有专家共同深入讨论文化金融，谢谢大家！

主持人徐义国：感谢杨院长的发言，下面进入主旨演讲环节，首先有请国家文化产业创新实验区管委会党组成员、副主任王勇刚发言。

聚　焦

▶───────────────────────────────────

国家文化产业创新实验区管委会党组成员、副主任　**王勇刚**

国家文化产业创新实验区的后疫情
时代文化金融实践

▼

　　各位专家、各位朋友下午好！非常感谢立言研究院的邀请。在这一特殊时期，共同探讨疫情时代文化金融如何破局，对提振文化企业发展信心，助阵经济回苏向暖具有重要意义。杨院长的发言让我深受启发，在具体实践过程中需要增加理论上的逻辑脉络梳理，实践当中更需要在方方面面对工作进行具体指导。

　　首先，简单介绍一下文创实验区文化金融方面的情况。金融作为现代经济核心，与实体经济相辅相成，文化与金融间的关系至关重要。党的十八大以来，文化产业的快速发展对经济平稳健康可持续发展起到了非常重要的作用，但是由于文化产业自身发展的特殊性，面临的融资难、融资慢、融资贵问题非常突出，迫切需要发挥金融活水作用，优化文化产业金融发展环境。在此背景下，文创实验区进一步改革创新，逐步构建起多层次、多渠道、宽领域的文化金融服务创新体系，形成了一套完善的文化金融融合发展模式。

一是依托信用促进会，形成信用评级、快捷担保、见保即贷、贴息贴保的信用融资服务闭环，树立国家文创实验区企业信用服务品牌。以文化企业信用作为纽带推进探索文化金融服务模式。2016年8月，全国首个文化企业信用促进会成立，目前已在实验区16个园区中设立信用工作站，发展会员700多家，搭建起联通政府、金融机构、文化企业之间的沟通桥梁。同时与14家银行合作推出文创普惠贷、文化创业贷、"蜂鸟贷"等30余种特色金融产品，对实验区企业提供优惠利率和服务；与8家担保机构合作，为实验区文化企业提供全方位融资担保服务；与7家信用评级机构合作，为文化企业在信用方面打造良好的服务环境。截至2020年7月，累计为朝阳区748家文化企业提供贷款融资150亿元，降低企业融资成本32%，尤其在服务文化企业和优化营商环境方面取得了一定的成效。

二是依托文化金融服务中心，形成创业孵化、风险投资、投贷联动、上市培育、政策支持的股权融资服务闭环，全面拓宽文化企业融资渠道。2018年8月，联合莱锦文化创业产业园设立全市首个文化金融服务中心，包括金融服务区、展览展示区、交流洽谈区、活动路演区。主要目的是将金融服务更加聚焦、更加实体化，有效整合各类金融服务资源和政策，特别是为有融资需求的文化企业提供相关政策咨询、信息交流，作为一站式服务场所为企业提供更精准的服务。目前，已吸引深交所北京中心、北京文创四板、北京银行、北京中小企业再担保公司、信用担保公司等20余个金融机构入驻，通过股权融资服务闭环为区域文化企业提供专业服务，推动优质的文化企业上市融资。

三是政策支撑和服务支撑双管齐下，打通股权、债权融资需求，缓解文化企业融资"难、贵、慢"的问题，进一步优化营商环境。先是从政策支撑角度促进债权融资，实验区先后出台"政策15条""政策50条"，涵盖了品牌提升、信用体系、文化贸易、文化科技等15个领域，文化金融是非常聚焦的领域，对文化企业的信贷融资、新兴融资工具都给予政策上的支持。再是对平台类，特别是文化金融公共服务平台建设给予奖励，持续推进文化金融融合发展，希望能够为企业提供更好的发展环境。然后多措并举，引导股权融资。"政策50条"对进入资本市场，特别是IPO创业板等给予政策支持。此外，2018年还设立了总规模100亿元的文化创意产业发展基金，目前正式投入运营并计划设立5个子基金，现在已设立3个子基金，进一步拓展文创企业投融资渠道。另外，大力实施龙头培育计划。文化金融发展的最终目标是希望文化企业能够可持续、健康、快速地发展。实验区通过创新龙头企业培育方式，实施"蜂鸟计划"助飞行动。按照企业成长性设立相关指标，联合其他部门共同认定，三年来已连续三批次共认定743家蜂鸟企业，并为其提供相应的精准金融服务。同时，对蜂鸟企业加大政策支持和服务力度，联合其他相关部门从信用融资、资金奖励、税收优惠、人才引进、住房保障等方面给予蜂鸟企业更多政策倾斜支持。最后，通过市区联动创新服务。与市委宣传部以及市相关文化主管部门进行政策联动，形成市区叠加政策支持优势，同时与北京文化产权交易中心合作，连通实验区信用融资服务平台与北京"文创板"服务平台，实现市、区产业扶持政策联动。

其次，疫情期间，国家文化产业创新实验区助力文化企业发展，加大中小微文化企业的扶持力度。一是深入对接金融资源，加大疫情期间文化企业信贷支持力度。为了适应疫情工作需要，国家文化产业创新实验区与朝阳区中小微企业金融综合服务平台强强联手，推出针对文化企业的专项产品；通过朝阳区中小微企业防疫应急续贷基金专项信托计划，助力中小微文化企业资金过桥、周转及后续发展；积极收集文化企业融资需求，协调对接银行和担保机构，通过无还本续贷、延缓还款期、提供担保等方式惠及文化企业。二是加快兑现产业政策，持续加大融资补贴支持力度。为了降低疫情对文化企业的冲击和影响，上半年朝阳区产业政策资金的兑现速度比往年更快，且力度更大。三是出台奖励政策，支持金融机构帮扶文化企业。直接奖励在疫情期间为文化类中小微企业提供信用评估、担保、企业债券等各项服务的金融机构，调动金融机构的积极性。四是积极开拓线上渠道，举办融资对接活动。聚焦文创企业的融资需求，推出担保产品、文化普惠贷、影视贷等特色金融产品，扩大文化企业融资渠道。

最后，后疫情时代，文化金融要更具精准性和前瞻性，加强文化金融服务理念创新、手段创新和模式创新。一是继续加大政策支持力度，积极发挥实验区建设工作协调小组的作用，深入开展金融服务创新的研究，推动政策落地。希望在座各位专家与我们一起，促进文化金融机构专业化发展，鼓励金融机构专设文化产业服务部门，开展专业化服务，与北京市朝阳区金融办一起探索研究风险补偿的一些机制，完善有效风险分担和补偿机制。二是促进平台融资服务。充分发挥中国企业信用建设促进会和文化金融服务中心两个平台的作用，探索与其他金融机构及股权交易所的合作，积极推动优质文化企业快速发展。三是提升服务精准度。继续推动信贷政策的落地，从更大格局和更大视野探索文化金融的创新。

文化产业是推进全国文化中心建设特别是推动首都经济高质量发展的重要力量。后疫情时代，文创实验区将深入学习贯彻习近平新时代中国特色社会主义思想，深入贯彻习近平总书记对北京重要讲话精神，按照新版北京城市总体规划要求，加快推进区域"十四五"规划研究，特别是文化金融等重要领域。文创实验区将深入推进改革创新，努力在全国文化中心建设特别是"两区"（公共文化服务体系示范区和文化创意产业引领区）建设上求突破、树标杆、作示范，成为全国文化中心建设的重要承载区，引领全国文化产业创新发展。最后，文创实验区在文化金融方面的发展和创新，离不开在座各位的关注和支持，希望今后我们进一步加强交流，更好地发挥文化金融的创新作用，促进文化产业实现更高质量发展，谢谢大家！

北京银行文创金融事业总部副总经理　付　宁

后疫情时代文化金融的"变"与"化"

各位嘉宾好，前面两位专家的发言，从市场微观、宏观角度对后疫情时代的文化金融进行了非常好的阐述，很有高度。北京银行作为文化金融参与主体，特别是产品的供给方，会后会不断深入学习，为文化企业提供更好的金融支持。

下面先为大家介绍一下文化金融市场发展的背景。疫情对文化企业的资金周转造成了不同程度的影响，餐饮、旅游、影视、休闲等行业的部分企业受到断崖式影响。从银行传统风控角度来评判，企业收入下滑，特别是账期回款加长甚至资金链断裂，让银行给予企业贷款有很大不确定性。为了稳定和促进文化产业发展，各级政府部门出台了多项政策措施，为银行深度支持文化企业纾困发展提供了政策依托。在此背景下，北京银行也制定相应举措，围绕国家"六保""六稳"相关政策开展工作，加大对文化企业的信贷支持力度。

当前文化金融需求出现了五大变化趋势。一是线上无接触金融服务需求增强。传统做法是通过客户经理与企业管理者面对面沟通和交流的方式开展业务，包括收集资料、业务操作等。由于疫情影响，各项线下工作需要线上进行，现阶段从贷款需求角度来讲更多需要线上通道。

二是优质、优惠的组合式产品需求增加。受疫情影响，经营收入较往年有所降低，因此需要更加优惠和优质的产品组合来满足企业。同时，以往国家给予文化企业更多是债权特别是贷款方面的支持，而后疫情时代，企业老板和个人对股权融资意愿比以往更加强烈，因此产品组合不会只限于单一债权或者股权的形式。

三是资金使用紧迫性和业务落地实效性要求增强。银行业务人员现场进行贷前调查、办理相关业务手续、审批、放款等环节，受疫情影响存在不便之处，影响资金到位的实效性。而疫情过后，企业对资金到位的实效性要求增强。

四是信贷资金支付用途和产品期限延长需求增加。银行信贷资金原则上要求根据合同条款进行受托支付。疫情影响下，部分企业资金支付周期发生变化，更希望得到期限较长的信贷产品和服务。

五是信用担保、抵押担保、质押担保等单一担保方式不能完全满足多样的市场需求，组合式担保方式趋势增强。

结合以上文化金融的五大变化趋势，北京银行升级产品服务体系，助力文化企业复工复产。

一是通过线上无接触、名单式营销，完善申请、审批、放款等环节的线上操作流程，加速科技系统全面升级。企业有融资需求，只需扫描二维码，填写简单客户信息，选择就近支行，相关业务人员于下一个工作日，就会主动与企业进行联系，了解企业融资需求，确定初步融资方案。

二是加大产品组合力度，提供综合产品服务包，降低企业综合成本。北京银行针对文化企业的经营特点和融资需求，推出了包含债权融资、结算服务、股权投资和个人业务的综合产品服务包。一家企业除了与银行发生信贷关系，还会有公司结算、代发工资，以及企业老板和员工个人业务的需求，北京银行对符合条件的客户进行相关费用的优惠，降低了客户综合成本。

三是优化审批流程，最短审批周期可达1周，大大提高了信贷资金落地时效性。同时与担保公司合作，重新优化审批流程，最快可以在1周之内完成放款。根据业务具体情况，部分审批权限可由分行下放到支行，提升业务整体流程的时效性。

四是根据业务情况适当延长授信期限。传统小微企业流动资金贷款多数的授信期为1年，现在可以根据企业具体经营周期，进一步延长授信期限，其中一般文化小微企业流动资金贷款授信期限可延长至2年，抵押贷款授信期最长5年。信贷资金用途不仅可以支付主营业务支出，还可以支付办公地房租和员工工资等。贷款期内只要按时还息，企业经营正常，到期通过银行评估，认定企业符合相应条件，可以申请无还本续贷。

五是加深担保公司合作力度，采取担保、抵押、质押、信用等组合担保方式。为小微企业提供信贷服务方面，我们联合担保公司推出300万元以下无抵押产品，大大提高文化小微企业获得银行融资的可能性，同时扩大了北京银行文化金融供给的广度和深度。

以上就是北京银行结合现阶段市场需求，在后疫情时代文化金融发展的实践，希望各位专家给予更多指导。北京银行将继续不断探索创新，一如既往全力支持北京市文化产业发展。

东书房艺术发展（北京）有限公司首席执行官　于　何

后疫情时代艺术品市场两大判断

　　2020 年疫情暴发以来，各行各业遭受巨大损失，大量博物馆和文化展陆续关闭，艺术周、拍卖活动缩水和推迟，最新一份关于疫情对中国艺术行业的影响调查报告显示，近 50% 专家学者认为，疫情将导致上半年市场同比减少 30%~50%。相关调查显示：36.6% 受访者认为疫情对艺术行业影响巨大，此次疫情给艺术品市场带来了巨大的危机，同时也创造了很多机会。我司在这个时期上线并运营了一个大众艺术品交易平台，在 2019 年共销售数万件艺术品，单价几千元到 1 万元不等。

　　由此可见，未来艺术品市场将呈现两个特点：

　　第一，随着市场泡沫的退去，艺术品回归原本艺术价值，不再是被资本绑架的艺术金融品，近两年游资退潮势必将跟风炒作、艺术价值不高的产品打回原形。以往艺术品市场更像金融产品投资市场，金融属性远超文化属性，而随着近年来经济不断下行，艺术品市场泡沫也逐渐走向破灭，疫情更是加速这一进程。而对于艺术品的消费市场，却随着民众对美学的认知不断提升，呈现出肉眼可见的增长趋势，大众艺术存在更大的机会市场，观赏性和艺术价值将成为未来艺术品市场的主流。

　　第二，疫情加速了艺术品电商化的进程，让网上的展示和交流成为特殊时期的主流表现方式，也同时加速了交易平台的建立和交易规则的制定。艺术品行业之所以能够成为近年来国内受互联网冲击最小的行业之一，最主要的原因是，以往艺术品的网上交易信用度极低。疫情期间，线下活动被按下暂停键，各类艺术活动不得不寻求线上出口，微信中各种艺术品讲座、分享百花齐放，抖音、快手、淘宝、拍卖行 APP、微信公众号、微信群直播等销售渠道令人眼花缭乱。疫情暴发至今，线下艺术品交易恢复缓慢，线上艺术品销售市场却迅速崛起。据巴塞尔艺术展和瑞银集团环球市场报告统计，2019 年艺术品和古董市场销售额 14% 来自线上；据艺术市场报告统计，2019 年网上销售交易中 57% 为新手买家。

　　基于以上两个判断，艺术品金融市场正回归理性，艺术品消费市场正快速向线上转移，此次疫情给艺术品行业传统的理念和思维带来深刻的变革。众所周知，线上交易场景更适合大众普品，价值较高的商品仍然会倾向于回归线下进行交割。即便是大众艺术品，属性上仍可归属为轻奢品。因此，艺术品交易想要通过线上破局，建立一套稳健且长效的信用机制是实现线上交易发展的基础。当前艺术品电商市场混杂，真假难辨，缺乏规范的价格机制与诚信保障；通过线上渠道购买，用户消费决策完全依赖于主观的判断，导致消费者利益无法得到有效保障，这制约了线上艺术品平台的发展。

　　综上所述，未来线上艺术品市场发展，便捷的交易平台是基础，重构艺术品信任机制才是核心。通过艺术品登记认证平台，艺术家可以方便快捷登记作品，用户可以准确查询并且辨识真伪，此外，可以通过区块链和国家版权机构的双认证，实现艺术作品流转信息可溯源，从而提升艺术家自身价值和作品本身价值，并为艺术品交易平台提供信用保障，打破行业壁垒，真正推动艺术品互联网的发展进程。

文化产业只有夯实了自己的平台、结构、信息、交易基础，才能更好地拥抱金融要素，谢谢大家！

北京立言金融与发展研究院文化和旅游金融研究所所长、国家金融与发展实验室文化金融研究中心副主任　**金　巍**

五大关键抓手直达文化金融中长期目标　▼

疫情之下，文化和旅游产业受影响较大，其中影视、演艺、会展、文旅、艺术品等分行业受到的影响非常大。目前，我国各级政府出台了一系列政策，推动金融为文旅企业纾困解难。我们需要从两个方面看正常目标。

一方面，疫情期间金融支持文旅的政策主要集中在短期目标，即"活下来"，这些既定的政策及具体措施需要一如既往地贯彻，走出现实困境。

金融支持文化产业纾困解难，支持文化企业复工复产的相关政策，在中央层面，主要有以下几种类型：一是国务院发布中央部委的相关综合性文件，中央发布以后，各省市出台许多关于防疫政策的文件，尤其是支持中小企业纾困解难的政策，由于文化产业中小微企业较多，这部分政策直接惠及文化产业。二是金融监管部门发布的部分金融类政策，如中国人民银行发布的《关于进一步强化金融支持防控新型冠状病毒感染肺炎疫情的通知》。三是文化和旅游部出台的相关政策，如《关于用好货币政策工具　做好中小微文化和旅游企业帮扶工作的通知》《关于用好地方政府专项债券的通知》，还有一些其他政策也涉及文化金融。

　　各省市关于支持文旅产业恢复的政策较多，其中都有涉及文化金融政策，都有非常重要的相应条款。例如，陕西省发布的《关于坚决打赢疫情防控阻击战支持文化企业平稳健康发展的实施意见》，上海市发布的《全力支持服务本市文化企业疫情防控平稳健康发展的若干政策措施》等。

　　各省市发布了许多关于金融支持文旅的专门政策，主要分为以下三类：一是原本正常制定发布的政策，针对疫情及时做了补充。例如，2020 年 2 月，北京市文化体制改革办公室发布的《北京市关于加强金融支持文化产业健康发展的若干措施》，中后期发布之前根据疫情进行专门修正，包含了关于振兴文化、恢复文化产业等六个方面的重要措施。二是直接针对疫情专门制定的政策，如浙江省文化和旅游厅、中国人民银行杭州中心支行印发的《关于做好全省文旅企业金融支持工作的通知》，甘肃省文化和旅游厅、中国人民银行兰州中心支行印发的《关于进一步做好全省文旅企业融资支持工作的通知》，以及湖南省文化和旅游厅与中国农业银行湖南省分行印发的《关于有效应对新冠肺炎疫情做好金融支持文化旅游企业稳健发展工作的通知》，另外河南省、吉林省、湖北省等也有一些专门政策措施。三是一些具体的措施。例如，江西省推出的《江西省关于中小文化企业贷款风险补偿资金管理暂行办法》，宁波市出台的《关于推进国家文化与金融合作示范区创建强化金融支持文旅企业发展工作的通知》等。一些地区在支持文旅企业的具体举措中将文化金融作为重要的手段，有很详细的措施。如西安曲江新区应对疫情支持文化旅游企业发展的支持措施，包括《曲江新区关于应对疫情支持文化企业健康发展的十五条举措》《曲江新区应对疫情支持旅游企业健康发展的七条措施》《曲江新区支持商贸服务企业应对疫情健康发展的十条措施》等。总体来看，地方政府的政策内容比较全面，包括财政、税收、金融政策以及其他的政策配套，主要集中在短期目标，即"活下来"，降成本、降费用是主要内容。

另一方面，在文化金融发展政策决策视角下，在"抗疫"过程中，还需要关注一些中长期目标。

长期目标要着眼于后疫情时代文化金融发展。一是以恢复市场创新活力为目标，制定文化产业金融及旅游产业金融服务创新方案；二是结合区域特点，将金融解决方案的重点放在产业升级调结构方面；三是结合金融市场改革，提升直接融资比例目标，加快资本市场改革；四是结合防风险目标，加速推动金融科技应用，建立新的文化金融基础设施。

当前，需要对疫情之下正在发生的新态势有清晰的认识，这是考虑问题的前提，也是一种预判。第一个前提是如果全球文化冲突加剧，将直接影响各国的文化政策，文化壁垒将越筑越高，这对以文化产业为基础的文化金融服务将形成最重大的影响。第二个前提是全球产业链遭受重创。我国提出以内循环为主、内外循环互动为辅的新发展格局，这一政策环境必然重构文化产业，直接导致文化产业供给主体发生变化。第三个前提是刺激内需。刺激文化消费是刺激内需的重要构成部分，因此需要出台更大力度的文化消费政策。同时要认识到新基建、新经济和新型城镇化建设等既定的经济迭代进程为文化金融发展提供了新视角。

需要积极寻找直达中长期目标的新路径。一是以文化产业供应链金融为抓手，推动文化金融产品创新与服务创新，包括基建、交通等，文化产业中每个行业的供应链金融特征不同。二是以文化金融机构专营化为轴心，推动体系构建和文化金融生态培育。国外许多保险公司、担保公司专门为艺术品提供服务，我国应当在这些方面加大力度，指导专门为文化产业服务的类型化、特色化机构。三是以文化金融管理为抓手，推动形成完善的业务管理规范和行业标准体系，《中国文化金融发展报告（2020）》一书中提到，当文化金融市场具有一定规模，具有一定数量的从业机构和从业者时，行业管理将成为进一步提升服务的关键。建议梳理一下文化金融市场总体生态情况，在此基础上鼓励文化金融服务中心、行业组织等机构就文化产业贷款等业务建立相应的管理规范，建立相应行业管理体系，进而指导业务发展。四是以文化数据资产治理和管理为新起点，构建新型文化金融基础设施。文化数据资产治理和管理迫在眉睫，文化数据资产管理体系将作为未来最重要的基础设施。文化数据资产管理从企业角度来讲，需要重视企业的管理和资产管理。目前中央提出几个与文化数据资产相关的政策：一方面，要加强培育数据要素市场；另一方面，中宣部提出建设国家文化大数据体系。基于此，建议北京等发展完善的地区，从企业角度出发探索建设文化数据资产、企业文化数字资产相应的治理规则和行业管理规范，探索建立包括文化数据资产确权、评估、流转、交易等业务机制的平台。五是以文化企业金融能力提升为抓手，推动文化资源转化与价值实现。公司金融即公司利用金融能力为公司进行资产管理，包括投资等，需求方也需要提高自身能力，积极有效对接金融市场。建议通过文化金融服务中心、社会组织，以及供应链核心企业，建立公司金融知识和资源共享机制，建立文化企业金融学习俱乐部，组织文化企业金融能力训练营，通过常态化交流不断让文化企业、金融界产生化学反应，不断提高企业文化资源转化能力，提高企业在金融和资本市场上的判断力。

言　论

主持人金巍： 下面是圆桌讨论环节，国家金融与发展实验室以及北京立言金融与发展研究院作为智库，向上建言建策是其重要职能。下面有请各位嘉宾参与讨论！

中国文化产业投资基金副总裁　于　淼

各位领导、各位老师好，今天非常高兴可以在这里向各位业内专家学习，下面我主要介绍疫情冲击下文化产业私募股权基金市场的发展情况。

首先分享疫情冲击下，上市公司以及私募股权基金两个领域有关的政策变化，《中华人民共和国证券法》已于 2019 年 12 月 28 日修订通过并于 2020 年 3 月 1 日开始实施。该法对提高证券违法违规成本、投资者保护制度、强化信息披露要求、健全多层次资本市场体系等进行了制度改革和完善。另外，证监会、交易所、新三板机构也推出了一系列相关规定，主要包括以下两方面：一方面放宽了上市公司资本运作限制，如再融资、重大资产重组和收购，以及创业股东减持规定等。另一方面放宽了非上市公司首发限制，如创业板注册制、新三板转板政策，这些政策对企业来讲非常重要。但是文化产业整体上受疫情冲击较大，上半年文化领域公司上市及私募股权基金融资都呈现出断崖式的下降。

今天主要讨论疫情之后如何帮助文化类企业更加健康地发展，主要目标应当分为短期目标和长期目标。短期目标是促进已投企业复工复产，推动存量投资完成。长期目标是帮助企业健康发展，促进文化行业转型升级。主要从两方面入手：一是企业管理建设，提高企业自身能力；二是新的投资，依据新的行业情景进行调整。

在实务中，基金行业会力所能及为文化类中小企业解决融资难、贵、慢等问题。从基金投资、投后管理、退出这几大业务来展开：

在基金投资方面，要小步快跑、因时而变、寻求政策支持。第一点是小步快跑，指要加快 2019 年和 2020 年上半年项目的推动执行。如果基金由于疫情原因目前投资项目的内部审批阻力较大，可以考虑降低项目投资金额，先提供部分资金支持企业发展，对优质的项目可以后续再投资。第二点是因时而变，投资行业特色就是要根据行业和企业情况及时调整投资方向，未来文化与科技相结合的行业、与产业协同的行业、优秀的内容和平台公司都值得深耕和挖掘。投资机构需要抓住甚至引领文化产业链的重构，积极推动文化产品供给主体结构的变化。第三点是寻求政策支持，文化行业是一个比较特殊的行业，这个领域传统文化企业以及文化传承类企业需要定向支持，需要设立更多专项基金促进这些特殊行业、特殊企业的发展，以保障企业有足够资金运转，将政策性和财务性的投资相结合，互为补充。

在投后管理方面，要从监管向服务转变。目前多数基金的投后管理非常粗糙，以监控为主。投资机构要根据自身和已投企业的特点搭建专业化、标准化、系统化的投后管理服务体系，加大投后力度。从政策支持、战略梳理、资金方案、管理提升、人才引进、财务管理等方面全方位地支持企业发展，增强企业自身实力，提高企业面对变化和危机的响应能力。

在退出方面，要根据企业的实际情况调整退出方案。由于疫情导致企业业务出现了明显的两极分化，线下实体企业受疫情影响非常严重，基本上半年无法开工，而以线上业务为主的企业发展比较平稳，业绩甚至超出预期。因此，针对不同企业，其退出策略不同。对于比较困难的企业需要制定延长退出计划，退出方式和退出工具要多样化，提高基金退出方案的可执行性和退出效率。

主持人金巍：下面有请高晓蒙董事长，北京三多堂传媒股份有限公司作为一个江湖上比较有实力的民营企业，在疫情期间也是遇到了很多困难。

北京三多堂传媒股份有限公司董事长　**高晓蒙**

纪录片在影视行业里属于一个小的板块，但地位很高，这些年来，纪录片不断从舞台边缘向中心靠近。制约纪录片发展最大的问题是商业模式，它不像影视剧和综艺节目有非常成熟的盈利模式，纪录片虽然有个别的作品能够实现市场盈利，但绝大多数作品很难做到投入产出平衡。因此，纪录片的投资绝大部分是不求商业回报的，它更多追求的是社会效益和影响力。这部分投资不属于维生活命的钱，所以疫情期间受到的影响相对电影和电视剧来说要小。

我司是 2014 年纪录片行业里第一个挂牌新三板的公司，被称为纪录片"第一股"。疫情对我司最大的影响就是拍摄的停滞，开始时是国内，后期是海外。纪录片制作周期较长，大型纪录片从酝酿、前期策划、前期拍摄到后期制作一般需要一年到一年半时间，对于项目较多的公司，可以调整不同项目的制作阶段来抵消疫情影响，这类公司的损失相对就会低一些。对于项目较少的公司，腾挪余地不大，受打击就会比较严重。从我们公司的情况看，2020 年营业额肯定有下滑，主要是项目周期延迟造成的。从接单的数量看是增加的，它预示着 2021 年公司的业绩应该不错。

从创作的趋势讲，短视频、中长视频受到更多关注，30 分钟以上的作品在新媒体平台越来越少了。

疫情冲击下，纪录片行业也同其他行业一样，出现了两极分化状态，大公司因为抗风险能力强、信誉好，可能会集中越来越多的客户中小公司因为资金不足、项目较少，会面临一定的困难。但是令人高兴的是，一些小公司因为专注制作，在疫情期间依然制作出了不错的作品，从而经营很好甚至一鸣惊人。

电视台在纪录片行业的市场份额已经不算是垄断性的了，越来越多的视频网站加入了播出平台，给市场带来了新的竞争格局。

影视行业普遍具有轻资产的特点，尤其是中小影视公司缺乏有效抵、质押资产或第三方提供的保证，难以满足金融机构的要求，因此，需要金融体系设计长久有效的解决机制。此外，应进一步加大对影视行业特别是纪录片行业的政策支持力度，在公益基金、税收减免、人才引进奖励方面，积极探索新的服务模式。

主持人金巍：谢谢高总，下面有请岳明主任谈谈体会。

首都金融服务商会资产管理专业委员会主任　**岳　明**

供应链金融是中小文化企业的重要融资渠道，是文化金融的发展方向之一。就传统供应链保理行业来看，商业保理监管部门 2019 年从商务部转为银保监，9 月银保监会下发有关商业保理规范的管理办法在 2020 年成为全国一些重点城市的管理规范。保理公司以往属于相对小众的代表，目前有了很多规范要求，其股东基本是国有类型的保理公司，对整体业务关联度，特别是对股东关联方式推动整体业务的相关内容进行了更强限定。

文化供应链领域在国内没有太多专业保理机构进行文化链条的供应链金融布局，文化金融领域属于刚刚开始实践的新方向，想要真正成为以文化金融为专营的机构，目前国内还存在挑战。展望未来，中小文化企业可依托与供应链中大主体之间的交易关系获得融资，商业保理机构要积极参与到文化链条的供应链金融布局之中，同时保理机构也需要进一步专业化、规范化。

主持人金巍：谢谢。据我了解，在全国范围好像很少有专门做文化产业保理的公司，这个行业值得期待。下面有请深圳市文化金融服务中心常务副主任王晓锐。他一直在一线代表政府为文化企业服务。

中国文化金融 50 人论坛副秘书长、深圳市文化金融服务中心常务副主任　**王晓锐**

▼

各位专家、各位老师，首先介绍疫情期间深圳市文化金融服务中心在助力中小微文化企业复工复产方面的实践内容。疫情发生以来，深圳从市一级到区一级政府出台了近 20 个帮扶企业相关政策。深圳市委宣传部和深圳市文化广电旅游体育局出台 22 条措施扶持文化企业，要求"发挥深圳文交所国家级文化产权交易和投融资综合服务平台作用，优化文化企业金融对接和服务支持"。文化金融一定要围绕供应链和产业链来提供金融服务，深圳市文化金融服务中心在主管部门的指导和支持下举办"一致行动"系列活动，围绕珠宝、数字创意、文化创意、文化科技、文化教育、电商直播等细分行业举办专场活动。每一场活动都提前进行市场及行业研究、核心企业研究、上下游中小企业金融诉求研究，围绕诉求寻找匹配的金融产品，提高企业对接的效率和精准度。除了有针对性地对细分领域的供应链产业上下游进行研究外，还构建了线上对接服务平台，同时针对细分领域文化企业出台了针对性的文化金融产品。疫情对传统型企业冲击非常大，对创新型企业属于机遇，影响较小。深圳就数据条例公开征求意见，深圳市中小企业服务局出台帮助深圳市企业进行数字化提升的白名单，众多白名单之列的科技企业为传统企业提供数字化转型服务。深圳市文化金融服务中心主要帮扶传统文化企业转型升级以及进行金融产品和服务对接。

后疫情时代文化金融发展的三个重点：一是文化金融服务会聚焦在供应链金融、产业链上下游以及产业链迭代企业，引导企业寻找自身定位。金融产品也会围绕供应链金融上下游。二是数字资产的无形资产评估，目前已经开始构建线上无形资产评估系统。三是传统文化企业的数字化转型。目前已启动数字资产交易体系建设以及研究，主要是依托于中宣部、财政部组织制定的文化企业无形资产评估指导意见以及深圳市的相关政策。疫情放大了传统文化行业的缺点，但也加速了传统文化行业的迭代。

主持人金巍：最后有请中央财经大学金融学院韩复龄教授对前面的发言做梳理总结，提出下一步总的发展方向和未来到底怎么做？

中央财经大学金融学院教授　**韩复龄**

　　各位专家结合自身投融资实践以及文化产业服务进行了分享，本人受益匪浅。疫情发生之后，文化产业面临严峻的挑战，一方面，传统文化企业、影院、剧院现场服务、现场消费等受到了抑制。另一方面，以数字化为代表的数字文化产业异军突起。在两方面影响下，文化产业链进行重构，一些传统文化企业亟待向数字化转型，数字化成为了打通文化产业上下游之间产业链的核心环节。在后疫情时代，文化产业投融资企业需要构建一个多层次、多渠道、多元化的文化产业投融资体系。投资机构需要拓展整个文化产业链，促进文化产业链的内容创新、技术创新、市场创新与金融创新相结合。

　　从国家的宏观政策角度分析，应当加强文化产业发展，让文化的财政政策与侧重文化的金融政策协同配合，推动文化产业高质量发展、协同发展。另外，要完善文化金融风险防控机制，无论从文化金融企业担保、保理还是从其他方面分析，保持文化金融可持续发展都至关重要，一方面文化产业需要积极的金融政策支持，另一方面需要完善文化金融风险防控机制，建立突发事件应急预案，如对文化产权交易所、互联网金融、文化金融平台产品进行动态监测。加强相关文化资产评估机构监管，如合理评估文化产品，避免虚估、高估。强化金融中介机构和文化中介机构监管，夯实相关职责，一方面打通文化产业链，另一方面打通文化与金融的对接，促进文化金融市场协调、健康、繁荣发展。

　　主持人金巍: 谢谢各位专家的分享。疫情冲击下,只有原本生命力较强的企业才可以存活下来,后疫情时代,企业应当更多考虑数字化转型等方式促进企业发展。文化产业体量越来越大,文旅金融包括文化和旅游产业这两个方面,木米金融仍需继续深入推动文化产业、文旅产业发展。

金融科技与区域金融发展

——以北京市朝阳区为例

编者按

2020年8月26日，由北京立言金融与发展研究院、北京市朝阳区金融办联合主办，国家金融与发展实验室、北京地方金融监督管理局指导，金融科技50人论坛协办的"金融科技与区域金融发展——以北京市朝阳区为例"研讨会在京举办，这是北京立言金融与发展研究院成立后举办的第6期会议。北京市朝阳区是我国金融机构和科技公司最为集中的区域之一，金融科技已经成为朝阳区金融业发展的重要抓手，在朝阳区稳步推进高质量发展的过程中，金融与科技的融合将发挥重要的作用。来自政、产、学、研不同领域的嘉宾齐聚北京朝阳，就金融科技与区域金融发展问题展开了热烈的讨论。专家认为，地方金融在金融科技发展中能够发挥重要的作用。金融科技是社会协同的必然，生产关系的变革推动社会生产结构的调整，国家政策部署以及行业规划指导下，区域性的实践验证成为必然。

嘉　宾

杨　涛　北京立言金融与发展研究院院长、
　　　　国家金融与发展实验室副主任

卫逸群　北京市朝阳区金融服务办公室副主任

于浩瀚　百信银行副首席信息官

窦继岩　中关村科技租赁股份有限公司（以下简称
　　　　中关村科技租赁）副总经理

李　鹏　北京青云科技股份有限公司（以下简称
　　　　青云科技）销售总监

陈芝芳　北京优品三悦科技发展有限公司（以下简称
　　　　三悦科技）创始人兼总经理

杨　竑　中国金融学会金融科技专委会秘书长

徐义国　北京立言金融与发展研究院地方金融监管
　　　　研究所所长、国家金融与发展实验室秘
　　　　书长

李　晶　北京立言金融与发展研究院首都金融
　　　　智库合作基地主任

前　瞻

主持人徐义国： 各位领导，各位来宾，今天会议的主题是"金融科技与区域金融发展——以北京市朝阳区为例"。是立言研究院成立后举办的第6期会议，也是疫情防控常态化背景下立言研究院举办的第一次线下会议。

会议分致辞发言、主旨演讲和点评环节。致辞发言由立言研究院院长、国家金融与发展实验室副主任杨涛和北京市朝阳区金融办副主任卫逸群两位嘉宾发言；主旨演讲和点评环节由立言研究院首都金融智库合作基地主任李晶先生主持。首先有请杨涛老师致辞！

北京立言金融与发展研究院院长、国家金融与发展实验室副主任

杨　涛

宏微观层面谈金融科技

尊敬的各位领导、各位嘉宾、各位专家，非常高兴大家共同聚在这里进行本期立言首都金融论坛。北京市朝阳区是我国金融机构和科技公司最为集中的区域之一，本期研讨会主题隐含两条主线：一是金融科技的热点问题；二是地方金融在整个金融科技发展当中的定位。重点结合朝阳区这些具有代表性的企业展开研讨。

第一，金融科技是当前非常重要的热词，金融科技发展也将面临一些宏观层面上的重大挑战。金融科技不仅仅是"金融＋科技"自身的问题，经济社会发展的趋势和金融发展的格局都会对其发展形成严重的制约。比如，当前日益复杂的国际环境下，我们不断强调扩大内循环、巩固外循环的情况下，全球经济出现了进一步的脱钩，金融科技在服务扩大内循环的过程中能够发挥什么样的作用？在打破"脱钩"继续推动各国依托于金融科技形成共识、加强交流方面又能起到什么样的作用？这是我们当前面临的宏观层面和国际层面重大的挑战。再比如，目前国内经济面临长期增长率下行的压力，因此除了一些短期的刺激政策之外，更多地还要从中长期来寻找新的经济发展动力，其中一个切入点就是目前热议的新经济、数字经济。数字化和新技术有助于解决目前经济发展运行效率不足这些矛盾。引申到金融领域，发展诉求自然带来了新金融变革的内在动力。因此，金融科技不只是一个局部的产品、局部的服务，也不只是一个商业模式、一个渠道的问题，而是通过推动金融的数字化改革来进一步适应国内外经济社会发展的新形势和新挑战，这是讨论金融科技的一个重要起点。

第二，金融科技过去更多关注的是战略层面、宏观层面、路径层面、模式层面，但是就目前来看，在金融科技发展当中，在各个具体化的金融科技的技术与业务领域出现了一些始终未能解决的痛点和矛盾，具体涵盖金融的融资、风险管理、资源配置等领域，所以在讨论金融科技落地的时候，更多需要聚焦不同的"技术＋具体"

的业务，在落地过程当中具体遇到的矛盾和挑战是什么，找到下一步真正推动金融科技落地的着眼点。比如，我们在探讨支付企业拥抱Ｂ端服务时，其合作的实体企业进行财务入账可能需要银行回单，而无法接受支付企业或者银联回单。这些类似的小问题涵盖了金融融资、风险管理、资源配置等领域，是推动金融科技真正落地的痛点与难点。

第三，地方金融在金融科技发展中能够发挥重要的作用。当前，我国地方金融发展经历了三个阶段：第一阶段是以温州和泉州金融改革为代表的自下而上的金融改革模式，但是这种改革很难达到预期效果，因为金融本身需要自上而下的统筹规划。第二阶段强调自上而下的金融改革，特别是将上海自贸区模式纳入到国家层面的金融改革，但同时又忽略了地方政府在改革中的地位。第三阶段强化了地方政府的金融监管职责，由地方政府解决地方金融机构的风险问题。目前，则进入了全新的阶段，对地方金融提出了更高的要求。无论在哪个阶段，地方政府都发挥着重要的平台作用，尤其能够促进技术与场景的对接。技术具有共性，但是场景在每个城市和地区千差万别，地方政府除了招商引资之外，在金融科技产业链的生态化发展、创新与安全的把握当中也将发挥更多的作用。

未来几年对于金融科技的理性健康发展是一个新的重要的阶段，需要各位深入沟通、深入交流，因为未来能否成功的核心点其实是能否形成有效的共识、模式、标准、平台，这些是整个金融科技能否生态化发展的重中之重。

主持人徐义国： 谢谢杨涛院长的精彩发言。杨涛院长这些年在金融科技工作方面做了大量研究，硕果累累。下面由北京市朝阳区金融办副主任卫逸群先生致辞。

北京市朝阳区金融服务办公室副主任　**卫逸群**

五方面介绍朝阳区近年来金融科技工作的开展情况

各位领导，各位嘉宾，大家好！这次金融论坛是北京市朝阳区金融办联合立言研究院举办的专题活动，立言研究院是继国家金融与发展实验室之后又一入驻朝阳区的专业智库，协同开展课题研究，举办金融品牌活动，提升金融业影响力和软实力。本次论坛特别邀请到朝阳区金融科技领域的企业代表、监管部门与行业学者围绕金融科技与区域金融发展共同进行深入探讨，通过这样的形式促进金融科技同仁的交流合作。

为贯彻党的十九届四中全会精神，落实《金融科技（FinTech）发展规划（2019—2021）》，朝阳区作为北京市服务业扩大开放服务试点，积极探索符合区情、与国际接轨的金融科技发展，具体开展了以下五大方面工作：

第一，加大金融科技政策支持力度。制定出台了《朝阳区支持金融业发展的若干措施》，明确了在提升金融服务国际化和金融科技企业在朝阳区集聚发展的两方面具体内容，加大对金融科技企业的支持力度，共同推动区域金融科技的发展。

第二，金融科技助力疫情防控，帮助中小微企业渡过难关，依托朝阳区中小微企业金融服务平台，利用金融科技手段构建了"交易场景＋金融"的融资模式。目前，平台已入驻35家金融机构，注册企业7000余家，完成放贷2100余笔，金额约70亿元。同时为解决疫情以来农产品滞销、供应链受阻等问题，辖区内企业与中信银行等开展了一系列的有效探索和尝试。

第三，加强金融科技产业布局，划分五类金融科技企业类型，摸底近20家金融机构和标杆企业。如国家金融与发展实验室、立言研究院等一批智库资源持续为金融科技的发展提供前沿研究，百信银行、网联科技等一批金融机构及产业链长期专注于金融科技的研发和应用，在重点金融科技企业中培育出老虎证券、中关村科技租赁等境外上市公司，还有一批优质企业即将登陆资本市场。

第四，鼓励金融科技创新项目，积极支持对金融业有重大突出贡献的科技成果应用。2020年2月，百信银行申报的"百信智能聚变引擎"项目荣获首都金融创新项目激励奖，上市公司中关村科技租赁的科技租赁项目荣获首都金融创新激励项目提名，央行银管部将百信银行AI产品纳入2020年第一批应用。2020年8月，中国人民银行营业管理部宣布，北京金融科技创新监管试点第二批11个创新应用将正式向用户提供服务，其中包括朝阳区企业百信银行参与的"基于区块链的企业电子身份认证信息系统（eKYC）"。朝阳区的金融科技项目在不断先行先试中发挥服务实体经济的巨大作用。

第五，加强金融科技手段风险监测。结合数据穿透，对金融业重点领域进行全方位风险监测。朝阳区金融科技领域呈现了"ABCDEFG"区域特征，即 A——人工智能、B——区块链、C——云计算、D——大数据、E——ESG 绿色金融、F——金融科技、G——全球化国际金融。

下一步，北京市朝阳区金融办将继续贯彻落实全国金融工作会议精神和《北京市促进金融科技发展规划（2018 年 -2022 年）》等规划部署，支持金融科技创新发展，依托立言研究院等研究机构深化金融科技领域研究，加强金融科技政策的顶层设计，支持金融科技产业发展，鼓励金融科技场景示范应用，大力培育金融科技领域独角兽企业和上市挂牌企业，支持金融科技企业并购重组，积极防控金融风险。希望大家一如既往地支持朝阳区金融科技的发展，谢谢大家！

主持人徐义国：谢谢卫主任的致辞发言。朝阳区产业特色集聚，专业化是区域金融发展的主要支撑，朝阳区有 1600 家金融机构，现在好的金融机构除了西城，大部分都位于朝阳区。今天的第二阶段致辞发言到这里结束，下面是主旨演讲阶段，由北京立言金融与发展研究院首都金融智库合作基地李晶主任主持。

聚　焦

▶━━━━━━━━━━━━━━━━━━━━━━━━━━━━━━━━━━━━━

　　主持人李晶: 尊敬的各位领导、各位来宾，大家好! 我是北京立言金融与发展研究院首都金融智库合作基地的李晶。当前，朝阳区在国际化各方面均表现突出，朝阳区金融机构从十多年前的960多家增加到现在的1600多家，占到了全市的1/4。其中多家国际金融机构组织，如世界银行、国际货币基金组织、亚洲开发银行、亚洲基础设施投资银行都入驻朝阳区。国际化的氛围环境营造了金融科技的企业，百信银行是国内首批法人形式的直销银行，从筹备之初便入驻朝阳区，下面有请第一位主旨演讲嘉宾百信银行副首席信息官于浩瀚于总!

百信银行副首席信息官　**于浩瀚**

百信银行数字化金融科技实践   ▼

　　尊敬的各位领导、各位嘉宾，大家下午好。今天主要介绍一下百信银行在数字化金融发展过程当中的一些实践。

　　先简单介绍一下百信银行，百信银行是由中信银行与百度联合成立的国内第一家独立法人直销银行，也是国内首家国有控股的互联网银行，业务纯线上，可在全国展业。在当前科技发展推动银行业走向开放的背景下，银行的发展方向是互联网化和数字化，线上金融趋势不断场景化，会逐渐脱离原来单纯的银行服务渠道。银行的产品能力将体现在智能服务水平层面，数据将成为优化产品和提升服务水平的基础。

百信银行的数字化转型过程经历了三个阶段，即从跟随者到转型者，再到变革者。通过数据风控和数据营销的工作，用数据来驱动网络化的协同发展，实现了全行基于用户价值的数据打通和融合。百信银行认为数字化转型要解决以下五个方面的问题：一是要解决数据意识的问题。在当前科技发展推动银行业走向开放的背景下，金融服务日趋"无感化"，银行的产品能力将体现在智能服务水平层面，数据是优化产品和服务水平的基础，企业管理层要意识到数据的作用是什么，数据化转型后的业务形态是怎样的，只有看到才能得到。二是组织保障。组织保障和组织架构设置非常关键，数字化转型的核心目标是实现组织的商业敏捷能力，需要敏捷型全功能团队支持敏捷行动力，即应从以职责为中心的科层组织形态向以产品为中心的组织形态升级。在百信银行，制度创新和文化创新是整个框架性保障，是顶层设计。百信银行坚持"科技双线制"，兼顾灵活和稳定的管理创新，避免科技和业务脱节，避免重复建设。三是人才保障。新的业务形态需要新型的人才结构，大数据人才、人工智能人才、互联网产品经理、数据运营人才、数据风控人才等是数字化转型的核心人才，具备一定规模的数字化人才队伍是数字化转型的前提。四是人才"引育用留"机制。在新的人才争夺战中既要提供具有市场竞争力的薪酬激励机制，又要给他们更多参与决策和创新的空间。五是快速构建适配数字化的技术平台，构造满足组织自身业务数字化转型的数字化应用系统。这里既包括业务的数字化，也包括组织流程的数字化。

将百信银行打造成为 AI 驱动的数字普惠银行是百信科技人的梦想，核心问题是要解决数据驱动的问题，主要体现在以下几个方面：一是业务数据化，即数据驱动业务。主要体现在构建数字化产品运营体系，围绕 CPCPS（渠道、合作方、用户、产品和产品服务）构建场景化数字运营能力。基于此，百信银行实施了"星图计划"，以用户服务过程的单点召回作为试验田，检视百信银行在数据融合能力、数据决策能力和快速响应能力方面的水平。该项计划工程不但取得了良好的业务效果，并且通过全流程检视，提升了百信银行构建场景数字化运营的关键能力。二是流程数据化，即数据驱动组织能效。百信银行科技人员占比约为 60%。科技需要具备非常敏捷、快速响应市场变化的能力，前端感知客户的变化需求，后端就要及时交付，目前百信银行已经实现了全面升级的 DevOps[①] 能力，全年交付版本次数超过 5000 次。在疫情期间，DevOps 体系发挥了很大作用，虽是远程办公，百信银行的整个组织效能基本未受到影响。

---

① DevOps 是 Development 和 Operations 的组合词，是一组过程、方法与系统的统称。

　　数据驱动业务，是以用户为中心，从数据采集到数据加工再到数据应用的全过程。打造纯线上银行，以打通数据链路、激活数据价值作为经营活动的主体，进行数据化科技治理，由传统管理向"数据监管"转变，科技治理的核心问题就是在过程中及时发现问题，快速解决问题。如何通过数据形成关键指标从而快速地发现组织问题，并提出整改的意见，或者利用工具化的方式来形成制度管控，是百信银行正在逐步探索的问题。通过数字化科技治理实现全行科技活动的持续度量改进，使得过程更加规范和高效，效果是明显的、方向是正确的。

　　此外，百信银行通过数据风控有效应对在转型过程中面临的诸多风险挑战。在数字化转型过程中，除传统的市场风险、操作风险、信用风险、声誉风险外，科技风险、合作方风险和欺诈风险也成为主要的风险事项。在科技风险方面，系统运行稳定性直接影响金融服务连续性，百信银行通过实时监控，及时发现问题并通过智能手段进行处置。在合作方风险方面，百信银行制定严格的合作方准入机制，组织合作方资质评估，制定风险补偿及退出方案等，防范违规、违法行为损害客户权益。在欺诈风险方面，百信银行依托大数据和 AI 模型构建欺诈风险识别矩阵，实现分层风险过滤。

　　最后，分析金融科技发展过程中存在的问题及对策。一是促进数据价值社会融合。希望建立由政府主导的数据资产交易平台，解决数据丰富度问题，同时在数据隐私保护和商业价值之间取得平

衡。二是呼吁场景联合金融监管。银行业务开放到生活场景后，相
应的金融监管范畴也应延展到场景之中。三是监管容错机制。采
用"监管沙箱"是一种非常有益互联网金融创新的模式。四是非接
触服务政策。互联网金融创新的非接触服务方式，需要开户、面签
等业务实现快速高效的线上办理，建议在同步研究业务办理和科技
监管引入新技术手段的基础上，给予更大的创新空间。五是数据监
管。可探索由行为监管向功能监管转变，由规制化监管向数据科技
监管转变的路径，防范系统性风险。六是建立开放银行标准规范。
应制定涵盖所有实质提供金融服务和关联服务企业的规范，进行框
架化管理，营造规范、公平的竞争环境。

主持人李晶：感谢于总的精彩分享。百信银行在建行之初就遇
到百年未有之大变局，疫情也促使传统银行开始了无接触服务。于
总提到的重要一点就是数据是公司的重要资产要素，它不仅是百信
银行的，也是其他金融机构的。下面有请中关村科技租赁副总经理
窦继岩先生做主旨演讲。

中关村科技租赁股份有限公司副总经理　**窦继岩**

数据驱动赋能科技租赁发展

中关村科技租赁成立于 2012 年，是在中关村发展集团和朝阳

区政府的大力支持下设立的一家科技融资租赁公司，服务对象是众多的科技与新经济公司。公司在 7 年多的发展中，主要在大数据、大环境、大健康、智能装备制造及消费五个领域支持科技企业和新经济企业的发展。今天分享一下中关村科技租赁的实践经验，主要从三个方面进行介绍：

第一，数据驱动。传统金融面临着巨大的压力，融资租赁也一样。从监管的角度来讲，虽然融资租赁于 2019 年才纳入银保监会监管，但已有 50 年的发展历史，国内有将近 20 年的发展历史，近十年发展迅速。因此，实现数据引领业务集成和客户协作的高效管理，是当下的客户需求和自身成长的需求。这样的背景下，引发了各方面的改变，如接触用户的模式、服务用户的方式、提供的产品形态、无纸化货币、风险控制的手段等。

第二，场景设计。在数据驱动战略场景化之后，找到了解决问题关注点，即四大画像和七个场景。以中关村科技租赁运行数据为基础，通过分析研判形成了四大画像：项目画像、客户画像、行业画像、租赁物画像。七个场景更为重要，因为只有到场景端才能真正解决问题，否则就是停留在理论层面或技术层面的思考，而无法真正落地。七个场景包括：　是精准获客，通过大数据手段实现精准获客并在其基础上，实现有媒获客与脱媒获客相结合的业务推广方式；二是准入与反欺诈，以大数据整合模型的手段，在准入机制和反欺诈识别上形成场景化应用；三是产品与服务设计，在客户画像与项目画像的结合数据基础上形成智能化产品设计平台，同时完善客户需求与平台产品、服务的对接，建立收益协同与风险补偿机制，形成综合响应平台；四是征信与评审，建立"四位一体"的征信机制，从法人、自然人、财、物四个方面构建一体的征信评价体系，逐步取代现有金融行业人工评审规则，建立人机结合的项目评审机制与体系；五是租赁物管理，建立租赁物画像，建立对租赁物安全性、可控性、变现性、创现能力的评价模型，结合物联网等手段的引入建立租赁物监控平台，实现对租赁物的监控及风险动态识别；六是租后管理和预警，在内外部数据打通形成的大数据中心的基础上，完善不同角色的画像，形成多维度的租赁后管理预警模型，并建立租后管理平台及不同级别预警的输出；七是数字化运营，建设一站式客户服务、加速内部全价值链打通，实现信息共享，提升协同效率。

第三，数据架构的构建。这是基于自身的特点和需求搭建的一个数据结构，可能并不完整，但是符合自身需求，符合逻辑的数据架构。

今天要跟各位分享的就这些，谢谢大家。

主持人李晶：感谢窦总的精彩演讲！除了银行外，融资租赁等领域的科技企业也在加快发展，但是相应的金融科技领域的企业也在趋同化地发展，除了数据以外，应该在应用场景上打造自身差异化。下面有请青云科技销售总监李鹏做主旨演讲！

北京青云科技股份有限公司销售总监　**李　鹏**

金融业数字化转型重要阶段

感谢在座的各位领导、专家、同仁，有幸跟大家简单分享青云科技在金融科技方面的一些理解。首先简单介绍一下青云科技，通过对青云科技的简单定位介绍，可更好地理解青云科技对金融科技的理解和定位的出发点。

青云科技公司成立于 2013 年，是一家拥有完全自主知识产权的企业，围绕"云之基石，自由计算"，形成了"以具备广义云计算能力的全维云平台打造数字世界基石，以统一架构和高度解耦实现全场景自由计算"的定位。第一个关键词是广义云计算，通过对云计算能力的拓展和延伸形成了覆盖云网端无缝一体化的整体全域能力。第二个关键词是数字世界基石，青云科技是一家平台技术公司，提供架构能力的平台，让客户和合作伙伴在平台上能自由使用新技术，虽然会深入行业和业务的场景，但不会做真正的行业应用。第三个关键词是自由计算，为合作伙伴和企业用户提供自由计算的平台，在平台上用户能够因需选择，灵活地组合，这个前提是基于产品技术的统一架构，以及在产品的组合上高度地解耦。青云科技在 2013 年成立之初就完全坚持自主研发的路线，并没有采用国外的产品或者是开源组建，同时青云科技也使用自身多项自研产品在开源社区免费贡献开源代码，回馈社区。青云科技还是一家百分之百的中国公司，没有任何的外资背景。

下面分享一下对于金融科技的理解和认识。结合数字银行 1.0、2.0、3.0 来讲金融行业的数字化进程，这个时期的主要特征就是部分业务线上化，在业务线上化的过程中进行一些渠道的整合，最核心的是把业务搬到线上，业务本质并没有发生更多的变化，在搬到线上的过程中做一些渠道的整合。随着移动互联网的发展，通过互联网的方式加入云、大数据的技术方法提高了效率、节省了成本、改善了用户的体验。对于业务本身都是以人和组织为核心，人是交易的主体，PC 互联网时代核心的焦点主要是以竞争的门户网站为代表的，像谷歌、雅虎，国内的百度、腾讯、搜狐、网易、新浪等早期传统的互联网企业。到了移动互联网时代，围绕特定的手机 APP 形成垂直生态产生流量，这种私域流量的变现造就了新一批的互联网巨头。

金融业从早期的网上银行，到手机银行，到各家金融机构做 APP、小程序，发展到现在的数字银行 4.0 时代，这个时代最大的不同是原来所有的业务组织都是围绕着人和组织实现的，现在是万物互联的时代，从信息的交互以及交易的组织方式从人向物开始做转变和转化。金融业也面临数字化转型这种趋势的挑战。在全行业做数字化转型的时候，青云科技作为平台技术公司，暂且不关注区块链、AI、人工智能，包括物联网的技术细节，而是更加关注如何接纳新技术的演进路线。在这里以青云科技云计算为例，青云科技 2014 年介入了金融业私有云的部署主题探讨，当时已经有着成熟的公有云的场景和技术，但是真正落地场景和实施的时候出现各种问题，如落地时候的安全性和可靠性是否能够保障、容灾机制和安全策略如何等问题，通过长时间的探讨，最后针对不同业务的环境和场景，采用了不同的策略和不同的方式。对敏捷迭代的创新业务，通过双模IT和双态业务的推进打造创新业务支撑平台。随着云化业务的深入，以行业云、行业应用、集团云，包括公共数据服务为代表，建立了公共服务云平台。

青云科技是最早在国内把云计算引入到金融业的一个厂家，云计算也是金融行业最早深入的行业，是现在的核心行业之一。除了四大行，还有人保，股份制的城商行、农商行等都是青云科技很宝贵的客户和合作伙伴。

今天就分享到这里，谢谢大家！

主持人李晶：感谢李总把金融业数字化转型的几个重要阶段分享给大家。下面有请国家高新技术企业之一，北京优品三悦科技发展有限公司创始人兼总经理陈芝芳进行分享。

北京优品三悦科技发展有限公司创始人兼总经理　**陈芝芳**

三悦科技在金融科技的探索和实践应用

尊敬的各位专家以及业内同仁，我是三悦科技的创始人兼总经理陈芝芳，今天有幸参与发言，就三悦科技与银行合作通过金融科技手段解决普惠金融和供应链金融难题进行阐述。

三悦科技成立于 2015 年，是一家与银行以及政府合作紧密的金融科技企业，主要从事"交易数据＋场景金融"的研究和实践。对交易进行画像是三悦科技的核心，构建交易撮合平台，创建数据链场景融资，并将数据链延伸形成交易链，将金融传感器植入到交易链条中，形成可以获得直接在线金融服务的数字供应链，这是三悦科技的主要模式。三悦科技在场景金融领域已经与多家大中型银行（特别是中国工商银行总行）进行了紧密的探索与合作，已经在市场中推出了"平台型数据链场景融资"及"银链通"等产品。在疫情期间，三悦科技与朝阳区政府、北京金融控股集团有限公司开展合作，助力银行发放了超过 50 亿元的中小微企业贷款。

目前，金融科技服务银行信贷主要有三种模式：一是消费金融。为人物进行画像，授信额通常在 50 万元以内，目前覆盖的人群达到了 1.2 亿人。二是中小微企业信用贷。包括经营快贷等，为企业进行画像，授信额度在 300 万元以内，主要是银行以及平台型企业在做此类业务。三是交易链场景融资。为交易进行画像，针对 B2B 交易的单笔贷款额在 3000 万元以内。近些年，三悦科技与中国工商银行一直在探索数据链场景融资，以及基于交易链的数字供应链金融。三悦科技以交易数据为核心，以行为数据为基础，以区块链、人工智能等技术为手段实现"交易画像"，并建立与银行风控体系直达的金融场景，形成不可篡改的交易数据链和信贷资金闭环管理，满足银行风控要求，实现无担保、在线智能融资服务。接下来对以下几方面进行介绍：

第一，金融科技（FinTech）1.0~4.0。FinTech 的概念正式引入中国是 2015 年，时间还很短，但是发展却非常迅速。三悦科技深度参与的链证数科实验室把 FinTech 划分为四个阶段。FinTech1.0：互联网金融把存款变为理财产品，把银行 B2C 的业务变成 B2B2C 业务。由互联网金融企业或者核心企业对接市场中的资产，这类创新出现了很大的风险，最突出的就是 P2P，最终使得大量存款又回归到银行存款或者理财中。FinTech2.0：通过大数据和人工智能技术进行风险控制和客源获取，与传统银行进行资产端的竞争，目前主要集中在消费金融领域，且逐步向小微信贷和供应链金融领域延伸。持牌机构包括：微众银行、百信银行、网商银行等；类金融服务包括：蚂蚁花呗、蚂蚁借呗、京东白条、百度有钱花等；供应链金融包括：联易融、中企云链等。FinTech3.0：通过区块链技术和人工智能技术重构银行中间业务及底层运营逻辑，实现数据资产化和服务智能化。将交易场景数据化，运用区块链、人工智能与金融科技实现数据资产生产、开发、交易，确保数据的唯一性，形成交易链的可视化，将金融风控植入交易的各个环节，形成"数据 + 科技 + 金融"的模式，推动金融更好地服务实体经济，这也是三悦科技主要的从事领域。通过数据链切片，建立全交易链的可视化，形成数据资产，赋能金融服务，提供交易场景金融解决方案。FinTech4.0：在金融科技大发展的基础上，实现创新与监管的有机融合、交互式发展。金融创新必须适配金融监管。三悦科技一年前提出"金融传感器"的概念，通过交易数据链，将监管要求植入到交易的各个环节中，探索业务创新与监管科技的良性互动。

第二，普惠金融与供应链金融的难点和解决方案。普惠金融顾名思义，就是要做到金融服务的"普"和"惠"，惠是更加便宜的融资。中间环节越少的融资，通常是成本越低的融资。在国家政策扶持下，银行直接信贷基本上就是市场上最便宜的钱。普惠金融的难题在"普"，要实现普适性，有两个办法：一是让贷款的中小微企业的画像更加精准，使得原来一些没办法纳入银行直接融资范围的企业可以得到融资机会，这种方法的贷款额度有限而且普适性不够；二是降低中小微企业的贷款准入门槛，使得更多的中小微企业能够纳入银行直接融资范围，这种方法需要将中小微企业的实际交易加入画像范围。无论哪种方式，都不可能由银行传统信贷模式来完成，一是成本问题，二是效率问题，三是风控模型问题。所以应用金融科技和大数据来解决普惠金融难题是共识。

传统供应链金融由银行围绕核心企业进行，由核心企业或者委托第三方平台对上下游进行金融支持。由于银行没有实质性地介入到企业垂直链的交易过程中，事实证明这种方式至少存在两大风险：一是核心企业套利转贷的风险。通过获得银行低息贷款，以更高的利率进行放贷，中小微企业虽然获得了融资，但融资成本高。同时也使得核心企业普遍在经营放贷业务中出现"脱实向虚"问题，并产生合规风险。二是核心企业从事金融贸易的风险。金融是支持贸易的，但是通过做大虚假贸易获得更大规模的融资，一旦资金链断裂，就会产生巨大的金融风险。

三悦科技在解决普惠金融难题和传统供应链金融难题采用的解决方案是一脉相承的。三悦科技针对普惠金融和供应链金融提出了"交易场景+金融"的综合解决方案，其核心是为交易场景画像，通过交易数据链形成相对的交易闭环，确定交易内容的唯一性、合法性、公允性，强化交易内容和交易过程的风控，降低对融资对象的行为数据要求。换言之，就是通过对具体行业交易场景的解构，建立B2B交易的切片，控制场景数据，使得资金流、信息流、物流实现统一，控制交易账户使得资金实现闭环管理，最终实现基于交易订单或者应收账款的融资。将B2B切片做深、做广、做宽、做透，就可以实现核心企业端到端的全数字供应链金融，并且对产业链和生态链具有深远的影响。这种解决方案有以下几个特点：一是数据链一端接入交易场景，一端与银行的线上风控系统互通，做到场景数据的可视化。线上申请、在线审批、在线风控，可以做到完全没有人为干预。二是以交易为画像，降低了对融资中小微企业的门槛，只要有交易就有融资服务支持，实现了普适性的直接融资，大部分融资无须担保。三是以核心企业为中心，打通上下游，形成数字供应链，无须损失核心企业的信用份额，即可实现对供应链中各个节点基于交易的金融服务。四是交易可视化避免了金融贸易的产生，对资金的闭环管理避免了套利转贷行为的发生。

三悦科技和中国工商银行为此共同定义、开发、上线了若干场景，包括文旅产业数字供应链，基于文旅行业特定标的预付款、采购款，为下游承包商提供场景融资，具体包括景区包票、酒店包房、机票包舱。基于核心企业的应付账款为上游服务商提供在线订单融资、保理融资等，主要用于核心企业因公出行场景、集中采购场景、政府采购确权融资等，目前正在定义涉农产品数字供应链和工业/产业的数据链融资场景等。任何场景，底层都会通过智能合约将参与的多方信息入链，实现交易数据的唯一性、公允性和确权，保障资金安全、数据无法篡改，降低贷款不良率。

这里我要强调一句，我们并不寻求占有核心企业的数据，我们只是对这些数据通过科技手段进行分析，以便满足银行线上风控的所有要求。

第三，金融创新与预防金融犯罪。金融创新往往走在金融监管前面，而金融监管往往又先于立法实践。科技与金融的结合，不是物理作用，而是化学反应。金融科技通过建立可以复制的样品，再通过金融机构将样品覆盖到巨大的群体中，一旦样品有问题，危害是巨大的（如P2P）。所以在推动金融创新的过程中，一定要预防金融犯罪。

很多金融企业现在都重视合规，也都有自己的法律顾问团队。但往往只重视金融法、民商法，而没有刑法意识。刑法中关于金融犯罪的38项罪名中，只有8项是关于财产犯罪的，而多达30项是关于扰乱金融市场的犯罪，而且还在不断地增加。所以在金融领域，不能有"法无禁止即可行"的观点，对于金融犯罪既允许"推定"，也允许"扩张"。

随着国家对"新基建"的巨大投入，对于数据资产的认定、使用范围、交易等在传统基建经历过的很多问题，都会在"新基建"过程中换装出现，而且往往增加了高科技、高智商、跨越地域和国界的特点。所以在金融创新的过程中，作为科技企业如何树立刑法红线意识，政府如何预防金融犯罪的产生，与金融创新本身同等重要。为此，三悦科技秉持了只做科技不做金融，只分析数据而不占有数据的原则。

最后提出几点建议，一是朝阳区应大力发展金融科技，"科技"是海淀的名片，"金融科技"应该成为朝阳的名片，朝阳区在金融创新和金融服务领域已经迈出了坚实的步伐，建立了领先优势，应当乘势而上；二是创建线下与线上相结合的新型金融科技产业园，包括线下的物理空间对大数据、金融科技、金融机构、研究机构以及监管机构的聚集，也包括线上平台对金融科技交易业务的结合以及对外金融能力的输出；三是重视金融创新的同时重视监管科技的发展及预防金融犯罪。谢谢大家！

主持人李晶：感谢陈总的发言。陈总从普惠金融发展，尤其从供应链金融等方面介绍了北京优品三悦科技发展有限公司金融科技领域的相应技术实力。最后提到了金融科技，尤其是如何把握好科技公司和金融公司的边界，包括金融科技公司如何遵循相应的监管要求等。接下来是嘉宾点评环节。

言　论

　　主持人李晶：嘉宾点评环节，邀请到了中国金融学会金融科技专委会秘书长杨竑对各位嘉宾发言进行点评，并结合自身工作对本期主题进行分析。下面有请中国金融学会金融科技专委会秘书长杨竑做重要的发言！

中国金融学会金融科技专委会秘书长　**杨　竑**

金融科技"三个必然"

　　大家从不同的视角提出自己的构想、实践、成果，也提出了一些共性的问题。在新一轮的信息技术发展进程中，金融科技的应用处在一个初级阶段，发展过程中还存在很多不确定因素，需要通过实践去积淀基础，这样的融合发展才是未来可持续的一种发展模式。金融科技是当前最为领先的行业之一，也是现在用词度、热度最高的词汇之一。从概念上来说非常宽泛，大到国家战略，小到一个简单的金融操作、一行代码，都是金融科技重要的组成元素。新一代的当代技术与金融业务的快速融合，催生了金融业的发展新生态，加速了数字化的进程，未来将逐步打造出一个创新性的生态环境。以下通过"三个必然"谈谈个人对金融科技的看法：

第一，金融科技是社会发展的必然。科技进步是人类进步的核心要素之一，金融又是现代经济的血脉，二者结合拉开了金融科技发展的大幕，凸显了其社会价值。金融科技的社会价值主要体现在：综合利用现代科学技术来推动市场需求与供给平衡，重塑基础设施架构、重组市场生产要素，推动社会进步。中央从 2014 年相继出台了有关政策与战略部署，并率先学习大数据、区块链、数字货币等前沿技术，这些让我们看到金融科技在国家发展过程中的重要性。有关部委也相继出台了国家的发展战略，如推动数字化引领的经济发展模式，以及 2020 年提出的"新基建"，进而为国家新一代信息基础设施做铺垫，助力生产力发展。在国家政策指导下，在信息化发展的全新阶段中，基础理论研究、高精技术研发、基础设施建设，以及数字化转型在各行各业全面开展。发展过程中金融行业会遇到什么样的瓶颈问题？金融的普惠应该如何体现？什么样的管理方式才是当代金融所必需？这是金融，也是金融科技需要回答的问题。当前金融科技领域一些比较超前、突破性的应用，需要在基础理论支撑、产业协同发展以及场景应用开发等方面进一步深入研究。

第二，金融科技是金融创新发展的必然。从需求导向来看，金融行业是信息技术利用最为广泛、深入的行业，在组织架构的适应性调整、业务流程的优化适配、风险防范的全覆盖以及客户个性、多样性服务支持等方面都取得了巨大进步。近 40 年发展，从算盘到键盘，从移动到智能，无一不体现科技进步对于金融创新发展的引领作用，信息技术也必将推动新一轮金融创新与变革。如何让金融业在新的技术浪潮中发挥经济血脉的作用，更好地服务实体经济，应认识到金融科技两个核心问题：一是坚持需求导向是永恒的主题。因此，技术实现必须因需而变，并伴随组织架构、业务流程和管理规制协同推进。二是科学构建金融科技基础设施。金融科技从工具支撑保障向引领创新驱动转变，科技的快速迭代在金融领域的应用实现了跨领域、跨系统的优势，也凸显了穿透式的风险传导。金融科技发展的硬核是自身基础设施构建的科学合理。目前，金融机构基本都处在技术基础转型阶段，基础设施需要从传统架构向开放式架构迁移，即转型。转型过程既要保证现行体系的稳定运行，又要进行新型架构的构建，即双轮驱动发展。基础设施是基石，意味着可用、安全、可配置，并在一定的时期内保持强有力的支持业务快速发展的能力，这关乎经济发展与民生普惠的大局。

第三，金融科技是社会协同的必然。生产关系的变革推动社会生产结构的调整，国家政策部署以及行业规划指导下，区域性的实践验证成为必然，也就是"理论——实践——再理论——再实践"循环往复的实验过程。当前采用的主要方式是区域性试点先行，试图突破一些关键瓶颈，包括业务、技术、标准和规则，并引发进一步研究与相关政策的制定。开展研究与实践的领域需要研究的内容很多，就目前发展趋势来看，融合发展会持续相当长的时间，基础理论的研究、关键技术的攻关、产业能力和资源投入供应链的建立等必将经历磨合期向平稳状态过渡，进而推动进一步的细分市场，建立新型的供给平衡。

当前创新发展的过程中，社会上采用了多种形式来开展这方面的实践，如面向实体的行业协会、产业联盟，面向服务的平台建设，面向主题的联合攻关，更多的是面向场景的应用开发等，在此需要关注以下几个问题：

第一，大与小的协同。国家战略部署有侧重，体现了代表性和整体拉动效应，开展局部规划与研究落实国家战略要求是各行业和每一层级政府的必然选择。在统一部署下，科学有效地组织落实也是必然的责任。

第二，整体与区域的协调。正确理解与分析国家战略要点，跟踪研判行业发展的特点与进程，同时客观认知自身所处的位置、发展意愿和资源能力。当前，金融机构开展多边工程，一边是适应市场发展的内部优化，这不只是科技本身的问题，数字化带来的可能是组织架构的问题、流程的问题；另一边是适应市场发展内部的优化。新兴技术带来的线上非阶方式的服务让传统金融服务延伸到几个节点，这是技术带来的优势。以客户为中心的金融模式，以开放银行的模式输出金融科技成果的同时促进与市场的有机结合，都是金融科技带来的变化。区域金融科技会将区域特色在区域范围内的行业协同、资源组织以及相关的资金投入的市场要素集成，展现出整体效能的结果。只有政府出面才是面向公众的整体效能发挥，这确实需要先行先试，以点带面，或者进入特定的应用场景。围绕数据来说，一些地区的数字综合利用成功案例就是让数据流动起来，才能体现大数据价值，一是利用政府的公信力向管辖区域内提供所谓的公共云基础服务；二是牵头组建共享数据服务平台，提出管理服务的数据标准要求。

第三，长与短的协同。着眼于现在、长远与未来，金融科技助力行业发展、推动市场完善是一个长期的过程，不断更新变革是发展的常态，有关基础设施、环境支撑、实施方法和选择路径都应该成为重要的工作内容，微观的商业模式要走稳、走准，推而广之就是未来的目标。

第四，技术与应用的协同。任何一类技术效能的发挥都是多技术融合，比如，云架构的技术支撑提供了计算与存储的能力，大数据的应用让智能分析与应用成为可能，区块链解决了多主体、跨领域的互信问题。构建在技术基础上的应用，利用了相关技术的特点，最大化地展现了业务价值。最后还是要强调金融科技要始终坚守安全防控的底线。

第五，安全与创新的协同。目前，金融行业以场景创新为需求，着眼于未来发展，还应该尽早建立金融服务的全生命周期管理，让服务贯穿于经济民生的每一个环节，尽快制定服务标准，让金融服务随时可得成为现实。

新形势下如何拓展金融科技的落地场景

编者按

2020 年 9 月 29 日，由北京立言金融与发展研究院主办，国家金融与发展实验室和北京市地方金融监督管理局指导，北京市朝阳区金融办支持，神州信息和金融科技 50 人论坛协办的"新形势下如何拓展金融科技的落地场景"研讨会在京举办。这是北京立言金融与发展研究院成立后举办的第 7 期会议，会议围绕"新形势下如何拓展金融科技的落地场景"进行激烈的讨论和深入的思考。专家认为，科技与金融的融合带来金融功能的内在交叉，或者说科技与金融结合导致金融功能的外溢效应，并未改变金融本质，在金融科技场景落地中仍需重点关注金融与实体的关系。同时，金融科技落地场景中需要关注技术与业务的关系，突破技术与业务的矛盾。

嘉　宾

杨　涛　北京立言金融与发展研究院院长、
　　　　国家金融与发展实验室副主任

郭　为　神州数码信息股份有限公司董事长

王宇飞　神州数码信息服务股份有限公司副总裁、
　　　　农业农村场景金融专家

桑建伟　神州数码信息服务股份有限公司副总裁、
　　　　金融税务场景专家

辛　园　神州数码信息服务股份有限公司金融研究院副院长

张勇华　神州数码信息服务股份有限公司战略发展部总经理

陈龙强　中信百信银行（以下简称百信银行）副首席战略官

许学军　深圳前海芯链鑫网络科技有限公司董事长

丁华明　中国支付清算协会业务协调三部主任

董　昀　中国社会科学院产业金融研究基地副主任

宋　鹭　中国人民大学国家发展与战略研究院院长助理

车　宁　CFT50青年论坛成员、
　　　　北京市网络法学研究会副秘书长

马洪杰　神州数码信息服务股份有限公司副总裁

闵文文　金融科技50人论坛执行秘书长

前　瞻

主持人闵文文：尊敬的各位嘉宾，下午好。2020 年 9 月 21 日，国务院发布了《国务院关于印发北京、湖南、安徽自由贸易试验区总体方案及浙江自由贸易试验区扩展区域方案的通知》，在促进金融科技创新部分特别强调建设金融科技应用场景试验区，建立应用场景发布机制①。本次研讨会由国家金融与发展实验室、北京金融局作为指导单位，立言研究院主办，神州信息、金融科技 50 人论坛协办，北京市朝阳区金融办支持，就新形势下如何拓展金融科技的落地场景进行研讨。首先有请神州信息董事长郭为先生致辞！

神州数码信息服务股份有限公司董事长　郭　为

数字货币场景是金融科技重要落地场景之一

各位嘉宾，下午好！神州信息作为"神州数码系"集团三大上市公司中聚焦金融科技的一支专业团队，面对未来，主要思考两个重点方向：一是结合分布式计算、云计算等技术实现"去中心化"，

---

①《关于北京、湖南、安徽自由贸易试验区总体方案及浙江自由贸易试验区扩展区域方案的通知》，http://www.gov.cn/xinwen/2020-09/21/content_5545181. htm。

即把核心分解到不同应用中，将分布式架构发挥到极致。二是场景金融。金融机构由原来基于效率、基于批处理转变为现在强调实时处理、强调以客户为中心，通过"去中心化"使得信息在客户层面上迅速汇集应用，将各种各样的应用场景和金融结合在一起。未来神州信息还会在金融科技布局上支持农业、中小微企业等。

　　在北京市朝阳区金融办的大力支持下，神州信息正在建设基于数字人民币的开发中心，为北京冬奥会数字人民币场景提供技术服务。数字人民币场景是金融科技重要的落地场景之一，中国率先发布数字人民币标准，将具有两个方面的重要作用：一是在国际环境多变的情况下保证我国金融安全，能够更有效地开展国际贸易、国际经济。二是从互联网发展技术角度来看，从消息互联网到商务互联网，到价值互联网，是一个必然趋势。尽管现在基于区块链的部分技术尚未成熟，但基于央行锚定人民币生成的数字人民币，在非去中心化情况下开展区块链的场景应用工作，不仅具有非常重要的战略意义，也贯彻了习近平主席创新中国、数字中国战略。一旦在有限时间内区块链技术取得突破，中国将会成为全球最大的一个区块链应用场景。通过五年的积累，神州信息在此领域里得到各方认可，也将在未来工作中发挥更大的作用，提升在去中心化和场景金融方面的解决方案能力。数字货币具有两个重要内容：支付和结算以及信息流和资金流合一。

　　希望今后各位专家能够多多支持和帮助神州信息的成长，为国家金融安全、国家金融科技发展共同努力奋斗，谢谢大家！

　　主持人闵文文：感谢郭为董事长今天的分享，一是神州信息有专业团队能够服务专业场景，二是神州信息踏上了数字中国的列车，恭喜。杨涛老师在 2018 年出席的公开论坛中提出金融、技术、数字、场景、监管和政策是发展金融科技六要素，接下来有请杨涛院长致辞。

北京立言金融与发展研究院院长、国家金融与发展实验室副主任

杨　涛

围绕金融科技落地场景需关注五个层面问题

　　今天的主题是聚焦金融科技的应用场景。数字货币是当前金融科技领域的重要应用场景，具有很高的热度，表现出对于金融科技领域内容落地的期望。围绕金融科技落地场景，需要重点关注五个层面的问题：

　　一是在金融科技落地场景中关注技术与业务的关系。无论是持牌金融机构的金融科技创新，还是新兴技术企业服务持牌金融机构，普遍存在着技术和业务"两张皮"的问题。由于业务需求往往服务于现有商业模式逻辑，如果根据业务需求匹配相应的技术，很可能导致业务走到技术后面。因此，如何突破技术与业务的矛盾是未来讨论金融科技落地场景的重中之重。

　　二是金融科技领域中金融与实体经济的关系。金融科技创新首

先解决的是金融领域提高效率、降低成本、控制风险等问题，但是延伸到实体领域，金融科技创新发挥的作用还不明晰。比如，在消费金融领域，存在理性消费者和非理性消费者，金融科技创新究竟加剧了消费矛盾还是改善了消费矛盾，存在较大的不确定性。因此，金融科技场景落地，一方面需要解读金融自身的变化，另一方面需要分析场景跟实体、民生、产业链、现代化建设等之间的关系。

三是开放与闭环的关系。开放是大势所趋，但是开放过程中遇到的风险、商业模式遇到的挑战这些问题值得深入研究。在推进开放银行建设过程中，既存在银行不愿意真正开放核心数据的问题，也存在原有商业模式没有真正被颠覆、被打破的问题。中小金融机构在当前商业模式下简单开放，可能会失去核心的、唯一的竞争优势。与此同时，闭环在某种意义上是互联网时代的一种平台经济模式，当前受到了非常严格的监管。无论是开放还是闭环，都以平台经济模式为核心，带来了更加复杂的场景落地。未来金融科技场景应用的另一个重中之重，就是不能简单地谈局部业务和局部应用。

四是标准与非标准的关系。当前监管层高度重视金融标准化，但是还存在很多非标准化领域。从理论上讲，供应链金融很难进行标准化。如基于应收账款的供应链金融，其核心是"确权"，但是现有机制很难有效支撑"确权"，因此，基于应收账款的供应链金融本质上是一个非标准化业务模式。一方面，为了适应监管，适应行业发展的长期趋势，在推动一项业务创新的时候首先要考虑它的标准化问题；另一方面，面对大量的业务特征，如果难以进行标准化，如何进行标准与非标的权衡。

五是基础与应用的关系。衡量应用的重要标准，是能否带来商业模式的回报，能否可持续运营。当前，所有金融场景的探索都面临基础环节的问题，基础环节涉及数据、技术、人才、共识和制度监管，这些还未形成公认的准则。当一些机构试图率先推动金融科技场景落地时，会面临基础支撑不足的问题；但是如果纯粹基于商业模式，前提条件总是不成熟。因此，行业领先机构除了考虑短期应用的商业模式之外，还要从行业出发去推动一些基础性工作。此外，数据问题也处于一个关键的转折点，着眼于金融科技创新的数据究竟是 C 端数据还是 B 端数据？着眼于数据治理还是数据挖掘和应用？着眼于数据安全保护还是数据使用效率？这些问题直接制约着下一步金融科技创新的纵深度。

目前已经到了从关于理论、政策、行业的研讨，转移到关于场景层面研讨的重要节点，需要具体地讨论如何推动场景变革。最后，再次感谢各位的参会分享，谢谢大家。

主持人闵文文：非常感谢杨院长，从五个层面分享了对这个问题的理解，包括技术与业务、金融与实体经济、开放与闭环、标准与非标准、基础与应用问题。

聚　焦

主持人闵文文： 本次研讨会将主旨分享环节分为科技与金融业务两个主题，邀请了该领域专家深度发言。首先从农业场景开始，有请神州信息副总裁、农业农村场景金融专家王宇飞先生发言。

神州数码信息服务股份有限公司副总裁、农业农村场景金融专家

王宇飞

各位下午好，下面简单介绍一下神州信息在农业农村场景金融方面的进展情况。

在深化农村集体"三资"管理改革、创新农村集体资金支付结算方式的政策背景下，神州信息结合"银企直连"提出了"银农直连"。随着股份制经济逐步成立，银行作为资方状态出现，提供资金为整个农业农村部门建系统，由神州信息承建。在集团要求金融科技战略转型的情况下，神州信息推出了广义的"银农直连"，脱离了解决方案的业务。这里主要讲以下三个部分：

第一，目前共有九大类业务场景，主要是"平台＋服务＋数据"。第一个场景是农村集体资产管理，也就是狭义上的"银农直连"场景，"银农直连"以农村集体资金收支管理为核心，管

理人员通过"银农直连"平台实现线上资金的支付申请、审批，并通过与银行的对接实现线上支付，且自动生成资金支付凭证入账，减少现金的使用，从而实现"干部不经钱、会计不经钞、支付全留痕"。广义的"银农直连"业务可扩展到农村集体资产管理、农村产权交易、农村"三权"抵押、阳光村务便民金融服务、产融结合（单品全产业链）、生物资产动态评估抵质押、农业保险服务、整村授信、"三农"基础信用体系建设等场景。第二个场景是农村产权交易，未来村集体资产交易流转发包需要通过这个产权交易平台来进行。平台也可以和银行相结合，做一些衍生金融交易。第三个场景是"三权"抵押，农民、农户将"三权"进行抵押贷款。第四个场景是阳光村务便民金融服务。第五个场景是产融结合，通过单品全产业链的打通，实现产融有效结合。第六个场景是生资，使平台对标养殖业。第七个场景是农业保险服务，主要是为保险公司提供服务。第八个场景是整村授信，用整村授信提供助贷能力，提供银行竞争优势和业务效能。第九个场景是"三农"基础信用体系建设，也就是终极目标，希望建立全中国农村和农户信用体系。

　　第二，神州信息具有雄厚的科技能力。对内技术平台是"三农"金融数据服务平台，通过"三农"业务场景输出解决方案，沉淀数据后，再数据共享并进行挖掘。对外技术平台是全流程信贷平台。神州信息除了提供上述九大场景建设，数字农业农村的全部平台外，还可提供全流程网贷平台，帮助科技能力较弱的银行或其他金融机构从零搭建全流程网贷平台。依托农业农村大数据和农业金融模型，满足金融机构不同的业务需求。融入"三农"业务场景，在不同的流程模块提供对应的匹配服务。同时，神州信息在金融农业场景领域积累了众多优势。在业务方面积累了众多案例与业务，在数据方面积累了全国范围的经营承包权、两区数据和农村集体资产数据；在能力方面积累了技术能力、数据服务能力、金融服务能力和模型分析能力。

第三，输出服务。神州信息优势在于积累了农村大数据应用能力以及建立了自身金融模型，主要有获客、信用评分、智能风控和场景金融四大能力。例如，为农商银行提供解决方案和风险布控。

最后，神州信息具有以下优势：神州信息在全国的"三农"信息化领域处于龙头位置，拥有大量软件著作权，积累了大量数据能力，业务机构遍布广，业务能力强。再融合公司的金融科技创新能力、三十年金融信息化能力，融合、创新、推动了近期神州信息在农业农村场景金融领域的探索和进展。谢谢大家。

主持人闵文文： 下一个场景是金融税务。接下来有请神州信息副总裁、金融税务场景专家桑建伟先生。

神州数码信息服务股份有限公司副总裁、金融税务场景专家 **桑建伟**

▼

各位下午好！神州信息在税务行业深耕 25 年，归纳下来跟税务行业主要有三个比较领先的纽带。第一个纽带是目前在全国范围内，神州信息承担着国家金税三期工程三个数据核心的承建和运维，因此对于税务的数据业务有了一定的迭代和积累。第二个纽带是神州信息在全国直接服务于 500 万家以上的纳税人企业，为这些企业提供小到咨询、大到代办等涉税全方位服务。第三个纽带是市场税银互动这个业务已经在全国八个省级税务机关落地，对接近 90 家银行。

主持人闵文文：下面请神州信息金融研究院副院长辛园基于税务金融科技创新场景向各位专家介绍分享。

神州数码信息服务股份有限公司金融研究院副院长　辛　园

　　各位下午好！主要从三方面分享，一是基于多年数据分析及应用能力，在税务上挖掘能够与金融做紧密结合的应用场景；二是场景服务的能力基础；三是现阶段的一些成果。

　　疫情期间，国家对于 B 端中小微企业扶持力度越来越强，金融机构端包括银行也在产品倾斜和利率上给予中小微企业一定优惠，同时 B 端线上化进程也因疫情而加快，B 端应用越来越广，因此金融机构对于科技的融合越来越大、应用越来越深。

　　当前，已有的"银税"产品主要面临三个问题：第一个问题是市面上很多"银税"产品主要依托发票信息和税务数据，其他维度的有效信息还有待大力发掘引用。例如，税务场景中没有个人数据，更多是企业数据。第二个问题是"银税"产品线上化能力不足，大部分仍采用线下模式，仅部分流程转为线上操作。部分银行在做产品线上化，但并不是真正B端线上化。第三个问题是"银税"产品设计趋同，缺少竞争优势。长期以来，B端缺乏创新，竞争的白热化只集中在供应链方面的一些领域，面临客户的来源以及税务局业务同质化问题。主流产品还是税务贷或者发票贷，之间没有特别大的差异。基于此市场可以挖掘到四个需求点：一是精准获客，通过营销方式精准高效地推送到客户；二是保持稳定的通过率，使得风控模型具有稳定性、可靠性；三是线上银税互动，对于很多机构来讲，影响从量包括整个规模化效应；四是整个产品创新，比如，在某一税务贷上，创新产品应该如何结合B端客户特质研发一些创新型产品来符合差异化人群的需求，以此提高差异化竞争。

通过多年的积累，神州信息针对税务打造B端场景金融服务，主要包括三个方面：一是依托税务数据，叠加政府以及其他合作渠道资源，打造并提供B端场景综合服务，包括获客导流、线上智能风控、产品/流程设计、系统建设等一体化解决方案，实现稳定的精准定位；二是依托对税务数据解读和应用能力，通过与商务部等有效资源合作，聚合各类银、政、企服务资源，运用金融科技赋能精准定位目标客户，实现优质资产的有效转换推送；三是基于贷后税务数据、征信数据、其他表现数据等多种数据的叠加，对企业生命周期有效评估，生成预警风险等级进行风险提示，打造贷后监控预警一体化体系来贯穿前、中、后端完整的服务，变革税务从只用在传统税银贷上，转移到赋能整个B端所有场景客户上。

神州信息税务业务具有发展历程长、行业经验深厚、资源丰富的优势。神州信息以行业客户需求为中心，提供税务各业务领域的大数据服务，涵盖数据采集、加工、使用、治理等数据资产的全生命周期，为大数据时代的税务数据资产管理和增值发展、行业场景融合应用挖掘提供全面支持。神州信息以大数据驱动业务创新为目标，通过多年在税务行业的深耕和价值挖掘，具备大数据资源获取、算力提升、数据建模、大数据治理等核心技术能力及行业场景应用能力，并以跨行业大数据融合方式来提供金融科技服务。

接下来分享一下神州信息现阶段税务场景应用成果。神州信息依托税务数据，实现了B端场景的多维度应用，涵盖获客、数据、产品、风控、贷后等流程。通过充分利用税务数据，提升风控能力，对筛选出的优质企业客户进行增信，与银行现有产品进行融合创新，实现快速支持普惠信贷需求，为中小微企业融资提供一体化精准服务。

从业务流程看，神州信息基于对银行产品精准分析，通过涉税服务触达企业。平台根据自建模型将客户智能分级，包括不同利率和准入标准，扶持金融机构打造资产包业务。根据疫情期间行业客户分析，很多行业包括企业的整个聚集性走势都在向下，无论是收入还是其他各种指标都在下滑。疫情突然发生，不管是银行收紧还是产品风控，都导致通过率从相对稳定到急剧下降。神州信息从行业包括产业提前预判预知，建立稳定模型，基于对完整税务数据的分析打造画像以及评估行业的方法，为银行提供了风险决策辅助分析。

从风控来看，欺诈风险是最大的隐患之一。为了杜绝欺诈的发生，神州信息研发纳税人健康体检产品，使得从企业端可以通过分析发现可能存在欺诈的客户。税务局具有从自身评估角度来发现欺诈行为，因此神州信息考虑在为税务局提供服务的同时，为金融机构提供在客户反欺诈等 B 端业务需要的服务。神州信息基于税贷模型分析，发现通过率急剧下降的原因正是变量资产被用得少。不同的模块有不同的模型，避免因为单一事件或者经济下滑导致突发事件的发生。神州信息与税务局联合，通过数据网络算法、存量数据判断某一个核心企业包括大型企业在发生突发事件时对所有关联企业、贸易关联或者是股权关联的影响。税务数据增信服务场景虽然可以通过银税直连获取不同地方的数据，但差异过大，难以完成一个全国通用模型。保险、担保、发票等由于数据上的特质和限制，很难进行完整分析，具有一定的缺失性。因此神州信息搭建涉税平台，使平台建立相对完整的分析方法包括风险模型、共同研发和认知模型。

神州信息一直以来同时提供产品和服务，成为国家税务总局包括各个省局的战略合作伙伴。近几年，在软件层面发生的业务转型居多，如在税务总局包括省局承建数据仓库做画像，打磨数据分析和场景应用，现在已经逐渐转型到税务层面。2019 年，神州信息同深圳税务局的联合课题入选国家权威机构中国国际税收研究会"大数据应用于税收征管问题研究"论文集，该课题主要是通过相应算法对核心企业包括供应链圈层和突发事件进行分析，找到链上每个企业可能造成的风险点。神州信息还协助税务局发现具有高潜力的成长型企业。

神州信息也取得了一些阶段性的成果：第一，税银互动平台目前已经落地8个省，业务超过60家，实现与100家银行合作，覆盖大行、股份制等各类商业银行。第二，根据不同类型银行的需求提供服务，如数据和模型的合作、"数据＋模型＋一体化"的合作等，不同场景都有相应案例。同时携手政府、多家金融科技头部公司，推出基于区块链技术的纳税人服务解决方案，解决小微企业融资难题，服务实体经济高质量发展。谢谢大家。

主持人闫文文：税务场景是B端，农业场景是C端，我们正好全方位地看到了两个场景的具体成果。接下有请神州信息战略发展部总经理张勇华先生做分享。

神州数码信息服务股份有限公司战略发展部总经理　**张勇华**

▼

各位下午好！今天分享的主题是基于生物资产场景金融的探索和实践。如今，大家都面临一个问题：社会资本不能真正地进入农业领域。神州信息的探索和实践就是围绕这一问题寻求更好的解决方案。

生物资产是有生命的资产，比如猪、牛、羊、水稻、水果等，今天主要以生猪为例。基于生物资产的场景金融，指的是金融机构对养殖业（农民、农企、新型农业经营主体）的经营贷款产品及服务的创新。首先了解一下整个生物资产的资产端全国的规模，以猪、牛、羊为例，初步计算其信贷需求达到10万亿元，如果如此大的需求没有好的方案作为需求端和提供端的连接，便无法破解产业主体端贷款难的问题。养殖业普遍存在贷款难的问题，金融机构由于生物资产估值、监管、处置难度大等不敢发放贷款。金融机构或者银行不敢放贷的原因有两方面：一是不懂农业，无法有效控制风险，这是一个巨大的问题。从资金端也就是银行端分析，放贷款时最需要解决的问题是判断还贷能力和还贷意愿，如果解决这两个问题，就可以放贷。二是从资产端角度也就是产业角度分析，存在风险。例如，生猪产业同时存在经营和市场价格风险，甚至还存在着道德风险。生猪产业还有两个明显的特征：价值和价格浮动；猪是动态的。而站在银行端，虽然猪本身有实际价值，但由于这两个特征，无法准确估值，从而不能准确有效地变成合格抵质押物。疫情的存在导致了另一个风险，即疫情等意外风险。

围绕生物资产，神州信息打造了"银行＋保险/担保＋政府＋科技"的跨界融合创新模式。在生猪是否可以变成合格抵质押物这一困境上，使用科技手段每天测评从而产生时间点准确的估值，形成准确的、银行认可的抵质押物，对于银行来讲是认可的。对于第二个问题，明确如何解决、分摊相应风险：一是由保险机构负责承担疫情风险；二是通过引入担保公司控制经营风险；三是由科技端来引入科技监管手段控制道德风险，如视频监控生猪生长和活动轨迹等。

　　神州信息为产业提供科技监管手段，为银行提供资产动态估值，为保险/担保提供客户引流，为政府决策与管理提供支撑，这在跨界融合闭环之中发挥了重要作用。银行为产业发放贷款，提供资金；产业主体将风险转移给保险/担保公司；保险/担保公司承担部分风险；政府为产业提供补贴和扶持政策。五个主体中，每个主体都实现了各自的诉求和价值。在产业主体端可以提高贷款融资需求，运用这种方式达到融资需求；神州信息作为科技端，通过科技创新提高养殖和管理手段，助力精准评估和生物资产的动态追踪；银行端增加金融贷款模式同时解决风控问题；保险端解决保险业务，也就是保险风控问题；政府端除了引导和扶持，真正可以做到为产业提供滴灌式金融服务。

　　跨界融合的关键抓手是科技赋能，产业、银行、保险、担保、科技两两融合，真正与科技串联。神州信息依托系统研发能力、农业及金融信贷领域的专业知识及大数据建模能力、场景金融方案设计及咨询能力、运营服务能力等，以生猪产业为起点，打造一整套服务于养殖种植产业的生物资产整体金融科技方案，深度挖掘农村农民生物资产价值，助力农业金融。其中核心部分：一是基于知识计算，采用农业知识进行轻量数据计算，目的是降低数据采集难度，数据采集和收集在养猪环节中是最难的。二是数据周期，也就是从种猪到屠宰加工的生命周期，以大数据为支撑将生物资产形成银行认可的抵质押物，真正将数据转变为资产。三是科技监管手段，如对疫情、道德风险、贷中猪的状况动态监测等，以更准确评价出每天猪的重量和价值，为贷款金额和抵质押份额提供安全保障。

神州信息基于生物资产场景金融与外部联合开展了各项合作，如与银行业协会、互联网金融协会合作，成立敏捷小组来运营生物资产场景金融，在多家银行落地。神州信息基于生物资产场景金融，全面开展了生资浮动抵质押贷款整体解决方案，对生资供应链金融业务整体解决方案和生资线上信用贷款整体解决方案进行了试点。以生猪为例，通过研究全国生猪分布情况，发现大规模猪场从来没有出现所谓融资困难问题，因为大多是上市公司。而适度规模的猪场更偏重于大的养殖场的上下游金融业务。百头以下的猪场是通过以往的数据，来估计资产数量，这是纯的信用贷方式。从生物资产加科技来看，第一环使用抵质押方式；第二环使用供应链金融方式；第三环使用信用贷方式，将整个生物资产价值发挥到最大。神州信息已经形成了完整的解决方案，实现了从0到1的突破。

未来神州信息将持续推进金融科技创新，与生态广泛合作，协助金融机构解决农业融资难问题，赋能金融机构拓展农业金融业务，赋能农业产业高质量发展，赋能政府对产业进行扶持和监管。

主持人闵文文：非常感谢张总。接下来是金融机构专家分享阶段，有请百信银行副首席战略官陈龙强先生。

中信百信银行副首席战略官　**陈龙强**

▼

　　首先我来分享产业互联网的兴起。在这个阶段以及未来很长一段时间讨论产业数字化和产业数字金融都具有重大意义，这将是金融科技发展的一个新阶段，2C消费互联网已经比较成熟，未来2C将向2B转移，而且市场规模可能要远大于2C。产业互联网是未来的趋势，未来十年最大的风口可能是产业互联网以及产业数字金融。

　　当前金融科技创新助力金融高质量发展的价值已被充分肯定，竞争越来越激烈。背后的驱动因素主要有政策、技术和市场三大方面。

　　从政策上看，监管部门循序渐进出台了一系列金融科技的政策导向性文件，建立健全了金融科技的监管制度与市场秩序。比如，2019年中国人民银行出台的《金融科技（FinTech）发展规划（2019—2021年）》以及2020年年初发布的金融科技"监管沙箱"试点。在金融科技大趋势下，监管希望变得越来越包容和有弹性，边界也会逐渐模糊，比如，监管希望逐渐把大型科技企业包容进来。

　　行业的发展背后有许多驱动因素，除了政策驱动，还有技术驱动以及整个产业变迁等因素，消费互联网兴起势必带动B端产业兴起，B端产业就需要进行数字化改革。

产业互联网的概念界定仍在摸索阶段，但其本质是依托互联网等技术消除产业链中的不对称性，使产业得到优化升级，提升效率、产品质量，强化服务能力。从消费互联网到产业互联网转换将会成为下一个热点，消费互联网背后的核心逻辑是流量经济，消费经济环境下，银行相比互联网公司缺乏优势，难以结合场景，反而有场景的公司涉足金融十分容易，比如蚂蚁、京东。目前招商银行是所有银行里做场景相对好的。但流量经济很容易向头部集中，甚至可以称为"零和游戏"，如头部占70%，第二占20%。反观产业互联网，每个行业都有壁垒，正是壁垒为银行和科技公司提供了机会。产业互联网天然具有金融属性，其内在的各种资源错配为金融服务创造了更多需求。金融将迎合数字化新兴变革，通过区块链、5G等技术切入改变产业链模式，扩大金融需求空间已成为产业互联网的重要组成部分。

接下来分享产业数字金融的应用。在产业互联网时代，小微企业融资难、融资贵问题成为银行信贷业务痛点，供应链金融、电商平台或数据赋能模式的迭代与技术创新，可以有效控制风险，有效触达长尾小微客群，推进银行实践普惠金融。金融科技对中小企业融资难的创新应用，在供应链金融方面效果较为显著。比如，利用区块链构建多方参与的联盟链网络，通过将核心企业发出的应收凭证多级拆转，从而将核心企业信用渗透至多级中小企业供应商，以解决其资金短缺问题。此外，"区块链 + 物联网"模式通过电子仓单的流转避免了仓单造假问题，同时也加强了仓库的管理，在一定程度上提高了仓单质押的授信度，降低了风控的难度。一些核心企业有很强的整合能力，从事的产业链或者销售端本身就有足够的空间。对大型银行而言，重点是上游核心企业的服务，尾部的长尾客群较适合小型银行，当聚集效应明显时，就会产生网络效应，如网商银行等。中小企业融资痛点背后核心问题是数据以及风控问题，而金融科技可以在这一问题上起到很大的帮助。当前很多银行都希望在区块链上能有一定突破，其中平安银行比较先进，较早尝试了产业银行这一概念，并且将公司业务和零售业务结合对企业进行深度服务。

有一个典型案例。某区域性上市银行，借助与核心企业的客户关系，抓准产业互联网时机，通过切入核心企业下属化纤类电商交易平台，依托核心企业信用，可以以线上化的方式批量服务链属的小微企业，降低业务风险。

百信银行也一直在思考下一代银行应该如何发展。首先，百信银行作为数字银行，和产业互联网具有很高的耦合度，具有天然优势。其次，我们具有很强的开放银行能力，在开放连接场景的时候，如开放 API 可复制也可定制，相较于传统银行的标准化，百信银行有更强的定制化能力，可以针对具体场景设计输出产品和服务，并且快速交付。未来希望能够和更多金融机构在资金、产品方面合作，达成协同效果。百信银行在科技方面投入很大，占全年营收的比例达 26%，科技人员占比超过 60%，我们有 1500 个 API 接口，背后是云、大数据和 AI 的支撑。这方面，百度给我们提供了很大的支持。作为新兴银行，百信银行的业务模式主要是轻资产模式，表内、表外业务均衡发展，2C 和 2B 业务稳健布局，2C 消费金融是我们过去的主航道，最近我们也确立了 2B 产业数字金融作为我们双主航道之一，以更好地适应产业数字化的未来，更好地服务数字经济，这是面向未来的战略布局，未来希望同更多产业场景方和银行合作。谢谢大家。

主持人闵文文：感谢陈总。刚刚陈总提到下一代银行会怎样发展，而产业互联网金融和场景金融到底有怎样的关系？接下来有请深圳前海芯链鑫网络科技有限公司董事长许学军分享。

深圳前海芯链鑫网络科技有限公司董事长　**许学军**

非常高兴能有机会跟大家交流金融科技场景落地这一问题。宝生村镇银行从 2017 年底开始谋求转型，以金融科技引领零售发展，在这里谈一些自身体会。

目前，宝生村镇银行资产端线上线下相结合的产品共有 12 种，其中自身研发和运营的 9 种，以助贷方式与机构合作进行的 3 种。至今还未涉足所谓的联合贷，认为银行成为一个互联网牌照的资金方是失去自我的一种行为。

不同场景做金融的难易程度不同，尤其是面对 BAT① 的时候。但是通过实践发现，金融行业去做场景也并不是非常困难，因为金融行业具有两个相比于科技企业的独特优势，一是可以通过牌照来实现所有的变现；二是资金充足，可以通过信贷支持方式换取可得的利益。

举个例子，宝生村镇银行教育分期从 2019 年 12 月开始到今天，一个月大概可以达到 3500 万元，单户约 700 元，总共发放将近 2 亿元，形成大概 1.3 亿元余额，积累约 3 万个全国零售端客户，并且超 90 天的逾期为零。如果银行愿意投入授信业务资金和牌照换取所需场景和流量，必然具有很大的发展空间。银行人的思维需要扭转，银行盈利能力强，如宝生村镇银行虽然只是个小的村镇银行，员工规模只有 200 人，但 2017 年利润达到 1.6 亿元，证明牌照力量、资金流量是最终、最高级的力量。

宝生村镇银行在与神州集团合作的项目中，在产品上仍然存在众多有待改进的点：一是当前拥有 100 头以下的生猪养殖户占全国的 10%~15%，因此，这个产品仍然需要优化。农村地区单户、散户生猪养殖户通常家里有 10~20 头猪，新疆地区的农牧民家里养有 10~50 只羊。比如，国家主要养殖区新疆新源县，有 380 万头牲畜，相对较散地分布在 8 万人民手中。而这一产品形态，目前比较适

---

① BAT，B 指百度、A 指阿里巴巴、T 指腾讯。

合大型养殖场。但相对于数量较小的大型养殖场，数量庞大的小养殖户、散户才是真正融资难的群体，因此，需要利用金融科技手段改造产品、提升效率。二是整个农业养殖业贷款利率非常低。由于养殖业贷款是由政府管理的，价格不可能太高，牧民能得到的利率有限，因此需要通过批量化、规模化或者其他的合作形式来降低成本，如设备走融资租赁。

下面汇报宝生村镇银行的一些实践：第一，智慧园区系统撬动资源。宝生村镇银行一直对农资比较感兴趣，而深圳拥有全国相对规模较大的农副产品贸易，经手对港的食物供应。2018年，深圳南山宝生村镇银行上线针对农批商户的"农批宝"业务，2019年免费为海吉星子市场绿港园区开发"智慧园区"管理系统，初步实现园区主要管理功能系统化和移动化。目前形成了科技公司、园区和银行三方生态合作，园区利用自己的存量客户和人脉关系，参与获客和风控迭代。第一款线上产品"农批宝"2019年春节前投产，到2019年6月，5个月时间累计放款300万元，随借随还，1万元一天4元利息，在农户商户间获得了广泛好评。金融要想做好必须与产业结合，面对大园区难以合作的困境，选择从周边小园区入手。小园区负责获客和一部分业务担保，银行相对应为小园区免费开发管理系统支持数字园区，并且分配一定的贷款利润。通过这一方式，实现了业务突破。至今已累计发放贷款4亿元左右，余额2.5亿元左右，服务深圳地区农户产品商户1300多家。通过积累用户20个月还款表现数据，能够支持一个小的模型，由此逐渐将评分卡风控模式向算法模式推进，初步实现了整个向 B 端服务线上化的框架。

第二，红酒供应链金融。红酒金融是个相对蓝海的市场，深圳南山宝生村镇银行开发了基于物联网的监管体系，通过电子围栏的方式对库存进出情况进行监管，押酒放贷。经济周期中表现相对稳定，比较抗跌且能够带来相对持续回报的通常与民生相关，所以宝生村镇银行零售业务并不是大零售，而是在细分专业领域，比如说泛民生，具体细化为衣、食、住（长租公寓、二房东贷）、行（跟车有关）、学（跟人的学习有关）。按照这一思路，"农批宝"刚开始从蔬菜、肉、冻品、干果、茶叶进行横向扩展，红酒金融竞争力较小，而深圳又是重要红酒口岸地，所以依托物联网技术，开发了第一款"红酒贷"，通过电子锁跟踪货物状态，也可以防止被假酒调包。

第三，纵向扩展产业链。宝生村镇银行自行开发了供应链管理系统。针对广东地区的三个核心企业，开发供应链系统，在大型食品快消企业不愿合作的情况下，直接接触商户，对发票、应付账款、商户财务信息进行比对，以商户对核心企业应收款为依据，折扣融资，不办理确权和汇款账户变更。完成了对卖菜、配菜环节的放款，接下来就是缓解餐饮行业贷款问题。第一个方法是与市餐饮协会合作，试图通过收集餐饮数据来发展产品，但由于数据本身较为零散，所以依然存在困难。第二个方法是为餐饮企业提供 50 万元以内纯线上申请贷款，跟银联商务合作，研发了即将投产的"云鑫 E 贷"这款产品。银联不仅拥有自己的数据，还有微信、支付宝的数据，因此可以通过这款合作产品获取餐饮企业支付的数据，设计服务于从卖菜到配送到用菜再到吃饭的一系列产品。希望近两年能够利用已经积累的数据和流量，实现一款慧宝生产品。

第四，教育产业的产融结合。联合头部商户，打造聚合教育平台，通过产品标准、流量联盟、系统统一、金融分享等让头部商户形成分期品牌。

第五，进一步探索的方向。主要包括：与具有强数据、多区域、广覆盖的场景流量方合作；通过联合建设 SaaS 互联网核心的形式进行合作；通过建设 SaaS 大数据风控平台的形式进行合作；借助贴息模式，链接更多泛生活场景；联合数据实验室，共享资源；建设强大的云服务平台，实现共享、共生、共赢。

主持人闵文文：非常感谢。宝生村镇银行一直坚持银行的初心，敢于深入场景，但还需要金融科技的加入进一步精细化场景。接下来是专家点评环节，由神州信息副总裁马洪杰先生主持。

言 论

▶──

主持人马洪杰： 各位领导好。从近半年六大行及九个股份制银行的年报来看，除"ABCD"^①之外还增加了业务线上化和数字化转型，目前分为5类，所有银行在这5类中均有金融科技投入，尤其是AB加上线上化和数字化转型，15家银行都有大量合作。C和D只有11家银行大量投入，通过分析能够发现科技对银行支撑具有重要意义。下面有请中国支付清算协会业务协调三部的丁华明主任。

中国支付清算协会业务协调三部主任　**丁华明**

　　　　　　　　　　　　　　　　　　　　　　　　　▼

　　借此机会结合金融科技创新监管试点工作谈几点体会。金融科技创新监管试点工作是当前监管部门的一项重点工作，也是当前行业的热点。金融科技创新监管试点探索构建"行业监管、社会监督、协会自律、机构自治"的金融科技创新安全"四道防线"。在前期的试点中，按照监管部门的要求，中国支付清算协会作为全国性自律组织负责保障支持9个试点城市中的北京、上海、深圳、苏州、成都5个城市的试点工作。在试点中，积极配合监管部门做好

───────────────

　　① ABCD中，A代表人工智能AI、B代表区块链Blakchain、C代表云计算Clound Computing、D代表大数据Big Date。

政策宣贯、项目审核、风险监测、投诉受理等工作，为监管要求落地实施提供支撑。截至目前，中国支付清算协会参与了60个已经公示项目中的40个项目的审核和辅导工作，为试点工作提供了有力支撑。

第一，先谈一下试点工作对金融科技落地场景的启示。自2019年12月以来，人民银行按照"先试点、后推广"的思路，积极稳妥推动金融科技创新监管工具在我国落地实施，陆续在北京、上海、深圳、重庆、杭州、雄安、苏州、成都、广州9个城区开展试点工作。截至目前，9个试点城区共推出60个惠民利企的创新项目，涉及60余家金融机构及30余家科技公司。总的来看，此次试点紧扣"六稳""六保"要求，围绕服务支撑京津冀协同发展、粤港澳大湾区建设、长三角区域一体化发展、成渝地区双城经济圈建设等国家重大发展战略，旨在加速金融数字化转型步伐，为实体经济提供"精准滴灌式"金融服务，为统筹推进疫情防控和经济社会发展注入金融创新活水，为增强金融服务实体经济能力、坚决打赢金融风险防控攻坚战贡献科技力量。所以说，新形势下拓展金融科技的落地场景，以我的理解就是要围绕赋能金融"惠民利企"，纾解小微民营企业融资难融资贵、普惠金融"最后一公里"等痛点难点，助力疫情防控和复工复产，着力提升金融服务实体经济水平。

第二，简单分析一下试点项目参与主体情况。一是持牌金融机构是主力。持牌金融机构作为金融服务实体经济的"主心骨"，通过创新监管试点可以更准确把握市场脉搏、摸清用户需求，更大胆地运用现代科技手段来提升金融服务质量、降低金融服务成本、提高金融服务精准度，进一步增强金融数字化转型能力和核心竞争力。截至目前，参与9个地区试点的金融机构包括48家商业银行、5家非银行支付机构、保险公司（中国人寿）、清算机构（中国银联）、征信机构（百行征信）等。二是科技公司参与积极性高涨。科技公司作为金融科技创新的重要参与方，主要从事金融相关的业务系统、算力存储、算法模型等科技产品的研发设计和能力输出工作。通过创新监管试点，科技公司既能强化产用对接，与金融机构开展深度合作；又能在真实金融场景中加速核心技术攻关、优化产品性能，打磨出满足金融行业共性需要、符合监管要求的技术产品。在已公示的60个创新项目中，有26个科技产品，科技公司的科技产品占比达到43.3%。在苏州、杭州第一批公示的10个项目中，科技产品就有7个。

第三，试点项目金融应用场景丰富。试点的项目聚焦人工智能、区块链、云计算、大数据、物联网、5G等技术在金融领域应用，涵盖支付、供应链金融、普惠金融、数字金融等场景。既有使用数字技术纾解小微企业融资困局的创新举措，也有盘活数据要素打通公共服务"最后一公里"的有益探索，还有运用金融科技赋能乡村振兴的实招硬招。

一是着力提升便民惠民服务能力。综合运用区块链、5G、边缘计算等技术构建金融服务新模式，显著增强社会公众，特别是地方方言群体、偏远地区群众的金融服务获得感和满意度。例如，中信银行信用卡中心打造"智慧人工面签+AI图像识别"的智能数字化发卡模式，实现信用卡发卡全流程线上办理，为客户提供安全便捷、智能高效的信用卡服务；成都银行、重庆农村商业银行分别推出支持四川、重庆方言的智能银行客服服务，为不同社会群体，尤其中老年客户群体提供更便捷的普惠金融服务。

二是进一步延伸金融服务范围。探索跨界合作，加强业务协同，开展安全交叉验证，推动知识产权抵押融资发展，探索灵活用工人员收入安全保障新模式，为做好"六稳"、落实"六保"提供金融支撑。例如，苏州农村商业银行打造长三角一体化智慧银行服务，基于不同业务场景、不同风险等级为客户提供差异化的金融服务；民生银行成都分行推出基于区块链技术的灵活用工资金安全代付服务，提高资金使用安全性，助力企业大力推进灵活就业新模式。

三是聚焦纾解小微企业融资困局（当前的重点，项目也最多）。探索利用大数据、云计算、人工智能等信息技术，推动金融与政务、工商、电力、电信等领域数据融合应用，为实体经济提供"精准滴灌式"金融服务。例如，中国银联、浦发银行和上海银行在上海联合打造基于区块链的金融与政务数据融合应用平台，助力解决小微企业融资难融资贵问题；钛镕智能科技（苏州）有限公司、苏州银行为金融机构提供整合供应链上下游信息和行业知识库的查询分析和可视化功能，主要应用于供应链上下游中小企业的信用贷款场景。

四是助力赋能乡村振兴战略。利用卫星遥感、物联网等技术，弥合农村"数字鸿沟"，推动农村金融渗透率和普惠度持续提升，为"三农"发展提供更高质量、更有温度的金融服务。例如，网商银行基于卫星遥感和人工智能技术将普惠金融延伸到传统农业领域，服务亿亩良田，助力乡村产业振兴；四川商通、成都农村商业银行推出的农村金融惠民服务系统，针对农户的金融活动较少无法向银行提供有效信用数据的问题，通过融合多方政务数据，构建农户信用信息数据体系，解决农村融资难、融资贵问题，助力地方"三农"经济发展。

五是加强金融服务风控力度。综合运用区块链、多方安全计算、知识图谱、隐私计算等技术将各方数据在不出域的基础上进行安全高效的融合应用，构建风险防控体系，提升金融机构整体风控水平。例如，交通银行通过多方安全计算、知识图谱技术，将银行内部数据与政府、电信等外部数据融合，打破现有数据壁垒，准确识别企业集群背后的复杂关系链条及欺诈风险，构建安全、高效的风控平台。国网征信基于神经网络算法、时间序列分析算法等大数据技术，以电力大数据为基础，搭建信贷风险全流程线上管理平台，使电力数据合理运用于银行信贷业务的各个环节，构建电力大数据在信贷风险控制领域完整的解决方案。

以上就是我介绍的主要内容。总之，不管是持牌金融机构还是科技公司，发展金融科技，拓展金融科技落地场景，还是要按照《金融科技（FinTech）发展规划（2019—2021年）》提出的"守正创新、安全可控、普惠民生、开放共赢"的原则，不偏离金融科技的初心和使命，真正做到有利于提升金融服务质量和效率，优化金融发展方式，筑牢金融安全防线，进一步增强金融核心竞争力。

主持人马洪杰：感谢丁主任的精彩分享，下面有请社科院产业金融研究基地副主任董昀。

中国社会科学院产业金融研究基地副主任　**董　昀**
▼

对新形势下拓展金融科技落地场景的重要性进行分析。当前世界处于百年未有之大变局，经济长期停滞、逆全球化思潮盛行、债务负担高等新现象给金融科技发展带来挑战。新形势下，我国提出构建国内、国际双循环相互促进的新发展格局，深化供给侧结构性改革在新发展格局中是主攻方向，金融科技在金融供给侧结构性改革当中也应发挥基本动力作用。创新是一个综合的过程，既有技术因素，也有商业因素，至少包括技术发明、创新、创新的扩散三个阶段。金融科技不仅要有先进的技术，同时也要将先进的技术商业化，要有实际落地的场景。场景创新是创新和创新扩散中的重要环节，将技术用于金融体系的变革当中，提高金融服务的供给效率，降低金融服务成本，打破信息不对称等。金融业也存在类似的问题，一些金融巨头掌握了新的技术，但是整个金融体系对新技术的应用还不充分。在当前技术创新重要性越来越凸显的背景下，既要注重新技术的研发，也要注重新技术的应用和扩散，场景建设将是对接技术和实体经济的一个重要节点。

主持人马洪杰：谢谢，下面有请中国人民大学国发院宋老师带来分享。

中国人民大学国家发展与战略研究院院长助理　**宋　鹭**

　　谢谢主持人。"场景金融"是数字经济背景下，互联网快速发展与金融服务功能相融合所衍生出来的概念，主要指消费金融在互联网条件下的场景化。当前，就"场景金融"概念的发展演化而言，不管是"场景"还是"金融"的含义都发生了重大变化。

　　从场景的视角来看，"十三五"期间互联网金融快速发展主要指消费领域，例如，金融服务嵌入不同消费场景，引发渠道、客户和服务模式等做出相应调整。而当前在业务链条中已经难以严格区分 2B 和 2C 的问题，场景的延伸和落地往往是集成在一起的，并由此扩展到产业、创新甚至生态，生态金融和金融生态圈等概念也是最近衍生出来的。场景无处不在，但集合了金融服务的功能之后，场景的收缩或扩展不取决于场景本身，而是取决于服务质量，也就是产品创新，这也是金融高质量发展的应有之义。

从金融的视角来看，互联网金融刚出来的时候，金融功能并没有发生变化，也没有扩展金融服务的边界，而是回归到最根本的服务实体经济的功能。由于近几年金融科技的快速发展，科技与金融的融合带来金融功能的内在交叉，或者说科技与金融结合导致金融功能的外溢效应，催生了场景金融的新发展。换言之，不管是互联网金融还是场景金融，并不是金融功能本身有什么变化，金融还是要服务于实体经济，使经济运行在控制风险的同时更加高效顺畅。在此意义上，金融要么解决成本问题，要么解决效率问题，场景金融则通过场景的不断完善，在降低交易成本的同时提高供求匹配的效率。因此，场景金融并不是金融创新，而是金融产品和金融服务与实体需求更好地适配，其中技术创新将起到最根本的作用。"十四五"期间，高质量发展的一个关键环节就是在"双循环"推动下如何促进供给和需求的适配性。从这一角度理解场景金融未来概念的发展具有重要意义，增加场景中交易双方的适配性就是一种边际创新，而产品创新是加强适配性驱动力的主要载体，技术创新则为产品创新和服务改进提供基础支撑。

从经济增长的角度看，未来一个时期资本和劳动的规模扩张将不可持续，决定增长质量和一定经济增速的重要因素是全要素生产率的提升。杨涛老师有一篇文章讲到，金融科技可以通过促进金融全要素生产率改善，从而提高经济的全要素生产率，这为场景金融服务实体经济提供了一个比较有说服力的解释框架。"十四五"期间一个很重要的方向是把全面改革进一步推向纵深，同时需要解决很多"卡脖子"的技术创新问题，从而提高全要素生产率。

从技术创新的角度来看，不应过度关注供给本身或者创造需求本身，因为有很多供给是伪供给，有很多需求是伪需求。所以重点并不是通过技术手段创造伪需求或者伪供给，而是更好地通过技术创新来提高服务质量，从而促使高质量金融供给与实体经济需求更好地适配。谢谢大家。

主持人马洪杰：谢谢宋老师的分享，下面有请车宁老师发言。

CFT50青年论坛成员、北京市网络法学研究会副秘书长　**车　宁**

▼

互联网给金融带来了有利因素，但同时也在业务发展和风险防控两方面加重了其不确定性。应对来自金融本身和互联网"阑入"的双重不确定而导致的压力乃至焦虑，比较适宜从经验主义视角，以确定性方法的沉淀来回应不确定性的挑战，即所谓新形势下考虑场景拓展的比较有效的方法。这里主要从四个角度对"后"金融科技时代场景拓展进行思考：

第一，场景拓展的业务之维。在科技元素走俏的当下，几乎所有金融业务都在谈金融科技，但我们一定要先了解各类金融业务的基本逻辑以及金融科技的具体影响。一是证券领域，在此主要存在业务自我的创新和技术影响的创新两个层次，但从此前证券主题的研讨会中不难发现，证券场景业务主导下，创新依然强劲，当下科技创新和金融科技在这一领域还并不是一个主旋律。虽然从长远来看，场内业务迟早要被金融科技赋能的场外业务所颠覆，但关于金融科技场景拓展的讨论主要需要考虑近期业界的需求因素。二是保险领域，保险实际上就是基于大数法则，这就从根本上决定了基于大数据金融科技创新有可能对行业产生颠覆式影响，前景虽然美好，但结合现实也需要考虑两点，一个是保险盘子的规模（比其他尤其是银行要小），另一个是大数据方法的运用对于整个业务的影响和改变程度。三是信贷领域，相较而言生态最为丰富，最能够吸引市场。这里需要特别说明的是业务尤其是渠道的线上化和经营的数字化转型其实是两个概念，线上化是传统业务从线下变成线上，数字化是颠覆性的、比较大的调整。而目前在信贷方面，更多的是业务的线上化，还不是真正意义上的信贷经营模式创新。比如信用卡只是更改了介质，本身还是个人信贷。在信贷领域需要注意两点，一个是基本逻辑变化的可能性小，另一个是由于银行或是部分金融机构能够开放的业务、数据等的限制，需要对金融科技实际应用做进一步评估。四是支付领域，回望历史，真正具有革命意义的金融科技创新（ATM、信用卡、快捷支付等）均来自支付，支付实际上指引金融科技真正发展的方向。因此，可以通过支付业务的运行情况判断产品设计的可行性，包括银行在内的金融机构进行交易时，必然进行支付业务。另外，很多卖点都是基于支付展开的，其一是支付的发展带来的硬件和软件的创新，如支付刷脸；其二是金融机构的后台系统变化很多都是支付引起的，如反欺诈系统等的加入，数字货币也是基于支付展开的。

第二，场景拓展的技术之维。需要全面思考技术作为一种资产在金融科技企业的价值。事实上，业务而非技术才是驱动场景创新的真正动力，以技术为掩护的监管套利已然难以为继。在这方面，中国人民银行主导的"监管沙箱"是一个非常好的观察窗口，因为技术不同于其他，难以针对机构搞平衡，也难以确定项目向社会公开之后，其中技术能够发挥的作用和优势，以及能否形成可持续商业模式，技术中存在的水分可以沙盒为抓手来处理。从需求端即金融机构来说，对技术的需求是成熟技术而非前沿技术，需要的更多是结合场景、结合业务给出成熟的解决方案而非仅仅是技术或是系统原型。

第三，场景拓展的商业之维。所谓场景并不一定是产生全新的场景，而是在已有的场景上进行优化。比如，对2C的商业模式而言，客户体验是由企业定制的标准化产品决定的，而2B的商业模式是对公企业定制化的东西，这对于很多习惯了提供标准化产品的企业包括金融机构都具有挑战和压力，需要突破。此外，还需特别关注法律法规、监管政策的影响。

第四，场景拓展的平台之维。实事求是地说，平台价值的确处于下降趋势。平台的收租型模式是目前新的双循环模式下亟须被破解的问题，这客观要求有形之手发挥更大作用。另外，由线下到线上，政府在经济资源整合中的作用凸显。当金融业务开始沿着从

线下到线下，或者线上线下相融合这一道路继续向前的时候，绕不
开的一点是 2G（政府业务）一端，其中主要是三个点：一是目前
水电燃气缴费等进展比较快、黏性比较强、沉淀更多数据的公共事
业。当前几乎所有智慧城市的早期实践都是沿着公共事业这条线发
展的。二是园区。除智慧基础设施配套或授信以外，可以从更多角
度来进行挖掘，比如数据角度、供应链角度。三是产业。要使金融
和经济进行更好的贴合，需要去关注地方的产业发展，用金融科技
这一手段服务地方特色产业的发展。展望未来，当平台寻租模式衰
微后，具有比较优势和硬核实力的业务和技术专业公司反而能脱颖
而出，其发展将定义一个新的金融科技时代。

主持人马洪杰：谢谢车宁老师。感谢各位参加今天的会议，最
后请杨涛院长做总结发言。

北京立言金融与发展研究院院长、国家金融与发展实验室副主任

杨 涛

▼

最后代表主办方对各位表示感谢，大家 起进行交流和碰撞，
收获颇丰。宋院长的一番讲话，提示我以后应该把一些相关场景的
讨论进行得更激烈一些，推动持有不同观点的专家共同碰撞，今天
技术和业务碰撞体现在很多层面，比如周总，给我一定启发，按照
过去的思维方式将他们定义为业务部门，而他们自身将自己定义为

技术部门，我以往认为技术部门往往是信息科技部，无论是定位方面还是认知方面都面临大量技术、业务、后台需要磨合以及探索。当然，研讨会每期无论是简报还是核心价值和思想都不仅是讨论，还会通过各种渠道汇报给相关部门。另外，我们发现了宝生村镇银行这一宝藏银行，我虽然过去也关注中小金融机构，但是对于村镇银行没有留下很深刻的印象，今天讨论发现以宝生为代表的一系列村镇银行在不同层次上仍然在进行变革，构建自身特色。非常感谢大家！

《开放金融：理论、实践与监管》发布暨探讨 我国开放金融实践路径

编者按

2020年10月30日，由北京立言金融与发展研究院主办，国家金融与发展实验室和北京市地方金融监督管理局指导，北京市朝阳区金融办支持，中国社会科学院产业金融研究基地和金融科技50人论坛协办的"《开放金融：理论、实践与监管》发布暨探讨我国开放金融实践路径"研讨会在京举办。这是北京立言金融与发展研究院成立后举办的第8期会议。《开放金融：理论、实践与监管》旨在系统分析国内外开放金融的发展状况，充分把握国内外开放金融领域的演进路径、创新实践和监管态度，深入探讨开放金融对传统金融机构和金融科技企业带来的变化和意义，动态跟踪国内外开放金融领域的理论前沿。专家认为，开放金融背后蕴含着从经济数字化到金融数字化变革过程中的一些重要问题。各国开放金融创新探索过程中，既存在共性问题，也存在差异性特征。

嘉　宾

杨　涛　北京立言金融与发展研究院院长、
　　　　国家金融与发展实验室副主任

董　昀　中国社会科学院产业金融研究基地副主任、
　　　　北京立言金融与发展研究院金融科技研究所所长

孙中东　波士顿咨询公司全球资深顾问

李润东　光大金控资产管理有限公司资产管理部副总经理

刘　勇　中关村互联网金融研究院院长

陈宏鸿　神州科技信息服务股份有限公司金融科技首席
　　　　架构师

袁　田　中航信托股份有限公司（以下简称中航信托）首
　　　　席研究员、中国信托业协会特约研究员

张彧通　京东数科研究院高级研究员

宋　鹭　中国人民大学国家发展与战略研究院院长助理

闵文文　金融科技 50 人论坛执行秘书长

前　瞻

主持人闵文文：出一本好书就像酿造一坛好酒，需要时间的力量，《开放金融：理论、实践与监管》从 2019 年 5 月开始启动，终于经过了时间的考验，穿越了新冠肺炎疫情，穿越了出版周期，同期还获得央行 2019 年度金融科技研究课题一等奖，祝贺每一位作者与参与者。本书由国家金融与发展实验室、中国社会科学院产业金融研究基地和金融科技 50 人论坛协同研究，并组织编写。今天有幸邀请到本书作者以及各方专家共同围绕"新形势下我国开放金融实践路径"进行闭门研讨，期待各位的真知灼见以及新的思考。该书封面上选取这句话："伴随开放银行的发展在金融领域从技术到业务，从制度到监管都发生了巨变，并衍生出开放金融的创新理念。"首先有请北京立言金融与发展研究院院长，本书主编杨涛教授代表主办方致辞。

北京立言金融与发展研究院院长、国家金融与发展实验室副主任

杨　涛

经济数字化到金融数字化变革过程中三点重要问题

主持人闵文文秘书长介绍了本书背景情况，本书从理论到实

践进行了系统性研究，2019 年获得中国人民银行金融科技委员会优秀成果一等奖，得到相关部门高度重视。本书主题为"开放金融"，背后蕴含着从经济数字化到金融数字化变革过程中的一些重要问题。

第一，从开放银行到开放金融，代表了金融数字化转型当中迫切需要解决的矛盾和问题。近年来，全球经济都面临挑战，长期经济增长不断下行，新冠肺炎疫情加速这一影响和趋势。在此背景下，各国都在寻求经济转型的新思路，经济数字化变革正是摆脱困境的一个重要抓手。如果不适应数字化转型，那么失败的概率是非常之高的。与经济数字化相适应，金融数字化带来功能、组织、市场、产品等一系列变革。数字化与互联网环境下的开放、融合、网络效应、规模经济等概念密切相关。开放银行表达了银行数字化转型的一个重要方向，虽然遇到了一些挑战，但是这个大趋势是不可逆转的。这种开放理念进一步拓展到金融业其他子行业当中，保险、信托、类金融组织、金融科技企业需要在开放环境下更好适应数字化转型的新挑战。

第二，研究开放金融，始终绕不开一些焦点问题和痛点问题。以如何处理效率与安全的边界与跷跷板问题为例，这个问题始终贯穿在新金融变革和传统金融运行之中，在讨论开放金融的时候变得更加突出。比如，银行业机构信息被第三方所使用，是否需要通过白名单机制对第三方使用信息给予一定的行为约束，否则错误利用这些信息可能会危害行业利益。由此可以看到，安全与效率问题一直是重中之重，传统金融业虽然拥抱数字化转型，但整体开放程度仍处于发展中，一方面是面临传统模式效率挑战，另一方面在互联网开放环境下充分遭受各种各样风险的冲击和影响，如网络攻击、薅羊毛、灰色产业、黑色产业等。与此同时，这种新模式与传统模式不断磨合的过程中还有大量系统风险、业务风险、平台风险，所以如何处理好效率与安全的边界问题是未来开放金融能否真正成功的重中之重。

第三，各国开放金融创新探索过程中，每一个经济体，每一个国家情况千差万别，在推动开放金融变革过程中既有一些共性问题，也有一些差异性特征，这些差异性特征一般依托于创新所在经济体的特色。我国开放金融探索跟海外某些情况下存在差异，一项新金融创新归根结底需要三方面动力，供给侧角度是监管因素和技术因素，需求侧角度是不断演变的企业与居民消费偏好，我国开放金融创新具有需求拉动型的特征，如何更有效地探索中国特色开放金融发展路径，值得深入思考。开放金融创新过程中，数据、技术等问题都是表象，最根本的是商业模式问题。商业模式的核心是实现各方利益的增进和协调，能够通过这种模式使参与开放金融平台建设的各方都获得改进和优化。但现实中往往遇到一些挑战和问题。

总之，这些领域仍然值得进一步探讨，《开放金融：理论、实践与监管》是在各方共同努力基础上完成的，对金融数字化变革是一个起步性研究，以开放式视角切入，试图找到未来金融创新与发展的路径、模式和技术等。该书在架构和章节上比较完备，既涉及理论层面，又涉及技术层面，还有应用模式层面。该书不仅仅是对开放银行的探讨，更重要的是拓展到整个金融领域，研究金融市场如何更好地实现数字化转型与变革。最后再次感谢各位作者的努力，感谢各位专家对此次活动的支持。谢谢大家。

主持人闵文文：非常感谢杨院长开场致辞，特别提到在金融机构给出数字化转型时间表这一背景下，开放金融图书出版非常及时。

聚　焦

　　主持人闵文文：接下来进入成果发布专题分享阶段，主要聚焦开放金融的比较、技术与政策，首先有请中国社会科学院产业金融研究基地副主任董昀老师，主要撰写本书开放金融的理论、内涵和框架部分。

中国社会科学院产业金融研究基地副主任、北京立言金融与发展研究院金融科技研究所所长　**董　昀**

三方面介绍开放金融理论内涵与理论框架

　　尊敬的各位来宾、各位朋友，本人主要承担开放金融理论部分的撰写，接下来从三方面对开放金融的理论内涵与理论框架进行简单介绍。

　　首先，开放金融的理论研究尚待破题，关系到金融供给侧结构性改革或者金融创新发展成败，理论研究才刚刚起步。金融科技即金融业创新发展，如何推动开放金融、开放银行发展与实体经济创新发展密不可分。比如，将扩大内需与深化供给侧结构性改革有机结合，不论实体经济还是普罗大众都存在对金融的需求，但是金融科技无法满足，开放金融的发展就是为了更好地满足需求，开放金融平稳有序地发展直接关系金融供给侧改革成败，也关系内需。再比如，统筹好发展与安全问题，开放金融发展过程中一个重要问题就是处理好创新与风险的关系。因此，开放金融政策含义丰富，需要理论界进行基础性工作，将理论与现实结合。金融科技大多是前沿性的创新活动，充满着不确定性。在当下的金融发展进程中，数字化经营、平台化、多向开放竞争等典型特质已经充分显现，开放成为金融体系的变革方向。从这个意义上说，开放金融是金融科技创新的重要路径，值得学术界深入研究。在开放银行的实践中，有关开放银行的业务模式、流程设计、监管政策都处于探索之中，少有形成定论的共识。这就直接导致学术界无法从实践中获取足够的样本和数据，因此也就无法提炼出能够刻画现实的典型化事实，社会科学理论的建构工作尚无从谈起。因此，开放银行的理论研究还只能停留在展望和规划阶段。

其次，目前各方对开放银行的定义通常都涵盖了 API 等新技术、数据共享、平台合作这三个基本特征。对于开放银行而言，API 等新兴技术是这一商业模式的技术支撑，平台化的组织架构是其制度基础，金融数据共享是这一机制运行成功的关键，而实现金融创新和改善金融服务供给质量是开放银行致力实现的根本目的。商业银行是整个开放银行模式的核心，它在商业模式中的主要作用是把自身拥有的金融服务能力，包括银行的产品、账户、流量、场景和金融数据与第三方共享。

最后，分析研究开放银行的理论框架。第一步，直面现象。开放银行是金融科技发展进程中产生的新事物，需要从金融科技发展的历史进程中把握开放银行的特质，从而明确开放银行研究的主攻方向。不论金融业如何变革，或者金融科技如何发展，与传统金融相比技术基础差异非常大，但本质上并没有差异，"金融为体，科技为用"。开放银行是创新活动，利用新技术、应对新变化，因此需要从创新角度理解开放银行发展的历史进程。

第二步，从现象当中提炼开放金融理论要素。技术发明是基础，技术进入市场以后，市场要发挥决定性作用，需要观察市场竞争当中重要的要素，如市场竞争当中的市场环境、产业结构、监管政策等。

第三步，根据提炼出的理论要素"量体裁衣"。在现有的经济学理论体系中为开放银行寻找适用的理论框架，作为分析现实问题的理论基准。具体包括创新发展理论、社会主义基本经济制度视角下的数据要素与经济发展、平台经济学等。

一是关注新技术，不断跟进和理解理论技术的本质和动态，利用新技术进行创新活动是开放金融、开放银行的本质特征。二是关注创新推动者。有才能又有新的技术支撑并不必然导致创新企业家才能用于创新活动，也可以用于非生产性套利活动，因此制度非常重要，包括监管政策或者制度框架设计，制度决定企业家才能的配置方向，也决定开放金融是否朝着有利于创新、有利于实体经济发展方向前进。另外，关注开放银行或者开放金融如何改变金融业产业结构，改变既有利益格局。三是关注风险，开放银行平台特性使得各方关联度更高，因此风险传播速度更快，本身技术漏洞也会滋生技术风险，从创新角度研究开放金融不能忽略风险因素。

从政治经济学视角研究，数据成为与劳动、资本、技术等平行的生产要素，变得格外重要。当然，从收入分配角度分析，要扩大数据共享范围，提高数据资源流动效率，在市场经济条件下物随钱走，同样会带动其他各类要素资源配置效率提高。从平台经济学研究，平台建设是研究开放金融的基础核心，平台经济学现有理论，如交易成本理论、契约理论对不同平台发展有很多分析和比较，对于平台经济特性、平台经济类型和平台经济外部效应都有很多深入的分析。最后是平台经济学创新发展理论，将政治经济学理论框架与现象有机结合起来开展分析。

主持人闵文文： 非常感谢董老师，董老师将本书与刚刚发布的"十四五"会议公告结合，提升了新的高度。接下来有请波士顿咨询公司全球资深顾问孙中东先生带来开放金融趋势的分享。

波士顿咨询公司全球资深顾问　**孙中东**

开放金融的比较、技术与政策及趋势分享

大家上午好！非常荣幸受杨主任邀请，撰写本书部分章节。当前国内金融业的数字化进程整体步入新阶段。

从技术方面来看，"ABCD"等技术的应用已经或即将步入成熟期，将加速释放规模化商用价值，同时下一波颠覆性技术的应用也已近在眼前。

从强度方面来看，当前中国金融行业数字化转型正进入信息化末期、移动化成熟期、开放化成长期、智能化探索期"四期叠加"的特殊时代。银行自20世纪90年代开始一直在进行数字化，但进行的主要是信息化，所谓信息化主要是替代手工。2013年以后，大行大部分已经到了信息化末期。对于客户真正的需求方面，信息化只能解决基础问题。2010年智能手机快速普及，金融行业大力开发移动端，到目前移动端功能发展均已较为成熟。同时以银行为代表的金融机构在2017年开始发力开放银行，探索开放化，客户将我们带入了场景，但开放化主要是与生态打通，银行还需要学习行业以及生态，才能完成生态化经营，这是目前所有银行面临的较大困局。

从竞争方面来看，业绩分化加剧。领先者在"四化"上的进程与追赶者已拉开距离，这意味着追赶者需要"四化并举"、面临艰巨的任务。以股份制银行为例，近年来处于数字化转型（开放化）第一梯队的银行（招行、平安银行）在经营指标与市场估值上都与后续梯队拉开差距。

近期，央行出台的银行API标准开启了开放银行发展和监管的新时代。央行要求贯穿应用接口全生命周期，明确应用程序接口分级安全级标准，"实名制"应用程序接口已经在路上。但是对应用程序接口的安全规范只是第一步，开放金融的监管探索仍是进行时，需要行业各方共同关注。

过去十年，金融机构得益于宏观流动性充沛、区域经济强劲、物理渠道扩张和本地客户粘性，取得了高速增长。展望未来，前述四大驱动引擎纷纷减弱，甚至熄火，这一大环境下机遇明显小于挑战，区域性金融机构生存非常艰难。金融行业传统业务增长见顶在即，其原因主要在于增量业务有限、产品服务特色不足、生态思维有待培养、体制机制有待创新，未来需从追求新增量、打造新特色、创造新生态、运用新手段四方面积极破题。

当前，国家大的政局和时局正处于快速变化阶段，开放金融恰逢其时。开放金融将重塑金融业竞争格局。金融机构基于自身禀赋与战略，定义生态主战场，占领生态制高点，多条业务线合力深度经营生态。同时金融机构还在探索打造"敏前台、大中台、强后台"模式下"开放＋生态＋智慧"数字化平台的 IT 架构。银行的"十四五"规划中所有战略基本都转向生态战略，生态战略下金融机构将融入到场景端深度经营，即 BCF 联动，通过全牌照金融能力完善金融解决方案，通过开放金融方式与场景合作。从实施技术角度分析，打造基于数据，基于开放，与生态结合的模式是非常大的变革与挑战。

主持人闵文文：非常感谢孙总，现在金融机构时间表非常明确，但是痛点依旧明显，未来并不乐观。接下来有请斯坦福大学物理学博士、光大金控资产管理有限公司资产管理部副总经理李润东先生进行分享。

光大金控资产管理有限公司资产管理部副总经理 **李润东**

开放金融国际比较与评价

  尊敬的杨老师,大家上午好!非常有幸向大家汇报开放金融国际比较与评价部分。参照开放银行的定义并进行扩展,可以认为,开放金融是一种平台化商业模式,通过与商业生态系统共享数据、算法、交易、流程和其他业务功能,为商业生态系统的客户、员工、第三方开发者、金融科技公司、供应商和其他合作伙伴提供服务,使金融机构创造出新的价值,构建新的核心能力。在国外金融业各子领域内,均已出现具有一定规模和普遍性且在不断发展的开放式创新实践。金融业不同子领域内的开放式创新实践,呈现出不同特点。

  首先是国外银行业开放式创新及监管。该部分主要从不同国家、不同类型的实践和监管路径角度进行梳理和探讨。首先探讨银行业开放创新的历史、起源,比较多的观点认为开放银行的实践起源于2004年PayPal对外开放API,同时第三方个人财富管理平台和数据公司开始通过消费者授权得到银行账户等金融产品信息提供创新的金融服务。这一阶段,开放银行实践最早由第三方发起,银行等传统金融机构并未直接参与行业的开放式创新，而是被动地加入开放创新生态。真正的开放银行产生于2015年前后英国与欧盟的立法驱动的路径。在银行部分，本书主要选取十个比较有代表性的国家或者区域。从发展路径类型来看，有强制性的立法驱动路径，主要包括英国、欧盟还有澳大利亚；市场化路径，主要包括美国、中国；中间状态包括新加坡、日本、韩国等，属于由监管鼓励引导之下的市场化路径。不同国家在开放银行发展路径上有不同特点。

近一年以来，在由监管驱动开放银行创新实践的英国和欧盟国家，开放银行实践的重点已由完成合规要求，转向银行寻求与第三方开展合作，进行业务创新，提供更好满足客户需求的产品和服务并创造价值，以实现开放银行的初衷。前一阶段中，银行需要满足一系列接口、客户认证的合规性要求，在新的阶段，观察开放银行发展的主要指标不再是银行对合规要求的完成程度，而是银行与第三方展开合作进行实际创新应用的情况。

其次是国外证券业开放式创新及监管，其路径以及参与主体和开放银行有较大不同，除了涉及大型科技企业和新兴金融科技企业等第三方，更多地涉及金融业内彼此已经存在业务关系的各类持牌金融机构和个体之间的关系。证券业属于直接融资体系，与银行业间接融资体系有一些本质上的不同，因此在开放金融实践上也相应地具有不同特征。证券业中深度的分工协作，使得整个直接融资体系从资金端到资产端和交易端分化成不同类型的机构，在资产端和交易端有投资银行，在资金端则分化出财富管理机构，包括了银行、保险等机构，两者之间起连接作用的是资产管理机构，形成了纵向分工链条。因此，证券业与银行业的不同之处在于，不像银行一样在业务中更多直接地触达客户，证券业机构更多地通过已经存在的证券业或者金融业中的第三方，间接地与终端客户开展业务。因此，在开放证券领域，扮演第三方角色的经常是已存在的传统金融机构。证券业开放式创新主要由市场驱动，各国对于证券业开放式创新的监管，主要是在原有的框架下进行。证券业开放式创新的第一种类型是机构之间的开放式合作创新，由卖方赋能买方，构建开放生态。例如，贝莱德在 20 世纪 90 年代首先在内部开发使用风险分析和投资组合建构阿拉丁平台，2000 年之后逐步将平台开放给外部，并专门成立部门经营相关业务。在卖方投资银行领域，2008 年金融危机之后，以高盛集团对外开放风险管理分析和定价系统 SecDB 为代表，一些投资银行逐步将原先内部使用的系统中的一些功能应用开放给外界机构，证券业开放式创新非常重要的路径，就是在机构之间将原来内部封闭黑箱式业务体系打开，更加个性化地满足客户需求，尤其是机构客户需求，最后实现更加高效的分工。

第二种类型的开放式创新是财富管理行业早在 20 世纪 90 年代就已出现的开放式平台商业模式。嘉信理财首先以统一的"一账通"账户为核心，通过低费率吸引客户，同时吸引第三方独立投资顾问，通过双方之间吸引最后扩大规模形成开放平台或生态，体现出显著的双边平台网络效应。这一模式与美国独特的独立投资顾问制度存在密切关系。该制度下，只要注册为独立投资顾问，包括个人都可开展投资顾问业务。独立投资顾问当中大多数规模非常小，边际成本非常高，因此为满足客户管理、标的研究、尽职调查、投资组合执行、会计处理等一些共性的业务需求，最高效的办法就是外包给第三方，从而产生了全托资产管理平台 TAMP 等开放式平台。国内目前还没有独立投资顾问制度，投资顾问业务只能由机构开展，近年来一些机构和第三方金融科技公司也开发了供机构投资顾问业务使用的平台系统。

第三种就是证券业的开源协作，开源最早在软件行业里产生，通过源代码的开放和自由使用促进了软件开发中的大规模协作。之后互联网巨头发现了开源带来的开放式生态的扩张力量并进行布局。高盛集团通过金融科技开源基金会发起开源项目，2020 年 10 月 19 日正式推出开源平台。在金融业中，开源的目的首先是在金融机构之间进行有效合作、解决数据治理和金融标准化的问题，通过开源方式提高机构之间、平台之间的一致性和互操作性。另外，由机构主导进行开源式创新，有利于机构在整个行业里扩大自身生态圈，为我国金融标准化和数据治理提供了一个新的思路。

此外，国外保险业也进行了开放式创新及监管。在国外，保险业开放式创新主要有两种模式：一是保险科技企业开放式创新实践，如 Lemonade 通过 API 将适合的保险产品嵌入其应用场景中，让客户获得实时的保险服务和无缝的使用体验；二是国外传统保险机构开放式创新实践，如安盛集团推出端到端的 API，实现了"保险即服务"，将自身产品整合进更广的数字生态价值链，按需、实时、便捷地为客户提供风险管理。

最后，国外其他金融科技企业也进行了开放式创新。这其中数字化技术提供商、API 平台提供商、网关服务提供商和接入管理提供商为开放金融提供了数字化技术服务。此外，数据服务提供商对非金融开放数据的创新性应用也拓展了金融服务的范围，显示出开放金融不只包括金融机构向外界开放数据，金融之外的企业和实体经济的数据对金融业进行开放，同样具有非常重要的意义。对于英国和欧盟，在 PSD2 和开放银行实施后，大型科技企业只需获得许可成为第三方提供商，无须与金融机构单独签订协议即可多对多接入金融机构数据和服务，但目前发达国家大型科技企业对开放银行的参与尚处于初期阶段。发达国家和发展中国家的大型科技企业参与开放金融情况不同，在发达国家，大型科技企业和传统金融机构更倾向于形成合作关系，在发展中国家，两者则更倾向于形成竞争关系。金融机构单向对外开放数据和服务，将会强化大型科技企业对数据的占有情况，造成竞争的不平等，带来监管套利的潜在可能。将金融监管层面的开放式创新政策扩展到经济的各个行业，是与数字经济更相适应的政策选择。

主持人闵文文：非常感谢润东总经理的分享，金融机构被邀请加入到开放金融生态中，但现在已经开始主动创新并且创造价值，一切都在加速。接下来有请中关村互联网金融研究院刘勇院长。

中关村互联网金融研究院院长 **刘 勇**

五大要素推动开放金融扬帆远航

非常有幸受杨涛老师邀请，参与开放金融的研究和撰写，今天主要分享本书外部保障部分的相关思考。

中国已经进入金融科技 4.0 时代，金融与科技高度融合发展，金融开放性持续增强。科技的爆发式发展和用户的深度拥抱让中国的金融科技跳出了原有的金融工具、金融渠道和金融服务框架，在全维度实现开放、共享、普惠、共赢。在这一阶段，一切以用户需求为核心，金融服务在空间和时间上的限制被瓦解，开放金融迅速发展。在开放金融发展的背后，离不开各种因素的推动。只有在综合作用的前提下，金融机构才会加快建立开放的账户体系、数据接口和运营渠道，为用户提供更加丰富、优质的服务。

我认为，在众多推动因素中，制度是前提，经济是基础，技术是核心，文化是根本，人才是关键。下面我们来具体谈一下。

从制度层面看，无论是战略目标还是政策需求，都要求开放金融又好又快发展。第一，增强金融服务实体经济能力战略要求开放金融持续快速发展。金融服务实体经济，首先应该做到两个层面的开放：一是金融机构之间的开放，二是金融与实体经济之间的开放。要实现上述两个层面的开放，就必须推动开放金融发展。以开放金融为开放实体经济发展提供资金动能，以开放实体经济为开放金融发展提供业务势能，形成开放型生态系统。

第二，金融国际化政策要求开放金融为国际竞争贡献力量。中国金融开放的广度和深度正在经历最关键的变动。2020 年 4 月，证监会取消证券公司、基金管理公司、期货公司外商持股比例限制，国际竞争近在眼前。在应对国际金融竞争方面，除了优化自身业务结构、加强技术能力之外，还需要加强合作。传统的业务合作模式作用有限，必须采取新型、更加深度的合作模式，即开放合作模式。金融机构之间的数据、业务、渠道的开放共享程度将对金融国际竞争起到重要作用。

第三，数据保护相关政策的制定将推进金融业务的有序开放。随着数据保护的不断升级和隐私保护机制的不断健全，隐私泄露的后顾之忧会越来越少，如何充分利用数据信息做好开放金融将成为不言而喻的主题。未来，不仅 API、SDK 等接口的开放会持续推进，开放的账户体系、产品平台和运营渠道也会诞生。

第四，开放金融类社会组织逐渐增多，业务开放、模式共赢已经是金融发展共识，这将推动开放金融又好又快发展。

总的来说，制度作为开放金融发展的前提，能够对未来金融持续开放提供战略支撑。

下面来谈谈经济。从经济层面看，又好又稳的经济形势为开放金融发展保驾护航。可以从四个方面来理解。

一是我国 GDP 已经进入平稳增长阶段。开放金融的发展离不开宏观环境提供的增长条件，"新常态"形势下的经济增长规律符合开放金融发展的内在逻辑。稳定的金融环境是开放金融发展的重要保障，守住不发生系统性金融风险底线是开放金融良性、有序运行的稳定器。

二是传统金融机构发展趋稳，调结构、转型升级要求开放金融发展。银行、保险、证券三大传统金融行业都呈现出发展趋稳的态势，面临着调结构、转型升级的任务。开放金融能够在一定程度上满足传统金融行业转型需求，促进发展。虽然目前在开放服务的过程中，不涉及核心数据的共享，但通过开放 API/SDK 对外输出金融服务能力加强了自身与客户之间的联系。预计在不久的将来，开放银行模式会得到更加广泛的应用，保险、证券等行业也会加入到开放金融大潮中，出现诸如开放保险、开放证券等新模式。

三是金融科技发展进入新阶段，为开放金融发展提供良好环境。2019 年，中国金融科技已经进入到更加重视高质量发展、更加关注优化结构运行的新阶段。在新阶段下，企业的对外接口更多，业务覆盖范围更大，为开放金融发展提供良好环境。

四是数字普惠金融发展要求金融开放性不断提升。随着 2020 年我国全面建成小康社会，数字普惠金融的战略重点将从扶贫脱贫逐渐转移到提升生活质量、优化金融环境方面，乡村振兴战略和小微企业对数字普惠金融的要求会更高，对金融机构开放性的要求会更加细化、精准化，开放金融在数字普惠金融中的重要性会进一步提升。

总的来说，新经济形势已经成为开放金融生态塑造的温床，为开放金融创新发展奠定了基础。

下面来谈谈技术。从技术层面看，"ABCD"助推开放式技术体系形成。随着底层技术的不断发展，数字化进程不断加快，带来了三项重要变革：第一项是用户行为和期望发生了极大的改变，用户对于产品和服务的即时性和便捷性要求越来越高；第二项是有关用户的行为信息和与用户的触达点都从线下转移到了线上；第三项是用户转换服务商的门槛越来越低，用户的忠诚度极大地取决于产品和服务是否满足了其需求。这三项改变都需要金融服务必须具备相当的开放性。以"ABCD"为主的金融科技底层技术不仅互相之间可以融合共进，而且要求所需信息数据必须具有开放共享功能，本身就具备强大的开放属性。以"ABCD"为代表的数字技术发展程度，代表了开放金融在技术层面上的开放程度。纵观近几年"ABCD"的发展情况，底层技术的适用范围不断扩大，创新能力进一步增强，"ABCD+"技术生态正在逐步完善。技术生态体系建设是整个开放金融体系的核心，是支撑整个开放金融前进的内在动力。开放式技术体系的形成，也就意味着开放式金融体系的诞生。

下面来谈谈文化。从文化层面看，开放共享理念推动金融生态向开放金融领域有序变革。可以从四个维度来理解：

第一，金融生态变革是适应金融文化多样性发展的必由之路。开放共享既是文化多样化的内在要求，又是推动多样化发展的内在动力。金融领域的文化多样性，实质上就是开放金融的诞生和发展；而开放金融的诞生和发展，反映了当前的多样化文化性质。因此，金融文化多样性发展必然带来开放共享理念的进一步发展，进而推动金融生态变革。

第二，开放金融发展理念随互联网精神的延展而丰富。互联网发展史，实质上是一段走向开放共享的历史。从根本上讲，开放共享理念是思维层面的基础设施，是文化 API 接口。开放金融中"开放"的文化内涵，实质上是对互联网精神和思维的提取和延伸，是开放共享理念在金融领域的具体表现。开放金融的发展进度与开放共享理念深化程度高度一致，每一个阶段的跨越式发展都代表着开放共享的进一步深化。

第三，社会价值观变化要求开放金融为新需求服务。单纯的金融服务、单一的金融功能已经不能满足客户的需求，综合性金融服务、以幸福为标的的金融产品才是未来客户买单的金融商品。而这类金融商品的生产和研发，必须依赖于金融算力共享、数据共享、规则共享和信任共享。只有开放金融能够承担起服务新需求、生产新商品的角色。而且，对于伴随着互联网成长起来的新一代人来讲，开放共享是社会发展的自然属性，不具备开放共享特征的产品或服务无法获得认同。因此，未来社会所能接纳的，只能是以开放金融为代表的新生态。

第四，关键底层技术推动开放共享理念落地开放金融。习近平总书记在中央政治局第十八次集体学习时强调，要把区块链作为核心技术自主创新的重要突破口。区块链的核心特征是去中心化，本质是开放共享。把区块链作为核心技术自主创新的重要突破口，意味着要把开放共享的理念落到实处，扎根到整个金融经济的生态中，推动开放金融的全局发展。开放 API、SDK 等数据接口只是开放共享应用中的第一步，在此基础上，关键底层技术会推动金融机构创新应用模式，扩展应用范围。开放共享理念也会随着关键底层技术的开发扩展，从数据端走到资产端，最后遍历整个金融系统。

总的来说，开放共享理念是金融文化发展的必然，是开放金融的根本所在。

下面来谈谈人才。从人才层面看，人才需求缺口大，但供给能力也在不断加强。首先，开放金融所需的复合型人才比较紧缺。开放金融对于国际化创新型高端研发人才，管理型渠道管控人才，创新型风险控制人才和复合型产品运营人才的需求最为迫切。

虽然开放金融人才需求缺口很大，但众多金融机构已经着手变革人才培养与管理模式。主要采取三种方式：一是突破传统分岗分业体系，实行扁平化管理，采用"业务 +"模式统筹整体发展；二是建立联动机制，打通"研发—产品—渠道"链条，专人专业，畅通内部生产渠道、加快产品迭代、优化服务体验；三是做好外围服务，尤其是投融资、前沿技术研究、政产学研企共促等，发挥复合型人才的作用，解决开放的后顾之忧，打造开放金融服务闭环。

除金融机构外，社会各界也在为培养符合开放金融发展需要的人才而努力，尤其是在产教融合方面，一批高等院校率先采取措施，为开放金融发展储备各种类型的人才。因此，未来开放金融发展不会出现巨大的人才缺口，人才的结构性问题也能得到一定程度的减轻。未来，更多的人才会投入到金融改革开放事业中，推动开放金融生态加速成形。

以上就是我对开放金融五大推动要素关系和内容的理解，欢迎大家充分交流。我相信，在制度、经济、技术、文化、人才五大推动要素的共同作用下，开放金融必定会扬帆远航。

主持人闵文文：非常感谢刘勇院长，在金融开放的国际背景下竞争升级，因此开放金融势在必行，金融开放和开放金融属于两个完全不同的命题。开放金融商业模式中技术是影响金融机构的重要因素，也是供给侧改革的重要因素，接下来有请神州信息金融科技首席架构师陈宏鸿先生分享。

神州科技信息服务股份有限公司金融科技首席架构师　**陈宏鸿**

开放银行发展趋势及能力建设

神州信息在国内最早推行开放银行，2015 年在国内首个推出互联网开放平台相关产品，神州信息在整个金融行业的开放银行建设的整体能力，包含实践成果、技术积累、场景搭建各方面处于领先。

　　整个开放银行现代化建设也是"四期叠加"时代，当前中国金融行业整体处于信息化末期、移动化成熟期、开放化成长期、智能化探索期。过去直销银行包括电子银行时代，技术应用主要在移动端，银行探索移动端布局，一方面建设自身 App，另一方面建设自身直销银行 App，但存在很多问题。当前民营银行包括一些有开放意识的银行所引导的开放模式，不仅仅是开放技术，更重要的是风控和监管控制技术，这些技术的成熟需要向智能化技术方向发展。中国开放银行开放的是服务，是产品能力，银行有持牌优势，互联网企业有客户流量优势，但是缺少银行金融服务能力，现在通过技术以及开放平台模式将两者结合，从而达到相互之间的共享和共赢模式，银行服务融入产品端之后面向客户直接提供精准金融服务，改变以往服务模式。银行未来是一种服务，而不是一个场所。

　　中国直销银行或开放银行与国外存在差别。从直销银行角度分析，国外定位是降低客户准入门槛、降低金融产品或服务的销售门槛，但中国通过普惠模式发生改变，面向更广大客群，使更多人获得金融的服务。从开放银行角度分析，欧洲的开放银行定位，是监管强迫强大的银行开放数据接口，是激活第三方服务。国内的开放银行定位，是互联网流量嫁接银行的金融工具变现，是强监管之下互联网巨头退出金融、银行业后的空间填补，是双方各取所需、互惠互利的结果。但对普通银行来说，要实现这一模式非常困难。

　　开放银行建设中重要的是风控能力，具备风控能力必然可以助力实现线上化服务，如果不具备风控能力，可以通过合作以及逐步数据积累来推进这一模式，包括与场景端合作获得数据积累实现风控能力建设。与其他行的联合模式来实现整体系统风控能力建设过程，一方面是自身能力的建设，另一方面是数据的积累，从而达到领先的商业模式。开放银行主要聚焦以下几方面：一方面是 C 端，主要面向消费者产业方面，包含衣、食、住、行。另一方面是地方特色场景端、产业端服务模式，国内许多地方特色，如台州小商品，广州衣帽、服装，西部枸杞、苹果产业服务。开放银行模式里，通过技术手段达到普惠目的，开放阶段面对不同客群需求，通过现有技术和数据积累达到触达和服务能力。

开放银行的价值主要体现在四个方面。一是打造银行生态。通过与跨行业服务商合作，将银行业务扩展到社会生活场景的方方面面，并与银行自身推出的出行、教育、养老、政务、党建等应用配合，打造银行生态闭环。二是加大客户引流。开放银行的产品更加丰富，数据的价值得到提升，加上跨行业渠道的延伸，有利于提高银行品牌价值，不断聚集新客户，提升交易规模。三是拓展盈利模式。开放银行的主要收入来源更加多元，除传统的金融服务收费外，向前端调用方收取平台服务费、与后端业务对利润进行分成都可以成为利润增长点。四是扩大数据积累。银行开放服务，可以获得大量的用户和数据，有助于精准营销、风险控制等应用，有利于用户体验的提升。

开放银行建设中最大的挑战是能够对纷繁复杂的场景进行抽

象，形成全面覆盖未来业务发展的，同时能够快速定义、推出到场景平台的金融产品。在此基础上，形成不同大类的金融产品在场景端的合作和发展策略。

综上，对开放银行发展提出三点建议：首先，开放银行是整体战略问题，不是技术问题。开放的理念在全行要达成共识，形成包括相应制度、风险、文化和系统的全局战略。其次，要有快速响应的组织。对客户的获取，对风险控制的反应，对产品形态的要求，对各种各样消费场景，都需要敏捷的组织。最后是金融科技建设，在 API、SDK、分布式、大数据、人工智能等方面加强投入。

言　论

主持人闵文文：接下来是成果发布环节，主要聚焦我国开放金融的实践路径，接下来有请中航信托首席研究员袁田女士分享开放信托的创新与展望。

中航信托股份有限公司首席研究员、中国信托业协会特约研究员

袁　田

尊敬的杨院长，各位专家老师大家好！首先，热烈祝贺《开放金融：理论、实践与监管》这一著作的出版并成为畅销书。接下来，我将结合本书第七章的内容，就开放信托在实践层面的贡献与各位专家分享。

契合数字经济发展和金融供给侧结构性改革的深入，信托业可持续发展需要加速数字化转型，将信托制度创新与信托科技创新有机结合，建设开放信托新模式，形成推进经济社会发展的新动能和新生态。从数字化角度分析，信托与数据本身就具有很强的契合度，因此我们更加聚焦到数据和信托的开放价值，开放信托更多是平台化管理模式，在分析过程中我们着重从形式到内容两个角度研究开放信托。从坐商、行商到平台经济，数字化能力是很重要的

一个元素，金融机构不得不借助于平台化方式实现商业模式转型升级，从"链式"向"平台式"构建自己的生态。

信托行业定位与金融行业一致，需要服务实体经济，服务人民群众美好生活，融入到现代生活体系。数字化时代，客群的变化对金融机构有很大冲击，信托业必须找准自己的客户群。未来金融服务对象在线上，养老信托服务的客群和真正的委托人存在不一致性问题，要满足年轻人、中年人和真正受益的老年人等不同客群的需求，金融机构必须发展开放信托、开放金融平台。信托行业当前面临比较关键的深化转型问题，信托行业数字化转型决定未来信托业的可持续性发展，没有金融场景以及开放平台则无法谈场景金融。

开放信托是基于开放的信托制度，依托开放 API 技术等信托科技的赋能，与其他金融机构、科技公司、垂直行业公司等服务生态圈参与者共同打造以客户为中心的"数字化＋场景化＋平台化"开放生态。开放信托要以信托数字化转型为基础，依托信托制度优势及功能拓展，以数据和资本为关键生产要素，以信托账户为主要载体，以信托科技为主要驱动力提升信托行业受托服务能力。

信托差异化优势一方面在自有性，另一方面信托财产权属于开放权属安排模式，所有权、使用权、受益权都可进行分割，这一制度创新与技术创新间存在化学反应，需要继续深入研究。开放信托需要平台，更需要账户，平台不仅以账户为依托，还需要强大的技术力量。虽然各家信托公司均意识到需要加大投入，但如何将有限资金投放到关键设施中，还需继续探索。生态层面，需要有明确的指引让其他金融业态在开放金融体系下合规、规范发展。可以从"监管沙箱"角度允许开放银行以及更多的开放金融子业在一些区域性范围之内进行创新探索。

将数据平台和业务平台共同构建才能进行开放信托变革，未来普惠金融、助贷机构和资金方以及第三方构建仍需探讨。信托公司更多深入社会民生场景，希望通过现代科技实现数字化运营。各家金融机构均拥有 App，将 App 构建成面向客户本身的平台，将每一个服务模块都嵌入到投资者场景，客户才能与管理、数据真正打通。当前，仍然是机构作为财富管理主体，未来如果信托公司成为服务中台，面向财富管理机构，金融生态会发生更大的质变。结合不同业务场景，开放信托平台存在不同的开发价值，一些业务适合自建，而一些场景平台、客户平台足够垂直的业务适合联盟。例如，航空工业与产业链合作，只能通过联盟方式嵌入到整个军工产业链进行赋能，需要结合自身业务场景判断数据治理和开放平台建设的广度和深度。除了技术保障，组织保障同样重要。开放信托在推动信托机构从数据治理、公司治理层面进行迭代具有重要的意义，让公司治理更加规范。

主持人闵文文：非常感谢，袁首席提到中航信托以开放信托为初心，由外而内进行自我完善、机制重建等，特别提出中航信托也是开放信托在信托行业里的提出者和率先实践者，中航信托作为信托业协会的会长单位，许多信托行业创新研究都由袁田女士代表和组织。接下来有请京东数科研究院高级研究员张彧通分享一下场景性平台如何看待开放银行、开放金融的创新与展望。

京东数科研究院高级研究员　**张彧通**

科技公司与金融机构共建开放金融

我将从三方面进行分享：第一，开放金融是从业务成长起来的新生态模式。开放金融包含开放银行、开放证券、开放信托以及开放保险等产业类型，它不仅仅是一种以金融机构为核心的产业生态。开放金融是生态、平台、数据、技术的复合体，它本身就是一种产业形态。例如，生态中的其他参与方可能拥有比金融机构更好或者与金融机构可以很好互补的客户资源。在开放金融中，这些参与方与金融机构结合，从而形成了更好的触达渠道，同时便利金融机构和其他参与方，帮助他们找到商业经营的"第二曲线"。这是一般战略发展上的规划路径，科技公司和金融机构所认为的开放金融其实是一致的，科技公司代表大量渠道上的客户需求。客户需求改变，而且客户登录需求方式也改变，以往倾向于去传统金融机构网点，当前登录方式是线上，倾向于使用已经拥有客户习惯的服务商，如支付宝和腾讯微信等流量入口，这是需求端改变问题。对于金融机构来说，应对的时候自然而然想到可以像科技公司一样构建生态。

从供应链配置的视角来看，开放金融改变了以往金融服务的"人、货、场"。一是参与金融供应链的主体种类更加丰富、供给和需求更加多元。例如，科技公司提供的支付服务和平台服务使得其自身成为金融供应链中的设施和通道提供方，使用这些服务的金融机构、消费者以及其他技术服务商互为供给和需求方。二是金融供应链所承载的产品和服务更加标准化、多元化。科技公司利用其技术优势为金融机构创新、创造金融产品和服务提供了基础且丰富的数字化"生产工具"（产品和技术组件），金融机构可以通过组合选用的方式实现自身的需求。三是金融供应链的服务和交易场所进一步改造创新。科技公司一方面帮助金融机构实现其传统交易场所的线上场景变迁和线下效能提升；另一方面打造"开放平台"，聚拢金融机构、金融消费者以及其他服务商，满足平台上各类客户需求的同时，更在推动着金融数字化生态的共建。

开放金融需要有技术手段承载，但是不仅仅是 XaaS① 体系。XaaS 是很多金融机构想要构建的开放银行理想模式，但是从实践来讲，由于考虑到不同的金融机构在规模大小、所处区域和发展阶段的不同，真正能够形成平台的是少数。

开放金融需要有技术手段和解决方案承载，但是其构建模式并

---

① XaaS 表示一切皆服务，X as a Service，"X"指的是不同金融服务，可以是 B，代表 Bank；也可以是 I，代表 Insurance。

不单一。平安和招商银行之所以能够在同类银行里成为佼佼者，逐渐形成开放银行的生态，究其原因：一是其本身就在零售产品端、客户端拥有相比较行业其他竞争对手的产品和客户优势；二是在金融服务的供应链上并不存在明显的短板，科技赋能的难度相比较其他银行来说更低；三是其体量和规模足够大，可以支持 BaaS（Bank as a Service）平台的构建，并且根据业务的特点，定制化地设计直销银行 App、消费场景类 App 等。

第二，科技公司与金融机构是开放金融的两大支柱。

科技公司拥有差异化的"数字化输出能力"。根据国际清算银行的分析，科技公司拥有数字化输出的"DNA"——数据分析能力使得科技公司能够比银行更好地加工数据，提升数据分析的效果；网络外部性将梅特卡夫效应复制到金融领域；互动活动使得科技公司可以将自身场景和服务与金融业务更好地结合打通。科技公司企业利用信息科技比较优势和数字化输出能力，帮助金融机构改造业务模式、管理方式、发展理念，形成差异化的市场定位、业务模式和竞争优势。

相对于金融机构自建金融科技、推进数字化转型来说，以科技公司为代表的数字科技企业拥有更加成熟的数字化解决方案、更加多样的数字化渠道。在助力金融机构数字化的过程中，科技公司的效率和成本更加具有优势。在实践过程中，头部的科技公司企业将数字营销、智能风控等能力以及多样化业务场景整合输出，一方面开放自身流量，体现渠道优势，帮助金融机构完成线下向线上的迁移；另一方面为金融机构打造技术中台、数据中台、业务中台、移动中台、开放平台等核心能力，提供定制化解决方案，助力金融机构的管理更加高效。

金融科技在中国发展在一定程度上有点"鲇鱼效应"的意味，科技公司与金融机构相互竞争合作，使得金融机构内部发生化学效应。一般来说，金融科技的发展经历三个阶段：一是科技公司自营阶段，二是将自营形成的科技能力输出，三是达到生态。

对于科技公司来说，打造开放金融生态也仍然处于发展阶段，需要不断深化。例如，以本地生活服务平台作为切入口的开放金融生态构建中，通过本地生活服务平台逐渐形成自有生态，再从其他场景生态中生成更大的生态和本地生活平台。在生态、平台跟客户需求改变的情况下，数字化、智能化方式匹配客户需求成为必然选择。

对于金融机构来说，当科技公司逐渐进入金融市场后，许多金融机构发现自己的客户消失了，于是转而寻求外部合作。例如，银行要考虑自身偏好和资源禀赋，在开放过程中选择符合自身需求的外部合作机构。但是其结果是，通过与渠道商合作获客后，这些客户往往实际上也无法真正为金融机构所有。因此，金融机构还应当更加深入地从生态和平台理念出发，构建科技公司、金融机构等多方参与的场景。这就需要金融机构向科技公司学习如何在行业态中进行运营和管理。开放金融是一个闭环系统，实施的落脚地要考虑金融机构对于开放平台的偏好和资源禀赋。

　　第三，开放金融要兼顾创新发展和风险防范。不论开放金融如何架构，走欧洲既有的路线还是中国自身的实践，创新和风险防范都是很重要、很基础的因素。这不仅是因为法律规定，也是很多金融机构在开展开放金融业态时很重要的竞争力。

　　一是要做到已有数据和外部数据的沉淀形成资产。金融机构可以通过目前一些技术手段加以运营数据、客户，然后通过风控、营销等手段形成适合自身的资产。通过与科技公司或者渠道商竞争合作，不断在生态中做大这部分资产，进而能够形成金融机构开展开放金融的竞争力。

　　二是采用科技手段推动实现数字化转型合规，符合金融监管规范。现在很多科技公司以及金融机构都在考虑自动化合规发展趋势，在非常繁杂复杂的制度要求下降低合规成本也是一种弯道超车的机会。金融机构在多年强监管的实践之下养成和形成了一整套关于如何进行规范性业务发展以及合规操作的意识、生态、操作制度。技术化手段可以成为开放金融业态发展过程中很重要的一股助力，甚至做得好的金融机构还可以对外输出。

　　三是积极和科技公司合作，实现生态的共同构建。金融机构与辅助性机构或者中介机构的关系普遍出现在开放金融业态中，科技公司也会和金融机构的辅助性机构或者中介机构拥有普遍联系。这就需要科技公司帮助金融机构共同管理好这些机构。

　　主持人闵文文： 非常感谢张或通老师的分享，有两点本人印象深刻，第一是金融科技公司改成数字科技公司，不仅是因为科技公司的估值比金融机构估值高，更重要的是与客户需求比较匹配。第二是如何处理好数字科技公司与金融机构的关系，如何既保持自我又合作共赢，这是非常具有智慧的事情。接下来有请宋鹭老师压轴分享开放银行的意义、目标和原则。

中国人民大学国家发展与战略研究院院长助理 **宋 鹭**

《开放金融：理论、实践与监管》不管是从金融理论前沿还是从金融热点问题角度看，都是具有代表性意义的一部重要著作。

首先，该书具有开创性，是"开放金融"研究的一部开山之作，从开放银行延伸到开放金融，对开放金融进行了概念、实践、逻辑和理论上的研究，不管国内还是国外基本上没有关于开放金融的文献，在一定程度上填补了国内、国际对于这一问题研究的空白。

其次，该书具有系统性，呈现出系统全面的研究成果。一是研究视角的系统性，从理论层面、政策层面、应用层面、历史层面、国内和国际比较层面多维视角展开，对开放金融问题进行了全景式的描绘，包括开放信托、开放证券等新领域探索；二是研究对象的系统性，对于金融领域各个子行业以及监管主体、市场主体的行为特点进行了深度分析，在意义部分从国家、政府、行业、机构、用户等层面依次展开；三是研究团队的系统性，作者团队包含了各个相关领域的学者、专家，达到了非常好的耦合效应，使得本书产生了许多原创性的讨论。

再次，该书具有理论性，当然该书既有理论意义也有实践价值，但是放在当前金融改革和创新不断深化的大背景下来看，本书的理论意义要大于其实践意义，这主要是由"开放金融"概念本身的内生性所决定的。不管基于实践案例分析还是从各自领域对金融科技、开放银行、技术、金融的理解，体现在很多系统性的理论性思考基础上，而不是简单实践的总结、案例的梳理。基于理论思考与基于实践思考存在区别，本书虽然建立在实践总结归纳基础上，但呈现出来的成果基于理论思考所展现。

最后，该书的研究过程具有"开放性"，是一个面向未来的研究，而且能够引发很多的讨论，有助于学术界和业界从理论层面更加深入地探讨"开放银行""开放金融""金融科技"等方面的重大问题，特别是促使我们进一步思考监管伦理、监管制度、监管文化等问题。

这些讨论目前来看在两个方面具有意义：一是理论探讨层面；二是监管层面。对于探讨金融与科技的关系，将科技发展导致传统金融行业变革的很多因素纳入到新的监管概念之下，存在监管滞后、监管分散、监管空白问题。《中华人民共和国中国人民银行法》（以下简称《中国人民银行法》）的修订，有两个地方值得关注：一是纳入宏观审慎监管，明确了宏观审慎监管职能和货币政策职能，体现了双支柱框架；二是微观审慎监管再次确认和加强，金融机构、金融市场很多方面纳入新的监管框架之下，包括对监管工具、监管规则的制定，《中国人民银行法》修订仍然存在很多问题，还在征求意见。理解监管，就是基于金融和科技关系来理解监管从什么方面促进，是否需要以及如何监管金融科技公司仍然缺乏系统的认识和深入研究，从而导致许多监管实践滞后和监管分散问题。本书具有开创性的开放金融问题研究有助于理论层面探讨，从而有助于理清监管伦理、监管制度、监管文化问题。

主持人闵文文：非常感谢宋鹭院长，接下来有请北京立言金融与发展研究院院长、国家金融与发展实验室副主任杨涛老师做会议总结。

北京立言金融与发展研究院院长、国家金融与发展实验室副主任

杨 涛

▼

感谢各位作者的共同努力使我们收获了这本《开放金融：理论、实践与监管》以飨读者，在创作过程中，团队也形成了比较稳定的协调配合，这次研究可以说是一个起步，后续我们可以围绕开放金融领域做更深入的研究、探索。除此之外，开放金融兼顾了理论、政策、实践等层面，这样一个专业问题不仅局限于行业内部研

讨，还需要监管部门、学界、公众包括客户群体共同参与进来，使得开放金融可以向各方进行交流和阐释，并在这个过程当中推动其落地。

新形势下我国金融基础设施的发展路径

编者按

2020 年 11 月 30 日，在国家金融与发展实验室支付清算研究中心和北京地方金融监督管理局的学术指导下，由北京立言金融与发展研究院主办，金融科技 50 人论坛协办的"新形势下我国金融基础设施的发展路径"闭门研讨会在京举办。这是北京立言金融与发展研究院成立后举办的第 9 期会议。金融基础设施承载各类金融资源、交易和活动，联通各类金融市场、金融机构和金融产品，是金融市场运行的核心支撑。数字化背景下，需要进一步探讨金融标准的完善与优化。在发展金融"新基建"过程中，自主可控与开放共赢、多头建设与统筹安排、市场竞争秩序优化等焦点问题，都值得关注和探讨。基于该背景，本期研讨会围绕"新形势下我国金融基础设施的发展路径"这一主题进行分享和交流。与会专家认为，界定金融基础设施，需要从不同视角切入。金融科技出现之后，金融基础设施运行方式发生变化，未来金融基础设施发展从物理基础转向规则基础，从机构视角转向功能、市场视角，从风险导向转向风险发展导向。

嘉　宾

杨　涛　北京立言金融与发展研究院院长、
　　　　国家金融与发展实验室副主任

程　炼　国家金融与发展实验室支付清算研究中心副主任

马　颖　上海交通大学上海高级金融学院兼聘教授、中国金融
　　　　研究院研究员、上海市支付清算协会副秘书长

董　昀　北京立言金融与发展研究院金融科技研究所所长、
　　　　国家金融与发展实验室支付清算研究中心副主任

李　鑫　国家金融与发展实验室支付清算研究中心副秘书长

周莉萍　国家金融与发展实验室支付清算研究中心副主任

曹海峰　中国人民银行清算总中心事业发展部副总经理

张　娟　中国支付清算协会业务二部副主任

刘　源　中国银联战略与投资部总经理

左明亮　小米金融支付业务总监

前　瞻

主持人董昀：尊敬的各位来宾，今天主要围绕"新形势下我国金融基础设施的发展路径"开始讨论。金融基础设施是金融资源交易的一个重要载体，没有金融基础设施的高效率运行，就没有金融体系的高效率运转。党的十九届五中全会对金融基础设施的定位进行了明确，将其放在统筹发展安全部分，这意味着除了要注重金融基础设施的效率之外，也要把金融基础设施的安全放在同等重要位置，把金融基础设施和水利、电力、通信、网络等经济基础设施并列在一起，提高这些基础设施的安全性，防范重大风险。因此，探讨新形势下我国金融基础设施的发展、统筹效率与安全等问题具有重要的意义。首先邀请北京立言金融与发展研究院院长杨涛教师致辞。

北京立言金融与发展研究院院长、国家金融与发展实验室副主任

杨　涛

"五类型"谈金融基础设施

首先对金融基础设施从不同视角进行界定。金融基础设施不仅指传统的金融市场基础设施，也不仅限于当前讨论较多的支付领

域，而应从广义角度着手，思考金融基础设施如何推动和保障金融活动持续、稳定、安全、健康发展。界定金融基础设施，需要从不同视角切入，根据其特点予以区分，具体可以分为要素类、技术类、业务类、系统类和制度类五种类型。

一是要素类金融基础设施。金融产品和金融服务创新需要众多要素，金融基础设施建设也离不开各种要素。构建一个完备的金融基础设施，需要与金融密切相关的各种各样的投入要素，如数据就是极其重要的投入要素之一。当前，我国正处于数据要素"向左走向右走"的临界点。一方面，如果采取"一刀切"的监管策略，就很难充分发挥数据要素在金融创新和金融科技发展中的作用；另一方面，我们也面临数据要素，尤其是C端数据要素被滥用的问题。疫情暴发以来，线上化、非接触式服务利用数据趋势越来越明显，同时数据滥用情况也引起关注。除了数据要素之外，金融基础设施建设还需要其他要素投入，如资本要素、人力要素，甚至需要整个生产关系的重构等。比如，人力问题，一般的金融产品创新、金融服务都需要特定人才支持，金融基础设施建设领域更需要该领域专业性人力资源、专业性劳动力投入。因此，归纳、梳理、研究金融基础设施建设中的各类要素，是始终绕不开的重点问题。

二是技术类金融基础设施。具有技术属性的金融基础设施，既包括大云物移、"ABCD"等通用技术，也包括跨行业身份认证等相关技术。探讨技术类金融基础设施，一方面能够帮助我们看清这些技术对于金融前、中、后台的深远影响，另一方面也能看到金融基础设施领域所需要的技术是有差异的。从实际情况来看，这些核心系统真正采用分布式账户技术的程度不高，同时零售支付端利用分布式账户技术的进展也较慢。这种情况下，着眼于以支付清算为特点的金融基础设施的技术应用、技术成熟度、技术广泛度问题，给我们带来了一些深度思考。再比如，量子技术在加密安全领域起到的作用有多大，这些问题都需要从技术的角度进一步梳理。

三是业务类金融基础设施。在业务层面，也涉及很多与基础设施有关的问题。比如，支付清算范围的拓展会面临信用问题，大数据征信在其中发挥的作用需要进一步思考。大数据征信还存在一些瑕疵，但是如果完全局限于过去传统征信思路，很多矛盾难以解决。再比如，金融科技创新产品在基础设施和业务共识层面也有大量矛盾需要解决。如果智能投顾、智能投研等产品使用的模型参数高度一致，机器学习可能会带来更大的顺周期风险，这一问题需要在业务基础共识方面进一步解决。

四是系统类金融基础设施。系统类金融基础设施包含的内容更加丰富、更加综合，交叉程度也更高。如支付清算体系等金融市场基础设施就具有系统性的特征，既涉及数据问题，又涉及技术问题，还有软硬件问题、渠道问题等。"系统"二字既有学术上系统的概念，也具有类似于背后软硬件支持问题。软硬件支持归根结底是系统性基础设施建设当中如何保证效率、安全的边界，如何实现所谓自主可控需要深入思考。

五是制度类金融基础设施。制度类金融基础设施更多地与软性要素、软环境相关。比如，会计准则是制度类金融基础设施很重要的组成部分。近年来，我国会计准则发展中还有一些不足之处，部分层面还没有适应金融衍生品和金融科技创新的快速发展而进行调整。2019 年，美国审计委员会 SEI 通过了一项美国审计委员会会计准则 ASC326，核心思路是把金融资产、信贷资产、未来金融业务风险判断原则进行调整，过去往往根据金融业务历史风险来提出损失准备，但是如果未来金融业务快速膨胀，金融科技活动、金融科技想象空间巨大，当期必须为未来可能发生的信用损失提取足够损失准备。此外，金融文化也是极其重要的软性要素。如果底层文化理念出现问题，技术可能不是"向善"。

　　要素类、技术类、业务类、系统类和制度类概念不一定严谨，但是未来在讨论金融基础设施的时候，可以从一定的概念界定角度出发，解决一些重大角度问题。比如，数字化时代越来越强调开放，开放金融必然要求开放式的金融基础设施，金融基础设施建设面临提升效率和保证安全的跷跷板。再比如，金融基础设施建设需要坚持国际化思路，以便服务金融产品、金融业务、金融市场的国际化，但是也面临在国际竞争中提升自主可控能力的问题。又比如，金融基础设施具有一定的准公共性特征，需要解决发展模式与治理机制、发展过程中统筹协调等问题。这些问题都需要理论研究和实践研究、监管领域和行业领域等共同探讨。

聚　焦

主持人董昀： 谢谢杨涛老师，下面进入主旨演讲环节，首先有请国家金融与发展实验室支付清算研究中心副主任程炼教授。

国家金融与发展实验室支付清算研究中心副主任　**程　炼**

从金融基础设施定义出发探讨新形势下金融基础设施发展路径

关于金融基础设施的定义存在很大的争议。我国经常使用的是广义金融基础设施的定义，主要指金融运行的硬件设施和制度安排，包括支付系统、法律环境、公司治理、会计准则、信用环境、反洗钱、金融安全网等。国际清算银行的支付与市场基础设施委员会等国际组织使用的是狭义金融基础设施的定义，主要指为货币与其他金融交易提供清算、结算、记录等职能的机构，包括支付系统、中央证券托管机构、证券结算系统、中央对手方、交易报告库等。从金融基础设施的研究性和重要性来看，广义的金融基础设施是更合适的；而从金融基础设施的监管角度来看，狭义的金融基础设施更加可行。

由金融基础设施的定义引申出一个新的问题：为什么要单独讨

论金融基础设施问题？从广义角度看，将金融基础设施与其他金融活动区分开来，主要是基于以下特征：一是基础性和先导性；二是综合性和公共性，即金融基础设施不是为某种单一的经济或者金融活动服务，而是为多种金融提供服务；三是网络性和外部性，网络性意味着使用者更多、收益更大，外部性说明收益具有溢出效应；四是规模经济，意味着边际成本递减。

以上导致金融基础设施提供的典型方式，就是中心化公共物品或是俱乐部物品，公共物品具有排他性或者网络效应时，通常应该作为公共物品，大多数情况下金融基础设施被作为俱乐部物品提供，环球同业银行金融电讯协会（Society for Worldwide Interbank Financial Telecommunications，SWIFT）都是俱乐部物品，众多金融机构联合在一块共同制定规则，再共同提供运作机制，这也是典型的中心化金融基础设施运作方式。FinTech出现以前，提供金融基础设施的典型方式是中心化公共物品或者是俱乐部物品，其原因主要有以下三点：一是规模经济，规模经济意味着有单一平台平均成本更低；二是交易效率和协调成本，当各种各样金融活动都需要使用金融基础设施时，必然面临标准和规则协调统一问题，这种情况下中心化非常有效率；三是声誉和信任，金融基础设施经常是作为中介存在的，需要有足够的声誉，需要使用者的信任，这种情况下中心化也是更为有效的。

FinTech出现之后，金融基础设施运行方式发生了一些变化。一是金融基础设施和上层金融机构结合更加紧密，某些情况下已经变成金融活动密不可分的一部分。传统情况下，金融活动和金融基础设施之间有很明显的界限，金融活动本质上具有管理流动性，可跨时期管理或跨状态管理，本质上跨时期管理是在贴现价值不变的情况下处理不同时期的流动性，但是保险、期货对应不同空间状态或可能事件状态分散不同时期的流动性，金融活动宗旨是流动性。金融基础设施不会涉及流动性管理问题，承担的是物质或者信息为所有流动性管理提供支持，所以传统情况下金融活动借助现钞、有形凭证以及银行券等进行，而金融基础设施是物理记录、储存、运输、交易、信息。但是当前，一些支付活动很难明确界定是属于金融活动还是属于金融基础设施提供的功能，这是一个上层结合过程。二是金融基础设施进入门槛开始下降，这个变化在我国尤其明显。三是金融基础设施的运行模式发生了变化，如信息基础设施对于金融基础设施的替代，金融基础设施的去中心化。金融基础设施的去中心化有两种形式：进入门槛下降导致单个中心提供的服务分散化以及基于区块链或智能合约而进行的去中心化。这种情况下物质东西越来越不重要，规则变得重要。当面对互联网、手机的时候，金融与非金融活动并不在物质上得到体现，而是在规则上得到体现，金融活动或者一般商业活动的差异不体现在基于设备不同或者基于基础设施的不同，而是运行模式和运行规则的不同。这种情况下越来越多的注意力从金融基础设施转到规则上，即转到软的方面而不是硬的方面。

　　但是，当前去中心化的金融基础设施运作模式仍然存在很多困难。一是因为"中心化"具有不同层次，即使表面上是完全分散化的区块链，也存在程序和规则的中心化。二是规则协调的问题。三是技术限制和成本分布问题，这是区块链等技术运用过程中面临的最大问题。如区块链智能合约由谁商定，应该如何确定？不同智能合约之间的协调如何完成？这两个技术都面临高额的成本问题，而且很有可能回到中心化问题上。中心化或者去中心化有不同层次，由于现在都基于银行账户系统，许多人觉得金融活动或者金融基础设施天生就是中心化，或者交易是中心化。实际上不是这样的，贵金属时代所有金融交易是完全分散化的，当用黄金进行交易时不需要中央银行系统，不用依靠任何其他人进行交易，两个人就足以完成交易。即使中央银行时代，用现钞完成交易时也是分散化的，也是去中心化的，但是区别在于现金发行是中心化的，分散化交易系统背后有一个中心化交易规矩。贵金属时代对于交易、对于价值的认可仍然是中心化的。比特币系统是中心化的，当使用比特币时，用户相信中本聪建立的比特币系统，对大多数人来说这一信任没有前提，是来于中本聪本人和中本聪背后的精英，比特币的提供以及用户对比特币的信任本身是中心化的。四是风险与监管要求，分布式账户系统并不是真正去中心化，背后的智能合约和这套系统规则本身仍然是中心化，目前整个社会治理是中心化的，必然对金融基础设施有风险和监管的要求，而中心化的金融基础设施提供的承诺机制是更有效的。

最后，未来金融基础设施发展主要有三个方向：一是从物理基础转向规则基础。当信息基础设施或者一般性基础设施替代专有性基础设施的时候,金融基础设施就会由物理基础转向规则基础。二是从机构视角转向功能、市场视角。如果只侧重于提供金融基础设施的机构,很有可能找不到单个系统性重要机构,因此监管机构需要着眼于市场治理角度,而不是单个治理角度对金融基础设施进行监管。三是从风险导向转向风险发展导向。以前监管机构更多地考虑风险防范,但是 FinTech 时代监管当局不仅要考虑风险防范,还要考虑金融发展,尤其是金融产业和金融科技标准的国际竞争使得监管部门可能需要放弃一些安全性的考虑,更多转向发展。

主持人董昀: 感谢程炼老师的精彩演讲,金融基础设施是一个耳熟能详的概念,但是从学理来看,金融基础设施定义需要非常细致深入的分析,程老师从定义出发厘清了很多基本概念。下面有请上海市支付清算协会副秘书长、现代支付与互联网金融研究中心主任马颖老师。

上海交通大学上海高级金融学院兼聘教授、中国金融研究院研究员、上海市支付清算协会副秘书长 马 颖

三部分探讨新形势下我国金融基础设施发展路径

探讨新形势下我国金融基础设施的发展路径是当前非常重要、

站位高且务实的研究专题，也是落实顶层设计的有宽度、有深度的专业探讨。时间有限，我尽量有逻辑地从学术视角进行梳理、分享及探讨，接下来的主题发言分梳理金融基础设施及其发展路径内涵、探讨我国金融基础设施发展路径的思路、聚焦强化金融基础设施服务跨境网络支付的路径与制度研究三个部分展开。

首先，梳理金融基础设施及其发展路径内涵。金融基础设施狭义等同于金融市场基础设施，比较侧重金融市场交易的硬件设施；广义而言指所有为金融活动提供公共服务且保证金融市场稳定、持续、安全运行的硬件设施以及相应制度安排，是个开放性概念，也涉及金融稳定运行各个方面，包括金融市场硬件设施、金融法律法规、会计制度、信息披露原则、社会信用环境等制度安排，也是国家金融体系的重要组成。金融基础设施建设和发展水平直接关系到更好地发挥金融功能，推动经济高质量发展，它在连接金融机构、保障市场运行、服务实体经济、防范金融风险等方面发挥着至关重要的作用。

国际清算银行、支付与结算委员会和国际证监会组织于2012年发布的《金融市场基础设施原则》中，将金融市场基础设施划分为五大主要领域：支付系统、中央证券存管、中央对手方、证券结算系统、交易数据库，《金融市场基础设施原则》奠定了金融市场基础设施应遵循的24个原则和履行的5个职责，全面加强对金融市场基础设施的管理，其通行规则及演化路径也受到了国内的金融市场基础设施的充分界定与借鉴。原则制定了包括中国在内的成员国认定的各类金融市场基础设施，有助于识别和消除原有的国际标准之间的差异，全面加强了风险管理要求，同时对金融市场基础设施的运行和管理提出详细的指导意见和风险管理的最低要求，对金融市场基础设施的监管部门明确实施责任，并通过对达标的金融市场基础设施参与机构给予净资本要求优惠等手段来强化其市场约束力。可以说原则为构建安全高效的全球金融市场提供了一个国际通行标准，有助于多边系统保持活力，更好实现金融稳定。2020 年 3 月，中国人民银行和国家发展改革委等 6 部门印发了关于《统筹监管金融基础设施工作方案》，指出金融基础设施为各类金融活动提供基础性公共服务的系统及制度安排，在金融市场运行中居于枢纽地位，是金融市场稳健高效运行的基础性保障，是实施宏观审慎管理和强化风险防控的重要抓手。我国经过多年建设，逐步形成了为货币、证券、基金、期货、外汇等金融市场交易活动提供支持的基础设施体系，功能比较齐全、运行整体稳健。随着金融市场快速发展，金融基础设施的安全和效率也面临一定挑战，需在法制建设、管理统筹、规划建设等方面继续加强。

我国金融基础设施统筹监管范围包括金融资产登记托管系统、清算结算系统（包括开展集中清算业务的中央对手方）、交易设施、交易报告库、重要支付系统、基础征信系统六类设施及其运营机构。其中最核心的是支付、清算和结算体系，为实现货币转移而做出制度安排，与金融实践发展相关联概念体系构成了最重要的金融基础设施，是各类金融交易运行的依托。狭义支付是支付指令的发起，主要在受理端，面对的是消费者和企业，这部分服务市场是开放、创新的；清算是对支付信息的归类、撮合和传输，清算要求更高，系统安全影响更大，涉及敏感支付信息的传输、撮合，准入门槛很高；结算是对账户余额变动的最终确认，由中国人民银行和商业银行共同完成，受到最为严格的监管。通常新金融创新的两大方向为金融"基础设施"+金融中前台服务功能。

诚如大家所知，我国的 FMI 支付系统主要是以中国人民银行现代支付系统为核心，银行业金融机构行内支付系统为基础，同城票据清算系统、全国支票影像交换系统、银行卡跨境支付系统、互联网支付、网联清算系统、人民币跨境支付系统等为重要组织部分的支付清算结算网络。其中特许清算机构通过运营清算系统，分别为银行卡、中小机构银行汇票和电子汇兑、跨境支付、网络支付等特定业务提供清算结算服务，有利于促进清算服务差异化竞争和专业化提升。

其次，探讨我国金融基础设施发展路径的思路。从金融基础设施的广义内涵研究其发展路径，不仅是对金融基础设施的"硬设施"部分提升，也将发挥"软设施"功能，特别是在其能否发挥制定和执行金融产品和业务层面等的规则标准、反映以及拓展金融监管机构的相关政策、发挥金融规则标准影响力的内生基础、以金融基础设施的互联互通来促进支付清算业务发展、预评估其制度安排及各路径依赖的成本与收益等功能上进行探讨。实际上更多希望通过加强金融基础设施硬设施和软设施功能来促进规范、业务流程的完善，以及规则、制度等的变迁。

从预评估制度安排角度来看，利益相关者中最优风险、成本抉择的偏好差异很大，制度安排或变迁是由利益相关者的利益以及各自权力资源之间的博弈互动所驱动，技术只是通过改变设施体系特定制度安排的激励结构和成本结构，作为新产品、新市场和新治理结构的工具，来影响制度的安排和变迁。从另一个视角来看，可能蕴含三种不同的驱动模式，即对于不同金融基础设施的发展路径主要包含需求导向、供给导向和混合导向，我国发展路径模式主要有以下三种：一是如何有效利用新型前沿技术，实现现有金融市场硬件设施，提高效率；二是安排或变迁制度、原则和法规来适应新的金融服务需求；三是利用新技术、满足新需求、打造新的金融市场硬件设施和创新制度安排。以上三种发展路径模式在具体的发展过程当中并不矛盾。对金融基础设施发展路径中技术影响以及制度安排进行预评估：特指出技术中的硬件、软件，服务生产中的组织结构、规则和流程，对使用新技术变得更有效的互补制度的需求和采纳新技术应用的复杂性等都是对技术影响、制度安排的恰当评估因素。并针对不同的金融基础设施的发展路径提出需求导向、供给导向以及混合导向的发展思路。

最后，聚焦强化金融基础设施服务跨境网络支付的路径和制度研究。一是跨境网络支付面临的挑战和需求。当前跨境网络支付面临的挑战也是探讨的热点问题，基于各国贸易保护、市场壁垒和数据有关法律法规的不同，对提供跨境支付服务的能力有很大影响，比如，针对基础设施要求，对于外国公司许可和公平要求，处理和数据存储设施的最初投资，以及复杂法规和运营标准遵守等，对国际支付服务提供商将服务推向市场，包括国内供应商向海外拓展都带来极大挑战。技术进步也带来跨境网络支付新的创新和竞争，越来越复杂的系统在不同地区的标准存在显著差异，使得跨境支付面临着越来越多的挑战。更主要的是支付系统之间的连接，通过复杂的关系和消息传递系统实现，很多系统受到国际标准约束，同时受传统消息传递系统限制，也无法传递足够的信息促进跨境交易，国内标准和国际标准存在冲突的地方，也为跨境支付增添了挑战。采用国际标准同时又追求国内技术标准实际上也体现在新技术和监管分化带来相互操作性上的挑战，也增加了跨境零售支付和收款难度。

这里需提一下，金融稳定委员会（Finacial Stability Board，FSB）的"加强全球跨境支付路线图"项目可以为我国跨境支付的发展提供领域、时间和路径等的参考。在其2020年发布的三个阶段报告中：第一阶段报告主要探讨四大类系列主题，包括支付基础设施的运行改进、数据标准化和市场惯例、法律监管和监督框架以及监测和信息共享。第二阶段报告主要涉及了五个领域的问题，包括跨境支付公私营机构的合作愿景、协调监督监管框架、改善现有支付基础设施支持跨境支付市场的需求、加强数据和市场实践提高数据质量、探索新的支付基础设施的潜在作用。第三阶段报告则描述了应对跨境支付方面的挑战所采取措施包含的必要要素，对最终目标和里程碑事件进行了规划，涵盖了各种实施方法和时间范围。故可以基于加强全球跨境支付路线图项目，根据我国的实际情况对跨境支付发展进行自我评估，全面研究适合我国的发展节奏、推进重点和路径依赖等，力争在全球某些领域做出参与或主导贡献。

二是金融基础设施服务网络支付生态体系需求。跨境支付本质复杂性在于不仅要通过具有不同规则、规定的不同（实）主体和管辖区来转移资金，同时要减轻欺诈、网络安全攻击、流动性和外汇波动等风险，还需提高支付效率的空间。故需要实现制定转移资金规则、解决风险问题、提高支付效率等目标以及相互的平衡，对整个服务生态有很高要求。跨境支付需要巨大的相互连接网络，包括消费者、网络、支付机构、国际国内支付网络、清算和结算系统、数字货币等支付生态系统重要组成部分，在全球支付体系中，某些国际标准采用得不均衡，随着新技术和监管的激增，对新国际标准的需求也在不断增长。在推进构建金融基础设施跨境网络支付生态体系过程中，通常在新技术和更新技术设备（如更新基础设施），清算、结算系统还有制度安排等方面着手，但监管和支付系统之间朝着一致性、可相互操作性框架发展导向也需要被特别关注。

三是提升金融基础设施服务跨境网络支付生态的路径和制度安排。支付体系中制度特征与安排，需要从交易、支付和货币溯源开始，支付源于交易，并服务于交易，支付逐渐演变成为社会经济活动债权、债务以及货币转移行为，是利益交换价值的体现，本身虽然不会增加交易价值，但是支付可以增加交易效率，提升交易成功率。支付载体是实物或者权利对应的货币，货币的形态变化推动支付载体和方式演进，这一变迁是不断脱媒的过程。从支付体系核心制度特征来看，是支付体系中最终结算媒介与经济中一般可接受交易媒介以及清算、结算机构特征的相互联系中：清算、结算机构特征是保证访问账户条件，还需保证信贷条件和清算、结算流程条件；支付系统运行的周边制度环境非常重要，如银行间货币市场发展状况、参与者资金管理和复杂程度，同时货币政策实行的某些特征对支付体系制度特征也存在着影响，准备金持有体系尤为重要。这些特征通过重要方式相互关联，如一般可接受交易媒介和最终结算媒介之间的关系，以及清算、结算机构与一般可接受交易媒介发行者之间的关系，都会影响支付系统的信用风险和流动风险。

当然从学术研究文献综述来看，还没有清算和结算机构破产问题，但依然存在风险，如果清算、结算机构不是一般可接受交易媒介发行者，那么持有足够准备金就会存在机会成本，原则上有破产可能，从而也给参与者带来信用风险、流动风险等。制度特征影响着支付市场运行特征，如效率、规模、执行时间、稳定性、可靠性、支付系统集中性、支付系统之间竞争性质和强度，接入到支付系统或者是日间信贷的结构、水平等，都会影响整个支付核心基础体系。从清算、结算基础设施在支付生态系统中的制度安排评估上探讨，货币政策实施中，中央银行对一般可接受交易媒介的发行和在支付体系中的决策都非常重要，比如，中央银行作为清算、结算机构，账户和信贷中的作用会给货币政策实施带来风险，如果清算、结算机构也执行针对参与机构的监管功能，潜在的范围经济就会由于信息优势而形成。历史上确实存在一些私有清算、结算机构曾作为监管机构或经常作为半监督管理者参与，通常会带来利益冲突。以上都对如何发挥金融基础设施在支付体系生态中的制度安排评估上起到非常重要的因素作用。

对于跨境网络支付生态体系中的基础设施定位和预期，更多希望看到金融基础设施在整个发展过程中既可以提供跨境支付清算的重要途径，制定和执行金融产品和业务层面规则标准，还能够直接反映或者间接拓展金融机构相关政策。我国支付行业对外开放，在国际化发展战略快速推进过程中，更关注金融基础设施如何提升在跨境网络支付领域当中监管支撑和风险防控的价值，如何推动市场健康发展等。支付清算系统是金融系统的基础，征信系统是金融体系稳定运行的支撑，账户系统是资金活动的起点和终点，账户体系依赖客户识别原则和系统，是金融机构反洗钱、反恐的重要组成部分，这些都支撑了金融市场健康稳定的运行。提高金融市场公平与效率，加强反洗钱等"三反"维护金融体系稳健运行，加强国际监管合作与交流，形成与国际通行做法相连接的规则，从合规与客户需求出发设计产品服务，提升国际跨境业务差异化竞争力，构建包容审慎的监管框架，提高支付机构国际竞争力；参与行业国际标准制定，增强标准话语权；逐渐摆脱隔离监管，实现监管协调与合作；优化全球性基础设施布局，培育中国自主支付技术研发机构，加快研究成果转化，推动支付产业技术标准国际化；形成国际支付人才全球流动共享机制等。

主持人董昀： 谢谢马老师，使我们对金融基础设施很多问题有了进一步认识。下面有请国家金融与发展实验室支付清算研究中心副秘书长李鑫。

国家金融与发展实验室支付清算研究中心副秘书长　**李　鑫**

认识开放格局下零售支付清算市场变化的三个维度

很高兴与大家分享这一极具理论意义和现实意义的话题。今天我主要从更加微观、更为聚焦的视角去分享一些我对零售支付清算市场开放的认识。

首先介绍一下零售支付清算市场的开放动力。我国特许支付清算组织有很多类型，比如，针对金融市场的清算组织，其中也包括针对衍生品的清算；又比如，针对零售支付的清算组织，包括银行卡、网络支付等；还有清算总中心，也属于特许清算组织，运营中国人民银行的清算系统。在这里我要谈的是零售支付的清算市场，而不是零售的支付清算市场，后面我说的清算市场指的主要就是零售支付的清算市场。零售支付清算市场的开放当前才刚刚起步：第二家银行卡清算才刚成立不久，对于市场格局的影响尚未体现出来；网联清算有限公司虽然已成立3年，但毕竟还是新公司，未来仍有很长的路。总的来看，清算市场开放的动力主要有三个：一是内部压力，主要是说国内其他市场主体迫切希望进入，这种压力对于清算市场放开来说是一个很大的动力；二是外部压力，这主要是说我国放开清算市场，也是为了让国外机构能够进来，缓解外部带来的压力也是放开清算市场的一个很大的动力；三是技术进步，导致清算市场最终放开的一个很直接的因素就是互联网支付、移动支付的发展，以往的市场格局难以为继，如果现在不放开，就做不到有序竞争，更谈不上发展，这对新技术发展可能会形成一定的阻碍。

上述的这三个动力实际上也为我们提供了理性认识零售支付清算市场开放的三个维度。

第一个维度，也是最简单的维度，就是从市场结构维度来看。第二家银行卡清算机构已经进入市场，后面可能陆续还会出现第三家、第四家，还有就是网络清算机构带来的竞争等，这种市场结构的变化是显而易见的。这里就需要提到一个"有限竞争"的问题，清算市场放开的结果一定会是使市场存在有限度的竞争。一方面，清算市场只能是有限地放开。清算业务本身存在很强的规模经济，不可能支撑起很多机构。而另一方面，谈及有限竞争又不能光看到"有限"两字，其实还有"竞争"两字。因为我们要着眼于未来的发展格局，如果没有竞争将很难让这一市场的效率持续提升。从机构层面上讲，引入竞争的影响需要区分在位者和挑战者，是好是坏可能需要看机构从什么角度去看待它。但从整个国家层面上来看，清算市场引入竞争一定是有利的。

第二个维度是国际化的维度。这又分为两个角度——"引进来"和"走出去"。以往人们更多关注的是"引进来"。相比多年以前，当前国内在看待国外清算机构能否进来这个问题时，观念其实已经有所改变，而这主要是基于我国支付清算产业过去数年快速发展所带来的自信心。国外机构进来之后，国内机构和国外机构在管理经验、技术、国际化标准、国际规则等方面会更加优势互补，不仅能够更好地服务于国内清算市场，而且也有利于国内机构"走出去"。当前的开放并不是单向引进，而是双向开放。当然，国内清算机构"走出去"仍然面临各国不同的监管规则、基础设施条件、文化等方面的制约。

第三个维度是新技术的维度。技术在飞速向前发展，因此清算机构也一定要保持对新技术的开放态度。这里我想提两个我认为可能对零售支付清算市场影响比较大的新技术。一个是 5G 技术。实际上我国支付产业就是伴随着 4G 网络的发展而快速发展起来的，主要的支付业态变革以及对市场的影响都发生在 4G 时代。那么 5G 时代到来是否会令支付产业出现新的更大的变化？这需要我们提前去深入思考。另一个是数字货币技术。当前中国人民银行在大力推动数字货币发展，许多银行也都推出了数字人民币钱包，虽然短期内数字人民币或许无法对原有支付格局造成大的冲击，进而对清算市场可能也不会造成太大影响，但长期来看，数字货币对清算市场的影响仍然具有很大的不确定性。

最后分享一下我个人对清算市场发展路径的认识。主要是两个关键词，一个是竞争，另一个是合作。竞争指的是良性有序的竞争，其中标准化、互联互通等都很重要。对于机构而言，竞争不是去尽可能给其他机构设置种种壁垒，而是充分发挥自己的核心竞争力去主动参与市场竞争。这其实就涉及了排他性规则、禁止引导规则等。因此，良性有序的竞争需要从国家层面、从监管层面提供一个更好的规则体系。另外，清算机构之间还要加强合作，合作又包括两个层面：一个是静态层面，即不同清算机构存在不同的比较优势，比如，一些具有线上优势，而另一些具有线下优势，又比如，有的机构有跨国优势，而另一些在国内有优势等，这样不同清算机构之间可以通过合作实现优势互补。另一个是动态层面，就是用创新发展的视角去看待清算机构的合作。如果未来数字货币真的发展起来，不管是银行卡清算机构还是网络清算机构，可能都将面临共同的挑战，这就需要各家机构加强合作，共同来探讨如何使现在的基于账户模式的零售支付清算发展得更好。

主持人董昀：谢谢李老师，让我们认识了开放格局下零售支付清算市场变化的三个维度。

言　论

主持人董昀： 下面进入专家研讨环节，首先有请国家金融与发展实验室支付清算研究中心副主任周莉萍。

国家金融与发展实验室支付清算研究中心副主任　**周莉萍**

金融科技包括数字货币如何塑造跨境支付市场，其强项是利用技术改造代理行模式，然后降低成本。目前，已经存在的商业模式包括最成熟的电子钱包这一跨境支付，小额、高频、线上交易、成本低，传统代理行模式长期无法降低成本，第三方移动支付在这一领域利用支付高效快速跟其高度匹配，然后形成三类新的跨境支付模式：C2C、B2B 和 B2C。个人和个人之间，各国清算机构存在不同，但清算模式大体相同，需要交易双方共同在第三方机构，如中国的支付宝，建立一个账户，通过账户进行直接转账支付，电子钱包账户之间可以完成资金清算，汇兑环节需要商业银行执行，绑定用户借记卡或信用卡完成。企业与个人之间，目前主要通过网关支付机构，即第四方支付机构完成，提供一个网关，将所有聚集到这一网关上，背后仍需通过商业银行完成资金结算服务。企业与企业之间的支付，国际上基于B端第三方支付机构的清算模式，比如说，电子商务平台通过与第三方支付机构共同联合开设一个主账户，为平台企业开设不同币种之间的子账户，支付机构再与各国银行进行合作，完成资金的汇兑和结算，比如，银行跨境支付、支付宝支付等，这一模式是新的趋势或者动向。

另外分享一下区块链技术和加密合作，比特币从诞生开始就声称用区块链技术建立一个点对点现金支付体系，目标就是在跨境领域利用自身技术优势。金融科技公司也开始很多实际应用，我们总体认为加密货币形成跨境支付很难长期持续，也很难规避，从其需求主体来看，目前对加密货币需求量并不是很大。从加密货币技术环节来看，可以看到，如比特币对实体经济的渗透程度较低，终端环节还需以主权货币作为基本交易媒介，汇兑过程可以完全使用加密货币，但最后的投资或者消费环节还需主权货币。主流加密货币是否可能利用自身区块链技术改造现有跨境银行之间的支付，理论上有可能，但有一点不现实，就是成本比较高。

跨境支付根本缺陷是存在很多交易摩擦，全球不同开放系统之间缺乏重叠，效率较低，消息传递也缺乏统一机制，这种情况下到底谁能根本消除交易摩擦，还需中央银行、专业银行还有其他支付机构之间共同协调，大家普遍认为，未来央行数字货币包括最近的稳定币可以更好地满足消除摩擦的需求。稳定币本身也处于研究阶段，对于稳定币基本的判断目前还存在风险，所以央行数字货币似乎被寄予厚望，认为会以更安全的方式提供更好的跨境支付，央行数字货币之间的资金转移从不同中介来看，有很多选择，如通过银行账户之间点对点的交易方式，但在实践中也可能通过其他二级金融中介进行，如商业银行或第三方代理机构，这些模式之下，对传统跨境支付还有金融基础设施是否会形成根本性冲击，仍需深入思考。

主持人董昀： 下面有请中国人民银行清算总中心事业发展部副总经理曹海峰发言。

中国人民银行清算总中心事业发展部副总经理　**曹海峰**

数字货币一定程度上可以追溯到电子钱包，最近欧洲央行连续几月发表了数字货币的几篇报告，也在各种场合表示要推动数字货币。欧洲央行数字货币强调市场的作用，但仍主张保持欧洲央行的主导作用，同时鼓励私人机构采取各种不同的技术来共同推进数字货币，因为数字货币涉及互联网的大规模投入，在某些细分领域可能会被一些大型机构所垄断，从而影响消费者权益。

中国人民银行对数字货币的研究从2014年就已开始，无论是理论研究，还是技术方案，以及实践上都走在世界前列，在深圳、雄安新区还有张家口冬奥会场景都进行了试点。现在试点基本依托于中国人民银行和商业银行两层架构，还支持双离线模式。我国有发达的移动支付网络，但同时考虑到其他方面需求，数字货币也加强了双离线模式的设计。数字货币可能会对传统的支付系统，特别是对零售支付系统首先带来一定的影响。如果采取完全独立于现有支付体系的数字货币系统，从发行、流通到清结算完全游离于现有支付体系，对目前的支付系统特别是零售支付系统的冲击后果难料，投入成本上也会相当大，不太现实。如果央行数字货币系统和现有支付系统互相连接，是比较可行的。目前，商业银行准备金账户在我们支付系统有所体现，根据现在的公开信息，央行数字货币拟取代流通中的现金，如果两套系统相互连接、互相促进，至少在制度设计上包括市场架构设计上不会产生太大的颠覆性冲击。

关于支付清算领域的开放，我们最近研究了全面与进步跨太平洋伙伴关系协定（Comprehensive and Progressive Agreement for Trans-Pacific Partnership，CPTPP）各缔约国的开放和限制情况，墨西哥、越南等国家对后台清结算限制较严，在前台面向市场、客户方面限制也较严。整体上看，CPTPP缔约国，无论发达国家还是发展中国家，对支付系统的开放都有所保留。我国的开放，也不是无论前台信息处理还是后台清结算方式一股脑都开放，还是会有所保留，即使开放后，数据也要本地化。

最后说一点，支付系统的业务数据，主要是跨行数据，目前已基本恢复到正常水平，既然支付数据、跨行数据已恢复到这种程度，按我们预计，国内生产总值数据估计也会比较乐观。

主持人董昀： 感谢曹总。下面有请中国支付清算协会业务二部副主任张娟博士发言。

中国支付清算协会业务二部副主任　**张　娟**

　　支付与市场基础设施（简称支付基础设施）是整个金融生态的核心，支撑金融体系平稳运行。加快支付基础设施建设是深化金融供给侧结构性改革的必然选择，也是实现经济高质量发展的必由之路。经过多年建设，我国已逐步形成了为货币、证券、基金、期货、外汇等金融市场交易活动提供支持的支付基础设施，功能较齐全、运行整体稳健。2019年，党中央、国务院高度重视金融安全，加强金融设施统筹监管，推动支付基础设施互联互通，我国金融基础设施建设迎来新的发展契机①。2019年，通过完善业务功能、加强运行维护、强化应急管理等，人民银行支付系统和其他支付系统运行稳健，证券登记结算系统运营机构和中央对手交易活跃，产品丰富。

　　支付系统建设方面。2019年，我国支付系统建设不断发展和进步，大小额支付系统处理笔数和金额再创历史新高；"手机号码支付业务"蓬勃发展，客户注册量和查询量保持持续增长态势。银联系统已建成两地六中心、能够支持峰值的超大容量支付网络，具备承接国内外、涵盖线上线下所有支付场景的能力；城银清算不断拓展功能服务，呈现较高的业务增长态势；农信银支付清算系统不断加强网络控制系统的改造和建设，持续提升系统稳定性和应急处置

---

　　① 《统筹监管金融基础设施工作方案》，http://www.pbc.gov.cn/goutongjiaoliu/113456/113469/3983135/index.html。

能力；人民币跨境支付系统助力"一带一路"建设的纽带和支撑作用日益显现；网联平台建设力求高性能、高安全、高扩展、高可控和高数据一致性。

证券登记系统和中央对手方面。上海清算所持续做好利率衍生品、外汇和汇率衍生品、信用衍生品及大宗商品衍生品清算业务功能优化和产品创新工作，不断提升中央对手系统稳定性和功能，截至 2019 年底，业务量达到 365 万亿元，中央对手清算量达到 123.8 万亿元。上海期货交易所 2019 年市场总成交金额为 96.95 万亿元，总成交量为 141200.95 万手，正式上线启用交割业务配对自动化系统。大连商品交易所完善现有交易系统风险管理功能，上线基差交易平台，2019 年期货及期权成交量为 135558 万手，成交额 68.93 万亿元。郑州商品交易所推出仓单交易和基差贸易两项期限业务，全年市场总成交量为 10.8 万亿手，总成交金额为 39.5 万亿元，仓单交易总金额约 85 亿元。中国金融期货交易所全年成交量为 6641 万手，总成交金额为 69.62 万亿元，于 2019 年 11 月 25 日，中央结算公司与中国金融期货交易所上线债券作为期货保证金业务直联系统正式上线，实现双方担保品业务办理的自动化，推动跨市场基础设施互联互通。

跨境支付领域。随着经济全球化的发展和人民币跨境使用的扩大，应统筹利用好国际、国内两个市场，不断推进支付与市场基础设施对外开放，提高支付产业的活力与效率。2019 年末，人民币跨境支付系统业务覆盖 167 个国家和地区的 3000 多家法人金融机构，人民币跨境清算主渠道作用日益显现。2019 年，系统累计处理人民币跨境支付业务 188.43 万笔，金额 33.93 万亿元，同比分别增长 30.64% 和 28.28%。

伴随我国支付产业的快速发展和国际影响力的不断提高，国内市场不断推动支付对外开放，2019 年 3 月，万事达卡与网联合资成立万事网联信息技术（北京）有限公司；2019 年 10 月，美国 Paypal 成为第一家登陆我国支付市场的外资公司；2020 年 6 月，作为首家在中国大陆清算人民币交易的持牌外国公司，美国运通在华合资公司——连通技术服务有限公司正式进入中国市场。支付清算市场开放是我国金融业开放的重要组成部分，有利于推动我国支付清算服务更加开放化、国际化发展，为产业各方提供多元化和差异化的服务，是我国扩大金融业对外开放、深化金融供给侧改革的又一具体反映。

数字货币将会深刻改变金融基础设施和人们的日常生活。国际清算银行近期发布报告指出，2020 年是央行数字货币崛起的一年，截至 2020 年 7 月中旬，全球至少有 36 家央行发布了央行数字货币计划。非接触式支付的兴起推动了央行数字货币的发展。

与此同时，我们也关注支付基础设施建设面临的问题。一是立法规范亟待完善。我国尚未出台针对支付基础设施的统一管理规则与指引，支付基础设施运行主要依据各自主管部门的零散规定，并没有健全的法律法规保障。二是数字货币影响下的支付清算模式改变。中央银行数字货币作为支付工具，即时完成支付，不再需要清算和结算流程，这对现有以账户为基础的非银行支付模式产生了巨大的冲击。三是在快速零售支付、虚拟货币和跨境支付系统建设方面，应如何积极与有关成员分享我国理念，推动我国支付基础设施相关服务走出国门，参与国际标准建设，提高支付结算国际话语权。

我国支付产业取得举世瞩目的发展成就，得益于我国支付与市场基础设施作为后台支撑的稳健运行。国家"十四五"规划和2035年远景目标要求统筹推进基础设施建设，构建系统完备、高效实用、智能绿色、安全可靠的现代化基础设施体系[①]。支付基础设施是金融市场稳健高效运行的基础性保障，进一步完善支付与市场基础设施，需要在加快法制建设、构建健康竞争秩序、加强自律服务等方面取得突破和进展。

首先，加快法制建设。鉴于支付与市场基础设施的重要作用，许多经济体都制定了相关法律，明确监管主体、参与者和运营者的权利义务关系，保障支付与市场基础设施安全、高效运行。我国支付与市场基础设施的法制建设还有很大提升空间，特别是关键环节亟须法规支撑，相关市场主体作为金融交易后续处理主体适用的法律基础层级不高。

其次，构建健康竞争秩序。进一步发挥清算组织在支付基础设施构建中的作用，遵循不同清算组织不同业务定位原则，进一步明

---

① 《中华人民共和国国民经济和社会发展第十四个五年规划和2035年远景目标纲要》，http://www.gov.cn/xinwen/2021-03/13/content_5592681.htm。

确清算机构在清算服务中的权利、义务和责任。推动各参与主体平等、协商、合作开展支付清算业务，形成和遵循统一业务规则、处理标准与定价机制，充分发挥清算机构作为基础设施的核心功能作用，规范支付市场秩序，激发支付市场活力，减少市场低效和资源浪费，提高清算效率，节约全社会交易成本，减少支付风险的发生，从而营造公平、健康的市场竞争秩序。

最后，加强自律服务。支付清算协会会同支付基础设施服务成员单位，探索支付基础设施间加强系统统合，以基础设施之间互操作推动前端业务互联互通，进一步赋能支付结算基础设施支撑作用，为会员单位支付业务发展发挥更大的职能，提升服务水平，进一步促进支付产业健康发展。

主持人董昀：谢谢张娟博士的分享，下面有请中国银联战略与投资部总经理刘源发言。

中国银联战略与投资部总经理　**刘　源**

▼

关于我国金融基础设施建设，我有三点感受：

一是去中心化问题，金融基础设施都有一定的基础性和规模性特征，在某种程度上都是中心化的机构。现在整个金融基础设施的格局和中央银行、商业银行体系以及现在的金融体系运转有非常大的关系，如果在金融基础设施这一领域谈去中心化，可能会使现在整个金融体系发生演变，这需要金融理论层面有足够的创新。从以比特币、Libra[①]等为代表的区块链跨境应用尝试来看，的确出现了一些去中心化的方向，但是与现在金融体系和金融发展理论之间的背离也非常明显。去中心化或者中心化的分层值得各位专家进一步探讨。

二是基础设施除了分类以外还要分层。银联所在的支付清算领域，第一层基础设施实际上就是央行的清算总中心，严格意义上讲这是最基础的清算机构。在这个基础上才出现了像银联、网联等非银类跨机构之间的清算系统，这些清算系统在我国基本上还是在央行体系下。再往下就是商业银行、支付机构等从事支付与结算业务的机构，包括机构内的清算和面向客户的清结算。现在面临的一个很大问题在于分层过程中会发现各个机构之间的业务交叉和业务边界模糊问题，原来清算机构的业务往往按照成员机构或服务对象进行分类，比如网联、农信银、城商银等按照服务对象来划分业务，而银行卡清算体系面向的是银行卡和银行账户等金融基础设施，所以银行卡清算机构和特许清算机构的业务边界就会出现交叉。这些都是金融基础设施在进一步迎接数字化时代下、再发展过程中存在的问题，监管方面需要考虑如何给金融基础设施分层、分类。

三是数字货币问题，数字货币的基础设施等问题还在讨论和试

---

① 2020年12月，Libra协会宣布将Libra更名为Diem。

点过程中，比如，是否有必要围绕数字货币重新建立一套完整的基础设施来支撑数字货币运转。

对于我国金融基础设施建设未来发展，我有几个方向性的思考和各位分享：

一是金融基础设施本身的安全性是非常重要的问题，随着技术的演变和演进，整个网络安全性问题非常突出。金融基础设施发展首要还是保证安全，一方面是技术安全，要上升到国家经济和金融安全的基础条件上考虑。另一方面是跨主体、跨行业、跨领域的标准安全。银联成立时的核心任务是联网通用，联网是一个技术概念，通用是规则标准，这一层面上无论是 Visa、万事达还是银联，既有自己的企业标准，在技术和安全上又达成了一个全球性的共同标准。这个共同的标准对基础设施的发展有着非常重要的作用，以支付来说，现在面临的最大变局是跨行业标准问题，以往标准可能仅局限在银行、银行卡机构或是清算机构之间，现在随着支付服务的基础化，越来越多的跨场景和跨行业应用出现，如云计算的应用，交通、医疗等领域的行业内支付应用，这些应用标准都和支付产业有关，这些标准的制定可能是下一步发展中非常重要的方向。

二是市场化是我国金融基础设施建设一个非常重要的特殊点，国家主导、市场化机构参与的模式在今后几年是一个较重要的方向，把握这一趋势对我国整个支付领域和清算机构的未来发展都非常重要，但同时更应该要求清算机构用市场化的态度做业务。良性竞争，有秩序、有规则的竞争是提高效率非常重要的手段，我国基础设施的参与机构如何在国家主导情况下进一步市场化发展，增强自身核心能力，是未来非常重要的方向。

三是新技术的应用是金融基础设施建设非常重要的方面。5G、人工智能、云计算、区块链等新技术的应用将是未来金融基础设施建设非常重要的支撑。

四是金融基础设施不是简单的关起门来做，其开放性非常重要，无论是对内开放还是对外开放。刚才谈到银行卡清算市场开放，其实是制度层面的开放，还有两个更重要的开放：①跨领域开放，如原来支付清结算可能都是金融机构之间参与，以后还会有越来越多的商业机构逐渐参与到这一过程当中，如何将非金融机构纳入市场，是一个需要考虑的问题。②从全球来看，跨境的支付、清算、结算以及金融基础设施，都非常值得讨论，跨境清结算相关问题不在于资金，而在于信息流、资金流的统一，跨境领域已运用区块链技术进行一些尝试，但绝大多数尝试都局限在信息流层面，资金流仍依赖于现有金融系统实现资金的划拨，这需要进一步地去寻求一种全球化的标准统一。在金融基础设施建设中需要以更加开放的心态和格局去认真考虑。

主持人董昀：感谢刘源总经理的分享，下面有请小米金融支付业务总监左明亮发言。

小米金融支付业务总监　**左明亮**

▼

今天主要分享一下本人对新形势下金融基础设施发展路径的理解。

主要有两个关键词：第一个关键词是"金融基础设施"，传统意义上一般指金融运行的硬件设施——服务器、"云"等，我这里偏重谈支付结算体系；第二个关键词是"新形势"，一方面是金融科技方兴未艾，另一方面是全球政治经济格局正面临百年未有之大变局。

以SWIFT为例，这已经是源于20世纪70年代国际互联互通的产物，最早是通过电子报文形式进行一些跨境资金结算信息的交换处理，相比现在的网联或是其他清算组织，有很大的劣势，比如时效性非常慢。在新形势下，是否有可能通过一些新的技术和标准进行一些突破性的改进和尝试，创造额外的价值和机遇，这其中有很大的空间。除了硬件层面之外，金融基础设施未来应该在哪些方面进行发力，我非常认同从业务、技术和规则多方面入手去寻找机遇。

再分享我对数字货币的看法，央行数字货币正在多地开展应用试点。从发行规则和模式角度，央行借鉴了区块链和数字合约的部分信息安全技术，但从货币发行角度还是坚持中心化，以央行为货币发行主体，再加上银行作为实际对C服务窗口的双层体系架构。Libra也不是完全去中心化的，它是联盟链，有一系列会员单位共同参与，这一稳定币无论从规则还是各方面很大程度上会依赖于 Libra 组织，但相比之下，Libra 已经脱离了数字货币发行的国家强制主体要求。从应用场景角度，Libra 在跨境结算领域有非常显著的优势，推出类似稳定币的产品。央行数字货币目前看更多是用于国内支付结算，走向国外会面临和人民币同样的局面：外汇管制、货币汇兑便利性问题。能否吸引用户兑换央行数字货币，跨境领域很大的挑战还是外汇管制。我们仍然希望未来央行数字货币会有更大的突破和创新。最后，从央行数字货币参与方的角度，我们也希望在数字货币推广过程中，更多地考虑参与各方的商业模式。

主持人董昀：非常感谢左总监的分享。下面有请杨涛老师代表主办方做总结发言。

北京立言金融与发展研究院院长、国家金融与发展实验室副主任

杨 涛

▼

虽然当前金融基础设施问题比较复杂，存在一些敏感、争议的地方，但是本次会议基本形成了以下几个共识：一是金融基础设施的规则问题是重中之重，涉及市场规则、技术规则、业务规则等。二是金融基础设施的"开放"探索始终需重视，既有数字化自身带来的开放，也有当前国际环境下的开放问题。三是金融基础设施的

"效率"，无论从哪个层次讨论，都是要提升效率、降低成本，更好地服务于金融交易。四是金融基础设施的"安全"，有技术安全、行业安全、国家战略安全等不同的切入点。五是金融基础设施的"增值"，在新的大环境下，金融基础设施如何进一步体现自己的价值，除了直接支撑金融活动之外，还需要在服务经济社会发展方面进一步探讨。

金融科技背景下的金融标准化建设

编者按

▶

    2020年12月29日，在国家金融与发展实验室和北京市地方金融监督管理局的学术指导下，由北京立言金融与发展研究院主办，金融科技50人论坛和神州信息协办的"金融科技背景下的金融标准化建设"闭门研讨会在京举办。这是北京立言金融与发展研究院成立后举办的第10期会议。随着数字化时代的到来，我国金融科技蓬勃发展，金融产品结构日益庞杂，金融标准化体系建设也变得尤为紧迫和重要。与会专家提出无论是金融创新还是金融科技发展，无论是"十三五"成果总结还是"十四五"工作展望，金融标准化问题都值得深入研究和探讨。金融标准化需要关注经济标准化与金融标准化、技术标准化与业务标准化、传统金融标准化与新型金融标准化、金融标准化与金融非标准化四个层面的重要关系，要与适应性、竞争性和普惠性的现代金融体系对接起来，持续增强金融服务实体经济的能力。

嘉　宾

杨　涛　北京立言金融与发展研究院院长、
　　　　国家金融与发展实验室副主任

杨富玉　中国人民银行科技司二级巡视员、全国金融
　　　　标准化技术委员会（以下简称金标委）秘书长

郝　毅　中国工商银行业务研发中心高级专家

马洪杰　神州科技信息服务股份有限公司副总裁

苏　莉　中国互联网金融协会互联网金融
　　　　标准研究院院长助理

方修广　中国保险资产管理业协会信息技术部副总监

刘　勇　中关村互联网金融研究院院长、
　　　　中关村金融科技产业发展联盟秘书长

杨景香　同盾科技有限公司（以下简称同盾科技）
　　　　金融云事业部副总裁、金融科技首席专家

杜志超　中诚信征信有限公司（以下简称中诚信征信）
　　　　助理总裁

董　昀　北京立言金融与发展研究院金融科技研究所所长、
　　　　中国社会科学院产业金融研究基地副主任

闫文文　金融科技 50 人论坛执行秘书长

前　瞻

主持人闵文文： 各位领导，各位专家，下午好！感谢各位领导与专家出席本次金融科技背景下的金融标准化建设闭门研讨会。首先有请本次研讨会的主办方立言研究院、国家金融与发展实验室副主任杨涛老师开场致辞。

北京立言金融与发展研究院院长、国家金融与发展实验室副主任

杨　涛

金融标准化研究四个层面重要关系

无论是金融创新还是金融科技发展，无论是"十三五"成果总结还是"十四五"工作展望，金融标准化问题都值得深入研究和探讨。首先，讨论金融标准化问题时，需要关注四个层面的重要关系。

一是经济标准化与金融标准化的关系。当前，我国经济社会发展面临一些重要的挑战，传统增长方式遇到难题，追求数字化时代变革，归根结底就是通过经济社会化发展程度不断提升，提高供给侧的生产效率、改善需求侧的需求质量和层面、实现供求之间的良性互动，进而促进经济社会高质量发展。经济的数字化与信息化，

天然地对标准化提出了明确要求。与经济标准化相对应，金融标准化问题也需要进一步探讨，以便更好地适应经济社会发展的内在要求。

　　二是金融领域技术标准化与业务标准化的关系。当前在谈论金融标准化的时候，其实更多地关注技术标准化问题，包括技术原则、相关设备原则等，但是随着现代金融的发展，新技术与新业务是密切融合在一起的。由于技术的演进及冲击，金融业务边界和业务标准都需要重新思考，其边界也已经逐渐模糊，因此需要研究和处理好技术标准化和业务标准化两者的关系。

　　三是传统金融标准化与新型金融标准化的关系。过去无论是技术还是业务层面，现实中一直存在挑战，也存在一些不断进展的领域，金融标准化一直是一个重要的主题。当前全球金融业在需求、供给、监管等层面都发生了一些重大变化，都使得金融活动变得前所未有的复杂，对金融活动边界的把握也变得前所未有的复杂。金融标准化发展的两个重要因素，供给侧因素是技术和监管，需求侧因素是企业和居民的偏好，也受到潜移默化的影响，因此需要以差异化的视角重新梳理传统金融标准化和新型金融标准化。

　　四是金融标准化与金融非标准化的关系。无论是从业务层面还是从技术层面来看，金融标准化与金融非标准化都是一对既相互对立又彼此联系的概念。整体来看，金融标准化是大势所趋。但与此同时，金融非标准化不可能完全被消灭，可能是某个领域还不成熟时的过渡性安排，也可能是市场中很小的一部分产品，其存在的价值和意义需要特别关注。

此外，在金融标准化研究领域可以围绕"理论、政策、实践、交叉"四个关键词进行问题梳理。一是理论。无论是整个金融科技领域还是聚焦到金融标准化领域，其都是迫切需要解决的问题和难题。虽然我国金融科技实践突飞猛进发展，但是相关理论研究还是滞后于实践发展，顶层设计和行业发展缺乏科学的理论指导。例如，金融科技很难降低系统性风险，只可能在某种程度上降低金融夏普比率，即在承担单位风险时获得更高的收益。理论对实践具有指导作用无论在宏观层面还是微观层面都可以探讨。金融标准化领域有众多问题需要理论分析和解答，如金融标准化的效率最优问题、福利改进问题、市场结构问题等。通过对这些问题进行理论研究，可以对金融标准化的发展路径、预期效果有更清晰的把握。

二是政策。政策与监管是金融科技领域和金融标准化领域一个重要的外在影响变量。对于已经出台的金融标准化政策，专业人士有时对金融标准的原则、政策、监管最新动态进展不一定清楚，一方面需要进一步解读，在行业内部真正发挥基础性的作用；另一方面需要监管和市场进行更多的协调、对接、沟通和落地。只有金融标准逐渐深入人心，大家才能够理解标准、用好标准，才能在不断试错过程中完善标准。

三是实践。金融科技时代的很多标准都源于实践，并在实践当中经过充分检验才能上升到标准层面。但是金融科技发展过程中存在研究、实践和监管脱节的问题，如研究者很多没有关注到，在央行统计中，第三方支付在线下商户的扫码支付已归入收单业务；再如人民银行统计口径下，非现金支付工具包括三大类：票据、银行卡和其他支付方式（包括转账、直接借记、信用证等），电子支付是另外一个统计口径，从支付依托的渠道、发起方依托的渠道着手。数字人民币未来如果真正落地，业务实践和标准化实践非常迫切需要解决数字人民币统计应该放在现金支付里还是非现金支付里的问题。

四是交叉。金融标准化是典型的交叉学科，需要对金融、技术、法律、政策、微观企业、社会等各方面都有深刻的认识。金融标准化是经济社会数字化发展与金融数字化发展过程中一个重要的交叉点，因此从交叉学科的思路出发才能够更好地把握一些焦点问题。

主持人闵文文：杨老师在标准化研究方面主要谈了两个重要问题，首先建议了四个重要研究方向，包括经济标准化与金融标准化关系、技术标准化与业务标准化关系、传统金融标准化与新型金融标准化关系、金融标准化和金融非标准化关系；其次提出了研究方面四个重要主题词——"理论、政策、实践、交叉"，非常感谢杨老师。接下来有请中国人民银行科技司二级巡视员、金标委秘书长杨富玉。

聚　焦

中国人民银行科技司二级巡视员、全国金融标准化技术委员会秘书长　**杨富玉**

加强金融科技质量基础设施建设

　　杨涛院长的分享让我深受启发，今天主要就加强金融科技标准、检测、认证等质量基础设施建设分享四点体会。

　　首先，高质量发展需要加强标准、检测、认证等质量基础设施建设。我国转向高质量发展后，现有创新能力还不适应高质量发展需求，为此中央在"十四五"规划建议里，进行了有关高质量发展方面的重点部署，提出以推动高质量发展为主体，推动质量变革，破除制约高质量发展、高品质生活的体制机制障碍，坚定不移建设质量强国，完善国家质量基础设施，加强标准、体系和能力的建设，深入开展质量提升行动。根据2013年世界银行有关国家质量基础设施的公共干预理论，国家质量基础设施适用于所有产品，因此贯彻中央提出的提升金融科技水平，增强金融普惠性，同样需要加强质量基础设施。质量基础设施理念也已被国际社会广泛接受，最早由联合国工业发展组织、世界贸易组织、国际标准化组织等共同提出，已经成为世界经济可持续发展的关键支柱。标准、检测、认证都是国家质量基础设施的基础要素，实施标准、检测、认证对整

个支撑产业升级、加强质量安全、保护消费者、促进公平竞争、推
进贸易、投资便利化、提升营商环境都有积极意义。近年来，有关
国际组织在国家质量基础设施之上进一步增加了政府治理、企业、
消费者等维度，发展形成质量基础设施体系和国际质量基础设施网
络。我国已经出台支持质量基础设施建设的政策，如2018年《国务
院关于加强质量认证体系建设促进全面质量管理的意见》的提出，
进一步完善了法律法规体系、标准体系、组织体系、监管体系、公
共服务体系和国际合作互认体系。

　　其次，国际社会高度重视金融科技质量金融基础设施建设。一
是各国纷纷将标准作为加强金融科技治理手段，如美国2019年出
台的《金融科技保护法案》，欧盟2020年出台的《欧盟数字金融战
略》，2020年二十国集团（G20）出台的《G20关于加强跨境支付的
路线图》，都提到了标准问题。二是一些国家将标准、检测、认证
作为金融科技发展的重要抓手，如英国明确将标准、检测、认证作
为金融科技发展的重要抓手，通过制度建设，推动加强开放银行建
设。英国2016年成立了开放银行实施实体，进行数据、接口、安
全标准开发，标准库运营，标准实施检测认证服务等。三是国际金
融组织将实施国际标准情况作为参与国际金融数据治理层次的参考
因素。自全球金融危机以来，国际社会大力推进金融数据标准化，
2011年G20呼吁建立法人机构识别编码体系，2020年FSB全球法
人识别编码体系监管委员会修订章程，提出执行委员会的成员应来
自强制使用唯一交易识别编码、唯一产品识别编码、关键数据要素

的国家，以确保相关编码治理决策的相关性和有效性。

再次，我国金融科技质量基础设施建设成效显著，表现在三个方面：一是我国金融科技标准体系逐步完善。金融标准供给由2015年以前的政府单一供给转变为目前"政府＋市场"双向供给，现行有效政府主导制定金融业国家标准、行业标准344项，市场主导制定金融团体标准47项、企业标准约4200项。整个金融科技相关领域基本做到了有标可依，初步统计国家标准和行业标准70多项与金融科技直接相关，涵盖了云计算、区块链、人工智能、大数据等新技术的应用规范以及数据交换、安全风控等方面，为金融科技检测、认证提供了支撑，同时也支撑了我国金融科技应用和包容审慎监管。二是金融科技检测、认证体系蓬勃发展。2019年，通过建立金融科技产品认证体系将客户端软件、条码支付受理终端、声纹识别系统和云计算平台等11种金融科技产品纳入国家统一推行的认证体系，以行业标准和团体标准实施为手段，强化金融科技安全与质量管理。包括中金国盛、国家金融科技认证中心共16家金融认证机构，18家金融检测机构以金融标准为依据，开展约45项金融认证业务，包括第三方支付、移动金融、银行卡、清算组织、业务设施以及金融科技产品认证，累计发放认证证书30000多张，促进了金融服务的标准化程度和服务质量提升。三是金融科技标准、检测、认证服务走出国门。目前，我国专家正在积极牵头编制移动支付、区块链、绿色金融等国际标准，有关机构已经为欧洲、北美等多家国外厂商的安全芯片、安全单元在移动金融领域的应用提供了检测认证服务。

最后，对我国"十四五"期间金融科技质量基础设施建设进行展望。一是要进一步完善金融标准、检测、认证体系。如强化标准在金融法律法规等制度执行中的作用，畅通金融监管规则引用标准渠道，倡导金融机构写标准、用标准、守标准的良好氛围，将检测认证作为标准应用程度与实施效果的主要检验措施之一，加强金融科技标准检测认证专业机构建设等。二是加快金融标准、检测、认证数字化转型。当前，在新一轮科技革命和产业变革浪潮中，数字经济蓬勃发展，在金融科技的引领推广下，金融业加快数字化转型，金融产品和服务更加智能，产品结合更加紧密，数据价值更加凸显，标准、检测、认证更加数字化。加快研制机器可读标准，利用云计算、大计算、人工智能等技术，建设金融标准信息服务平台、数字检测认证平台，提高线上化服务程度。三是促进金融标准、检测、认证服务双循环。积极促进国内外标准、检测、认证等相衔接，积极参与数字领域国际标准制定，增强先进适用国际标准的转化，探索双、多边国际互认形式和境内外机构联合研究机制，提升我国标准的国际影响力。进一步扩展"一带一路"金融标准交流渠道，完善金融标准国际化推进机制。近期以来，美国驻中国商会、欧盟驻中国商会都表达了外资金融机构积极参与我国金融标准化建设以及我国金融标准国际化活动的意愿，下一步我国要广泛吸收有关各方人才参与金融标准化活动，同时加快金融标准相关国际化人才的储备。

主持人闵文文：非常感谢杨司，从专业监管角度介绍了重点问题的系统思考，目前标准化监管已成为国际共识，标准作为加强金融监管的重要手段，也是发展的重要抓手，我国在金融标准化建设方面成绩显著、发展迅速，并参与到国际金融标准化制定过程中，同时杨司介绍的"十四五"展望，为我们带来三大感受：务实、丰富、国际化。中国工商银行是近期很多银行科技标准规范设计的参与者，接下来有请工行业务研发中心高级专家郝毅老师。

中国工商银行业务研发中心高级专家　　**郝　毅**

中国工商银行金融标准化实践　　▼

"十三五"时期，数字化、智能化、区块链和 5G 技术的快速发展对金融业态、交易模式和发展态势都产生了深刻的影响。我国金融标准体系也日益完善，支撑了金融科技应用和包容审慎监管的需要，更是金融业提供优质、安全的产品和服务的基础。特别是 2020 年初新冠肺炎疫情发生以来，金融标准有效满足了特殊时期金融机构的线上服务创新需求，为开展"十四五"时期金融标准化工作奠定了良好基础。长期以来，工行高度重视标准化工作，工行在参加金融标准化活动、牵头和参与建设金融标准和团体标准建设、深化企业标准及其体系建设等方面取得了一些进展和成效，接下来我简单介绍工行在"十三五"时期的工作经验和成果。

"十三五"时期，工行推进了智慧银行工程建设并圆满收官。在组织机构改革方面，先后成立业务研发中心、工银科技子公司、金融科技研究院，形成"一部三中心一公司一研究院"的金融科技组织架构体系。在专业研究和应用方面，推进企业级业务架构构建、双核心的 IT 架构提升、全面云化的金融服务、全面组件化与服务化研发等工作，打造安全可控的系列企业级新技术平台，建立科技与业务深度融合的研发机制。工行在金融科技方面的研究和探索，有效推动了全行金融业务的快速发展，提升了中国工商银行服务国家经济发展的质量与水准。

在积极拥抱金融科技新发展的过程中，工行特别重视、积极参与金融业标准建设，深化企业标准化工作，加强各项标准的落地实施，为发挥标准及标准化工作的作用、支持业务高质量发展奠定了基础。一是积极牵头金融行业标准建设。工行近五年累计牵头制修订金融标准 12 项，其中《现金类自助终端视频集中监控技术规范》等 3 项行业标准已发布，《银行互联网渗透测试规范》等 6 项行业标准进入审查阶段，《个人借款人风险管理规范》等 3 项国标行标正在积极起草当中。二是提出行业标准提案和重点课题。工行合计完成近 20 项金融标准立项提案和标准化重点课题，探索摸炼新技术赋能银行业发展的标准化道路。其中，分布式技术等系列标准为金融行业推动分布式技术落地提供了成体系、规范、可靠的方法途径。三是开展团标建设和行业合作。与北京金融科技产业联盟合作，联合制定了《分布式数据库技术金融应用规范》等 3 项系列行业标准，推动分布式技术在金融业的规范应用；工行与中国银行业协会合作，制定了《银医服务接口技术规范》《商户MIS与金融支付服务的应用层报文接口规范》等团体标准，建立金融业与医疗诊疗和商场服务等跨行业互联、互通的规则和方法。四是广泛参与行业机构的标准化工作。工行先后参加了《银行业理财信息登记数据元规范》《商业银行理财业务监督管理办法》等20余项金融标准建设等工作。

金融标准化在工行的引领效应初步显现，2018~2019年，工行云平台、分布式技术体系建设荣获中国人民银行科技发展一等奖；2020年，工行荣获北京金融科技产业联盟优秀会员单位、积极贡献单位奖项；2020年，工行"医保区块链平台工银鲁银链"入选中国国际区块链技术与应用大会区块链技术与应用创新成果；2020年，工行相关系统建设荣获《亚洲银行家》杂志颁发的最佳物联网产品、最佳开放银行、亚太区最佳国际现金管理银行、中国最佳大型零售银行等7项大奖。

工行始终坚持技术创新与标准建设的协同推进，在技术创新出成果的同时，推进相关标准的提炼和建设。工行分布式技术体系建设项目，在全面实现支撑大型银行分布式技术架构落地、获得2019年度银行科技发展奖一等奖的同时，还提出了十余项分布式系列技术标准，成功探索和实践了标准化工作与重点工程挂钩的工作模式。在该模式下，重点工程萃取提炼出了可用性高、实用性好的规范标准，同时标准也为工程成果在金融行业等更大范围使用和复制提供了方法和路径，真正发挥了标准引领的效果，形成了"实践成果出标准，标准引领再实践"的良性循环。在技术创新与标准建设协同推进的策略下，工行从金融科技研究和企业标准体系化建设、标准规范的积累和优化、各层级标准的宣贯落实三个方面采取了一系列举措：

第一，加强金融科技研究和企业标准体系化建设。一是组建金融科技研究院。依据研究方向划分为数字化银行实验室、大数据和人工智能实验室、云计算实验室、安全攻防实验室、基础技术实验室、工银雄安数字金融实验室6个实验室，以"加速创新、引领发展"为指导思想，对标业界知名研究院，深入开展新技术前瞻性研究及技术储备、重点金融科技领域战略规划布局和创新应用，加强外部交流合作，适当引入外部智力资源，推动建立金融与科技高度融合的全新生态体系，有效支持全行数字化、智能化转型，也为金融科技方面标准规范的研制奠定了组织基础。二是持续建设和完善企业标准体系。工行的企业标准体系较好地承接了金融行业标准体系，包含4个大类18个小类共346项标准，不仅包含工行自主制定的160余项企业标准，还包含在工行产品服务和经营管理中采纳使用的国家标准、金融及其他有关行业的标准。企业标准体系已经成为标准化服务工行高质量发展的重要基础。三是深化全行产品服务类标准子体系。在全行标准体系框架下，工行建立了4大类、13项规范组成的多维产品设计规范子体系，内容贯穿产品设计、研发测试、推广使用、统计管理等全链条，覆盖银行卡、个人理财、网络金融、企业年金、存贷款和托管等重点产品领域，明确了各类渠道向客户提供的金融产品和金融服务时需遵循的具体要求，有效保障了工行产品服务工作的有序规范开展。

第二，持续推进标准规范的积累和优化。一是持续强化产品创新成果。产品与服务标准不断沉淀，与时俱进及时调整修订，指导各类产品设计，提高产品标准化水平，为客户提供规范化、高质量的产品服务。如根据互联网迅速发展推进手机银行设计规范的编制和更新，根据银行开放生态体系建设的需要编制行内的《与合作方场景输出产品设计规范》等文件。二是针对产品体验一致性要求迅速提升的需求。工行根据渠道特点制定界面设计（User Interface，UI）标准，保证客户在不同渠道享受服务的一致性。在 UI 设计标准指导下，建成了产品设计"前端组件库"，将高频使用的产品页面、流程、规则、控件，做成固定组件，在多渠道、多业务领域共用，并向全行推广，确保界面和功能操作的认知统一，降低用户的学习成本，增强品牌辨识度和产品竞争力。三是持续开展标准及其体系的迭代优化和升级等工作。工行建立了例行化的年度规范修订工作机制，标准体系年年有更新。在 2020 年的规范修订工作中，按计划对 70 多项技术规范组织了论证和修订，同时参照金标委制定的最新金融行业标准体，结合分布式、区块链和大数据等新技术发展动态等，梳理和更新升级工行的标准体系框架和标准明细。

第三，深入宣传贯彻落实各层级标准。一是积极参加企业标准"领跑者"活动。工行连续两年参加金融领域企业标准"领跑者"活动。在金标委和相关评估机构的支持和指导下，2019年，工行参加的"网上银行服务"和"银行网点服务"两个方向的领跑者活动。2020年，工行全部参加了五个商业银行相关的活动，扎实开展有关企业标准的编写完善工作。二是扎实落实和开展金融标准宣传工作。持续积极响应中国人民银行在质量月开展"金融标准为民利企"的活动，安排全国各省市区分行面向客户和行内员工开展金融标准宣传活动、扩大金融标准影响、深化金融标准支持高质量服务和金融高质量发展的意识教育。三是联合媒体机构开展标准化专题宣传。工行联合《中国金融电脑》杂志，开设工行标准化建设专栏，刊登多篇专题文章共享工行的思路和方案，发挥了非常好的宣传教育和引导引领的作用。四是创新推动标准宣贯和实施。工行将标准宣贯实施工作与实际工作相结合，持续增强金融标准实施力度。一方面，将标准内容与实际工作有机结合，建立知识库，推动开展技术规范标准的后评估，依托安全生产案例分析开展规范条款宣讲，深化对规范标准内容的认识和理解，利用标准持续提升相关工作的质效。另一方面，积极研究标准实施中的情况和问题，大力研发贯标信息系统、规范平台和宣传小工具，将标准条款转化为平台功能，实现标准规范的数字化自动贯标，提升贯标效果和效率。

在"十四五"时期，随着金融科技的快速发展和我国金融市场的进一步开放，国家对金融标准提出了更高的要求，消费者权益的保护有赖于金融科技有关标准的进一步完善。这需要从顶层设计、标准体系、建设机制方面构建金融标准新格局，也需要各金融机构投身标准规范的研制和宣贯，以"政府＋市场"的并重供给和协同实施共同构建适应新形势下金融发展需要的高质量标准体系。未来五年，工行将继续在中国人民银行的领导和金标委的指导下，积极参加金融标准化建设工作。

在构建金融标准新格局建设方面，将国家金融标准化建设思路融入到银行业务发展当中。一是突出金融标准化在金融治理体系和治理能力现代化建设中的基础性、战略性作用，以标准支撑引领信息技术金融应用、普惠金融、绿色金融创新发展。二是积极响应"金融标准、为民利企"号召，落实金融消费者保护管理要求，积极探索开展企业标准良好行为评价，共同完善金融领域企业标准领跑者制度和实施方案，推进金融服务标准化、品牌化。三是以制度办法的制定和发布推进所有金融标准的统一管理，做好标准的研究、制定与跟踪等工作。四是在建立标准实施激励机制，创造"知标准、用标准、守标准"的良好氛围。五是持续开展金融标准化学科教育，促进产、学、研、用协同联动，提升新时代金融标准化人才队伍的能力水平。

在金融标准的研制和宣贯方面，工行将围绕技术应用、业务产品与服务创新、开放生态建设三个方面，大力推进金融业标准建设和宣贯实施等工作。一是新技术应用的基本要求。围绕分布式架构、国产芯片、智能化、大数据、云计算和 5G 等新技术领域，部署和开展相关术语、性能要求、接口要求、安全要求、风险管控要求、监管要求等标准建设，形成新技术在金融业落地的基础型、底线性要求，为新技术在金融业的全面快速落地铺垫标准支撑。二是业务创新的基础规范。围绕金融领域的新业态和业务创新发展，从提升客户体验、安全可信、交易监控、反洗钱管理等业务规则基础要求的角度，开展金融操作安全、消费者保护、残疾人关爱、普惠金融和小微企业服务等方面的金融标准建设，为更加高效、便捷、安全和人性化的金融产品及服务提供标准引领和指导。三是开放生态互联互通的系列标准。围绕金融业内外的关键信息共享，建立基础性、保障性的标准。其中，从提升金融行业内部整体的互联互通水平、信息交换水平等角度，建立适用于金融行业整体发展和监督管理的开放生态建设的基本要求等。另外，围绕跨行业信息互联互通、银政企互联互通、安全与信息共享、自动化、智能化等开展跨行业标准建设，营造基于金融标准的金融业与各行业共建、共享和共发展的氛围和规范。

　　未来金融发展的关键在于金融科技创新，但科技创新的应用普及不可避免地伴随着风险与隐患，商业银行需要通过标准化建设为金融业务的科技创新和健康发展保驾护航。工行将在中国人民银行和各监管机构带领与指导下，加强金融标准化建设，共同营造健康可持续金融科技新生态，快速打造既满足市场需求又符合监管要求的优质产品服务。

　　主持人闵文文：科技与金融融合发展目前已成为行业共识，工行是标准化建设的重要参与者，同时也是受益者，且成果丰富。工行对标准化建设高度重视，还有非常有效的实践，可以说给整个行业带来了优秀示范。同时工行在"十四五"期间对构建标准化新格局非常有信心，也有很多的期待。非常感谢郝毅专家的分享，接下来有请科技领域代表企业，神州信息副总裁马洪杰先生分享。

神州科技信息服务股份有限公司副总裁   **马洪杰**

金融科技标准化建设思考与实践

今天主要从产业侧、从科技企业角度分享金融科技标准化的理解和思考。

金融标准化离不开整个金融数字化，金融数字化已成为整个数字化转型的基石。首先从客户需求方面，随着疫情的发展，远程银行、智能银行等数字化手段已成为客户刚需。其次从金融和科技结合角度，无论底层架构还是技术层面以及应用层面，金融科技、科技金融融合越来越紧密。另外随着金融科技和科技企业各方合作，互补会越来越多。最后从普惠金融方面，目前在国家政策、国家战略前提下，金融机构如何触达有效的长尾客户，打破原有抵押物融资模式，通过B端产业数据、C端消费行为数据等构建场景金融，也是金融机构数字化转型的必然方向。

从国家政策方面，不管国民经济"十三五"规划还是央行发布的《金融科技（FinTech）发展规划（2019—2021年）》等，都能看到对整个标准引领、标准制定方面的各种指导意见。随着金融科技逐步发展，以下几个方面进一步阐述了对标准的需求：一是监管方面，需要对标准进一步细化和完善。二是安全方面，全国信息安全标准化技术委员会工作更多聚集在产品和技术层面，金融安全方面相对较少。三是数据开放方面，当前属于大数据时代，数据成为新型生产要素，场景金融在金融科技领域越来越重要，数据开放、数据标准问题尤其是个人隐私保护方面的数据标准越发迫切。随着金融科技发展，需要出台更详细、更完善的标准体系。

金融科技未来发展趋势有四方面：一是鼓励创新与创新并重，树立监管底线同时保证金融科技行稳致远。二是坚持标准和政策法规先行，金融科技产业兼具金融属性和科技属性，在新技术驱动下，业务创新和技术、产品及服务迭代速度较快，必须通过制定统一的政策和标准，保障市场健康有序、高质量快速发展。三是金融科技前景，未来市场化主体会呈现多元化趋势，需要发挥各自独立优势才能形成最后共赢的金融生态。四是随着各部委政策发布，"新基建"已经上升为国家战略高度，"新基建"不是简单的政府投资，而是基于云、基于整个大数据来提升"新基建"对金融科技的支撑要求。

接下来分析金融科技标准化建设的意义：一是标准先行，充分发挥标准的规范引领作用，保障金融科技在合规下的快速发展。要加快制定金融科技产业业务与技术创新规范，同时推动金融机构建立开放银行的安全管理体系，提升信息安全等的防护水平，确保不发生系统性风险。有四个方面是标准工作目前很好的抓手和切入点，在金融科技标准化下非常必要：第一方面是金融开放平台建设标准和管理标准。第二方面是互联网金融技术标准化，数据、安全、接口等纯技术领域标准。第三方面是数据隐私保护规范方面，尤其是数据隐私分级保护、数据监管方面。第四方面是从场景金融角度出发，在生产和经营当中产生的数据和金融科技融合创新产生的技术手段、合作商户的准入和接入等，都对金融科技标准化起到非常重要的支撑作用。

二是打造立体化的标准体系，带动行业高质量稳步发展。国家标准作为顶层设计，是底线；行业标准是技术产品沉淀，是最佳实践的转换；企业标准是合规、高质量产品的沉淀。标准化工作应成为企业的长期战略，在行业主管部门的指导下积极将自身最佳实践转换为标准，促进产业做大、做强。随着国标相关法律的改革，行业标准甚至产品标准都有了更多的支撑和更大的推进力度，从金融科技企业角度来讲，标准应当是立体化标准体系，要从企业自身标准开始往上到国家标准，标准越宏观，越能够指导最佳实践，指导企业产品的开发和研发发展。从产业侧角度分析，中国金融科技企业越来越多，一定要把标准化工作作为一个企业的长期战略，尤其在金融科技领域，在金标委的指导下，将这些企业的最佳实践转化为标准。标准化工作本身不是标准本身，而是要把标准付诸于"化"，才能将产业做大、做强。同时，企业应当针对标准化工作建立组织，持续加快投入。另外，应当建立企业标准体系保障技术产品质量，从而保证产品可持续性、保证合规和高质量。企业的标准化路径应当为：技术的研发沉淀形成产品、解决方案，通过成功的规模化市场应用形成最佳实践，最终以标准化形式带动行业高质量稳步发展。

最后，简要介绍神州信息标准化建设情况及后续想法。神州信息从 IT 服务到金融科技、信创、大数据、人工智能、区块链、云计算、量子通信和智慧城市方面都有布局。神州信息 2019 年启动金融科技标准化工作，依托三十年"科技 + 行业"实践，牵头编制多项金融科技标准，除了金融科技标准，作为科技企业还在 IT 服务和信创领域，如国家国产化方面积极参与和布局，同时云计算、智慧城市等其他相关标准也积极参与，发挥科技赋能金融这一大公司战略。未来将继续深化与央行指导下的各协会和联盟的合作关系，在完成分布式技术、互联网共享开放平台团体标准的基础上，积极参与在微服务、区块链领域的标准化工作，共推产业及行业发展。

主持人闵文文：马总首先从产业视角介绍金融技术的深度融合和共同发展，其次介绍了目前金融科技存在的一些问题和发展趋势，呼唤金融标准作为支持和解决方法，最后从企业角度分析了未来金融标准方面的目标、路径还有丰富的成果。非常感谢。

言　论

主持人闵文文：接下来进入圆桌环节，中国互联网金融协会在标准化研究方面取得了非常丰硕的成果，首先有请中国互联网金融协会互联网金融标准研究院院长助理苏莉专家。

中国互联网金融协会互联网金融标准研究院院长助理　**苏　莉**

各位领导、专家，大家下午好！首先感谢主办单位邀请，本人受中国互联网金融协会互联网金融标准研究院院长委托参加本次闭门研讨会，向各位领导专家学习。下面围绕本次研讨主题与大家进行分享和交流。

面对金融科技产生的新问题和新挑战，标准化建设工作至关重要。金融科技一定程度上推动了金融服务的线上化、数字化、智能化，金融机构借助金融科技赋能数字化转型也成为其实现高质量发展的有效途径。我们看到，金融科技面临重大历史机遇，也存在业务、技术、网络、数据等方面的挑战，应加快研制相关标准，持续推进金融科技领域标准化建设，充分发挥标准引领、示范的效应，引导金融科技规范、健康、有序发展。中国人民银行高度重视金融标准化工作，在助力金融科技守正创新及防范风险等方面发挥了积极引领作用。在金标委的领导和组织下，相关标准体系制定、标准研制和应用等工作已初具规模，取得了很好的成效。中国互联网金融协会在金标委的指导下，加快推进互联网金融及金融科技领域相关行业及团体标准的制定和修订工作。以2020年为例，虽然受突如其来的疫情影响，但仍完成了7项团体标准立项、5项团体标准审查，其中部分标准近期将推进发布流程，同时多项行业及国家标准也正在研制中。推进网上银行服务、银行业移动金融客户端应用和分布式金融账本应用三个领域的企业标准"领跑者"工作，以标准工作为行业发展提供助力和保障。

　　结合协会近年开展的金融标准化工作，我谈两点认识和体会。一是关于研究与论证标准的必要性和可行性。制定一个"好"的标准，应该做好项目建议提出、研究和论证等前期准备工作。标准的必要性表现为项目制定的紧迫性，标准重点解决的主要问题以及对政府监管、行业规范、产业发展等的支撑作用，从而判断项目所在领域对标准的需求程度。标准的可行性表现在技术可行与经济合理两个方面，预先规划安排好标准研制所需的各种资源，确保标准有序实施。二是关于贯标。贯标工作应贯穿在标准研制的全流程。在贯标方式上，应倡导贯标方式的多样化，并强化标准落地。目前协会主要采用三种贯标模式：一是"标准＋行业基础设施"模式，将标准内嵌于信息披露、信用信息共享等行业基础设施当中，切实发挥降低行业风险的作用；二是"标准＋自律管理"模式，配合信息披露标准落地，发布实施《中国互联网金融协会信息披露自律管理规范》，要求会员定期对自身信息披露情况进行自查自纠，协会不定期抽检；三是"标准+监管采信"模式，监管部门与协会联合发布《关于开展网络借贷资金存管测评工作的通知》，要求依据相关标准，对商业银行资金存管业务与系统进行综合测评，并将测评结果作为整治验收的参考依据和判断标准之一。我认为，"好"的标准应该是相关从业机构愿意自觉遵守的，能够解决行业实际痛点和难点的。

中国互联网金融协会互联网金融标准研究院将继续在国家标准化管理委员会、金标委和相关监管部门的指导下，围绕互联网金融、金融科技重点领域开展相关标准化工作，秉承"开放、合作、共享"的理念，广泛凝聚社会各界的智慧和力量，形成加强金融科技标准供给的强大合力，推动行业规范、健康、高质量发展。

主持人闵文文：苏莉专家分享了两个方面，一是标准的必要性和可行性研究非常重要，二是在贯标过程中方式需要多样化。新资管时代的到来让资管科技备受关注，接下来有请中国保险资产管理业协会信息技术部方修广副总监。

中国保险资产管理业协会信息技术部副总监　**方修广**

中国保险资产管理业协会目前正在组织行业专家以及整个行业

力量，包括资管机构、科技公司，着手制定一些非标标准。

结合近期中国保险资产管理业协会所做工作，谈几点体会：一是国家标准、行业标准、团体标准、企业标准等各类标准要并重，分层分级发挥各自的作用。二是金融标准化建设是一项系统工作，如何建立这个体系、如何发挥各自的作用等问题都需要思考。三是要充分发挥行业标准，促进企业与企业、金融机构与科技公司、行业与监管之间充分互动。

在金融标准化建设的指导原则方面，要"抓基础、放应用、抓架构、放价值"，有抓有放，价值创造让市场完成。业务标准和技术标准协同建立，金融行业一方面是金融科技和金融业务的深度融合，另一方面整个行业中急缺既懂业务又对科技理解的人才。标准化工作过程中一定要业务标准和技术标准共建。从技术角度看，金融标准化侧重于数据标准、接口标准、系统标准、工具标准、平台标准。但是技术人员如果对业务理解不深入，即使标准制定出来，在后续贯标的过程中也会出现问题。因此要推动业务标准和技术标准共建，促进协同和互动。

主持人闵文文：非常感谢方总。主要说明了两个研究的重要方面，一方面是标准化与非标建设，着重分享了业务标准和技术标准问题；另一方面提出在业务标准和技术标准融合中交叉性人才的缺失问题。下面有请中关村金融科技产业发展联盟刘勇秘书长发言。

中关村互联网金融研究院院长、中关村金融科技产业发展联盟秘
书长 **刘 勇**

近年来金融科技蓬勃发展，成为金融创新的重要驱动力和支
撑力，给金融行业带来了影响，同时也带来了多重风险，如技术
风险、信息风险、数字风险和合规风险。金融标准化是辅助金融
行业管理、规范业务发展、形成规模化效应的重要手段，在金融
治理过程中发挥着重要作用，因此金融标准的确立有助于提升
金融科技发展和风险防控水平。2020 年 11 月，中国人民银行正
式发布了《金融科技创新应用测试规范》《金融科技创新安全通
用规范》《金融科技创新风险监控规范》三项金融行业标准，三
项标准既适用于从事金融服务创新的持牌金融机构，以及从事相
关业务系统、算力存储、算法模型的科技公司，也适用于安全机
构和风险评估机构。无论是金融科技创新还是金融科技监管，都
要牢固树立标准化意识①。所谓金融科技标准化，是指统一金融
科技监管的标准、规制和金融机构业务的口径共享、技术实现
方式等，遵循监管一致性原则，加强金融监管部门识别风险和系
统性风险的能力，建立起一套完整的监测和防范系统性风险标准
体系。

中关村金融科技产业发展联盟（以下简称联盟）作为金融科

① 《〈金融科技创新应用测试规范〉等三项金融行业标准正式发布》，https://
www.cfstc.org/jinbiaowei/2929436/2977463/index.html。

技行业组织于2019年10月成立，依据国务院深化标准化工作改革等文件精神和关于培育行业发展指导意见，在2020年5月成立了联盟标准专业委员会，主任由联盟副理事长担任，联盟会员单位包括中科软、拉卡拉、元创科技、同盾科技等，科技企业领导分别担任副主任委员和委员，联盟标准专业委员会的成立标志着中关村金融科技标准化建设迈出了坚实的一步，对团体标准的研究与制定、标准创制的愿景和规划方面具有重要意义。近日，联盟标准专业委员会第一次团体标准提案立项评审会成功召开，共有中关村互联网金融研究院、中科软、同盾科技三家单位的提案上审议，涉及金融科技人才、联盟链、联邦学习等方向，目前中关村金融科技企业在行业标准方面也取得了积极成果，联盟成员单位拉卡拉、度小满等分别参与了云计算、分布式账本等行业标准的制定。团体标准是政府提升治理能力的重要工具，是企业获得竞争能力和引领发展的重要条件，在标准化深化改革中有突出的位置。2019年，国家标准化管理委员会、民政部联合制定的《团体标准管理规定》正式出台，为规范、引导和监督我国团体标准化工作提供了支持。中关村金融科技产业发展联盟立足中关村科技创新的密集区，汇集多家具备技术实力、创新动力的金融科技企业、研究机构和高校，有能力也有责任在金融科技领域牵头推动制定团体标准，形成中关村科技产品标准的体系，力争打造新兴科技服务业的高品质品牌标准。

下一步，联盟标准专业委员会将在以下几个方面继续推动相关工作：一是通过走访会员企业，开展标准与创新、标准的编写等课题的培训和讲解，认真开展标准相关知识的普及和推广，让企业明白标准与标准化的关系，标准的制定不仅是对现有技术和工作经验的总结，更多是对企业发展的推动。二是通过宣传，企业更加清晰明白国家标准、行业标准、地方标准和团体标准的区别，明白强制标准和推荐标准的差异，突出标准化在企业当中的发展意义。三是充分利用联盟跨领域特点，与相关联盟专委会进行深入合作，使相关标准能够在行业占领技术制高点，深化上下贯穿的机制，利用联盟全国性服务的特点，与企业技术深入融合，使标准能够更好地服务于企业的创新与发展，在相关国家标准大的框架下结合具体的产品精细化需求制定特色产品标准，建立良好的标准化体系。此外，建立金融科技快速发展供给的同时，也积极推动标准落地实施，把金融科技标准实施与加强金融科技创新监管结合起来。

主持人闵文文：谢谢刘院长。刘院长提出无论是金融科技创新还是监管都要建立标准意识，同时也介绍了中关村金融科技发展联盟成立了自己的标准化委员会，而且有非常好的成员基础，成果丰富。刚才提到了同盾科技在联邦学习方面的标准化工作，接下来有请同盾科技金融云事业部副总裁、金融科技首席专家杨景香女士分享同盾科技的金融标准化实践。

同盾科技有限公司金融云事业部副总裁、金融科技首席专家
杨景香

▼

　　同盾科技是专注于智能分析和决策的金融科技公司，以人工智能、云计算、大数据三大支柱为基础，通过深入学习联邦学习技术，与金融深度融合，为金融、保险、互联网、政企、物流等提供分析和决策服务。目前为止，有超过10000家客户使用同盾科技的产品和服务。

　　金融标准化工作具有重大意义，要高度重视金融标准化建设。企业、团体等积极参与金融行业标准化建设，并在其中发挥了重要作用。同盾科技高度重视金融标准化，成立了专门的金融标准化工作委员会。2018年，同盾科技参与了《移动金融基于声纹识别的安全应用技术规范》的制定，该规范规范了移动金融场景中基于声纹识别安全应用功能的要求、性能的要求以及安全要求内容，主要适用于移动金融服务于声纹识别的技术与开发、检测、应用与风控。

　　2020年，同盾科技已加强全球法人身份识别，清晰勾勒全球企业金融网络地图，展现金融机构间交易和存属关系，支持金融监管，防范金融风险工作。同时，大数据支付风险规范标准主要用于规定基于大数据、人工智能技术开展支付风险防范基础框架和系统实现的安全需求，围绕支付相关商业银行和非银行支付机构以及清算机构等开展支付风险防控体系建设、运用智能防控技术搭建风险智能防控系统、提供支付风险防控服务等工作。

　　同盾科技主要围绕公司领先优势，围绕联邦学习、机器学习、

知识图谱、设备指纹、交易反欺诈、决策引擎等，进行金融标准发起制定和设计者工作。同盾科技也是中国互联网金融协会、中国支付清算协会、北京金融科技产业联盟、中关村金融科技产业发展联盟的成员单位。联邦学习主要从保护知识隐私、数据安全以及隐私数据不出域角度，用密码学技术交换联合建模参数工作，实现可用不可见，实现很多场景下的建模技术或者金融领域的一些应用。同盾科技在此方面具备优势，安全可控、自主创新、全球引领的人工智能生态系统打破了数据孤岛，解决了数据割裂、数据安全、隐私保护等公共问题，从而实现可用不可见。

另外，同盾科技人工智能研究院院长李晓林教授是行业的一个领军人物，他率领团队先后发布《知识联邦白皮书》《知识联邦数据安全交换协议》，同时联合浙江大学、哈尔滨工业大学等高校学术机构以及百度、平安科技等科技企业成立了知识联邦产学研联盟（以下简称知识联邦）。知识联邦已被杭州市余杭区列入数字经济前沿重点扶持项目。

2020年10月，由同盾科技等单位在中关村金融科技产业发展联盟提案的《联邦学习金融行业应用指南》团体标准获批通过。该标准在复杂的金融业务场景下，利用联邦学习技术在不进行数据汇集的情况下对数据进行安全计算提供指引，既保障数据安全又实现数据价值挖掘，发挥金融业数据要素倍增作用。

目前，同盾科技起草了《联邦学习技术金融应用规范，安全技术要求》标准大纲及立项建议书，并发起设立金融行业标准，该标准主要目的是建立金融机构开展联邦学习技术应用的安全保障，同时建立统一的联邦学习安全保护机制，完善联邦学习应用生态安全保护体系，以实现安全管控有的放矢，同时优化资源分配，建立健全安全保护机制，并且促进数据共享，服务数据价值最大化。使用对象主要针对金融机构以及金融科技服务机构，标准设立适用于联邦学习应用的设计、开发工作，同时对新加入的联邦成员进行安全评估，规定了金融领域联邦学习技术整体安全要求，包括对软硬件以及成员安全、过程安全、数据安全和安全管理的整体标准设立。

同盾科技愿意在推动金融标准化工作中积极发挥贡献力量，实现标准化工作与提高金融业适应性相结合、标准化工作与提高金融业竞争力相结合、标准化工作与普惠金融发展相结合、标准化工作与金融业监管相结合、提高金融业标准化治理能力和水平等。

主持人闵文文：谢谢杨景香专家，分享了同盾科技在金融标准化方面取得的成果，重点介绍了同盾科技联邦学习应用规范项目的进展，非常期待在 2021 年看到同盾更多的成果落地。接下来有请中诚信征信助理总裁杜志超。

中诚信征信有限公司助理总裁　　**杜志超**

▼

首先非常感谢立言金融与发展研究院的邀请，有幸在这里与大家分享一些拙见，不足之处，还请各位批评指正。

今天我主要分享两部分内容，一是汇报介绍目前中诚信征信在金融标准化工作中的探索实践；二是从征信和大数据角度出发，谈谈个人对金融标准化建设的一些浅显思考。

中诚信集团成立于1992年，是国内最大、最强的综合性信用产业集团，成立之初就本着中立、客观、公正的原则开展信用评级业务。中诚信征信于2005年从集团征信与商账管理事业部独立出来，迄今已有15年发展历程。作为独立第三方信用科技服务机构，中诚信征信于2014年有幸成为全国首家获得中国人民银行企业征信经营备案资质公司，同时，2015年在中国人民银行指导下成为首批获准开展个人征信业务准备工作机构之一；2017年也有幸参与全国第一张个人征信牌照获得机构——百行征信有限公司的筹建，从成立之初到现在主要服务于大型金融机构。

中诚信征信作为国内领先的独立第三方信用科技服务企业，基于自身在信用管理方面的丰富经验，以及在数据智能化应用方面的创新实践，助力金融标准化建设的落地，从而进一步推动金融行业高质量发展，完善金融监管，提高金融业整体治理水平，有效防范系统性金融风险，更好地服务国家标准化战略与金融强国建设。

下面主要从征信和大数据角度出发分享个人对金融标准化建设的思考。

随着数字化时代的到来，我国金融科技蓬勃发展，金融产品体系也日益庞杂。与之相应，金融标准化体系建设也日益紧迫和重要。一是从技术标准来看，数据加密标准化工作还有待提升，亟须完善。当前各家银行采用不同的数据加密标准，导致对接效率低、成本高。二是从业务准入标准来看，征信需要持牌经营，依法合规，统一纳入监管，按照中国人民银行的指导，与金融相关的业务必须纳入到监管范围之内。未来对于数据的开放、收集、存储、传输、加工、应用等工作，都应当出台专门的法律法规进行规范，防止出现劣币驱逐良币的现象。三是关于数据隐私保护和安全的监管条例不多，除了《征信业管理条例》《中华人民共和国网络安全法》等法规之外，亟须"个人信息保护法""数据安全法"等法律法规尽快出台。

主持人闵文文：谢谢杜志超专家分享了业务标准和技术标准的关系和发展，同时特别提到数据隐私保护标准的出台与发展。接下来有请中国社会科学院产业金融研究基地副主任董昀。

北京立言金融与发展研究院金融科技研究所所长、

中国社会科学院产业金融研究基地副主任　**董　昀**

金融标准化问题非常重要，今天主要围绕经济标准化和金融标准化的关系，结合党的十九届五中全会精神，从多个角度分享推进金融标准化工作的战略意义。

　　从实体经济的角度看，标准与质量息息相关，一个好的标准一定要有利于提升经济发展质量。"十四五"规划的主题是"高质量发展"，要实现高质量发展就要有高质量的标准建设。中共中央"十四五"规划中"标准"出现18次，大多数聚焦于高标准市场体系、加强标准规则对接等。过去标准还主要围绕提升公司标准、提升社会保障等[①]，可见随着发展，主题已聚焦于高质量发展，标准战略意义已凸显，标准化工作重要性已体现。高质量发展一定是经济社会的全面高质量发展，实体经济标准化是标准化体系建设中重要的一环，而且是根本的一环。因此，建议里谈到现代产业体系，完善国家质量基础设施，加强标准计量、专利等体系和能力建设，即加强标准体系建设与完善国家质量体系设施是融为一体的。

　　从金融产业的角度看，金融属于现代服务业，推动服务业标准化品牌建设，金融业的标准化品牌建设也是其中应有之义。

　　从数字经济的角度看，疫情之后，中国数字经济意外催生了一个新的业态，以移动支付为代表的金融科技在疫情以后有了新的发展机遇。从国家、国际组织层面，对发展金融科技重视程度提高。当前，各国政府及国际组织纷纷加大对金融科技的投入，同时科技巨头也纷纷加大投入，我国在金融科技领域某些方面全球领先的优势正经历挑战，因此，我国在新一轮数字化发展浪潮当中要更加重视提高发展质量，要积极参与数字领域国际规则和标准的制定，加

---

　　① 《中华人民共和国国民经济和社会发展第十四个五年规划和2035年远景目标纲要》，http://www.gov.cn/xinwen/2021-03/13/content_5592681.htm。

强数据资源产权、交易流通化等方面机制、设施和标准的建设。同时，强调数据资源产权、交易流通化等方面的机制、设施和标准建设，特别是数据已作为一个生产要素，跟技术、劳动、资本并列，成为经济增长的主要动力，发展数字化要平衡好增长动力和保护隐私确定产权之间的关系。

从开放经济的角度看，标准化建设被赋予新的含义，实行高水平对外开放，提高"一带一路"倡议意义，要和沿线国家加强政策规则和标准的连通。参与国际金融标准的制定、提升金融标准化工作水平和质量是金融安全的一个重要方面。除了创新、协调、绿色、开放、共享之外，"安全"同样重要，要平衡好发展与安全的关系。经济安全或者金融安全过去被认为是非传统安全，此次明确提出要统筹传统与非传统安全，着重强调在基础设施领域、关键领域安全的可控性。大力发展金融科技、推进金融基础设施建设要重视安全，参与国际金融标准的制定、提升金融标准化的工作水平和质量是安全工作的重要方面。

最后，金融标准化要与适应性、竞争性和普惠性的现代金融体系对接起来，持续增强金融服务实体经济的能力。金融科技发展要不忘初心、回归本源，发挥对经济的支撑性作用。当前，金融标准化建设的基础性地位得到了认可，其迫切性和战略意义也已经摆在我们面前。我国对标准的认识已经上升到了战略高度，面对复杂的国际环境变化，进一步布局"十四五"期间中国金融标准化体系显得尤为迫切和重要。

主持人闵文文：非常感谢董老师的分享，从宏观经济、政府工作、全球竞争、对外开放、系统安全还有现代金融本身需要谈到了标准化的重要性，体会到"双循环"新格局下标准化建设的必要性、重要性和战略性意义。下面有请杨涛老师代表主办方做总结发言。

北京立言金融与发展研究院院长、国家金融与发展实验室副主任

杨　涛

▼

首先，对各位专家表示感谢，感谢大家百忙之中参与到今天的活动当中。经济、金融领域的研究者进行金融标准化集中研讨相对较少，今天，基于宏观角度、行业角度、金融理论与实践自身角度切入到标准化领域的探讨可以作为金融标准化的一个重要起点。一方面把2020年的众多工作，以金融标准化作为一个重要落脚点，落在高质量发展、金融基础设施建设层面；另一方面在2021年研究当中，希望依托立言研究院作为平台和主线，推动更多围绕金融标准化、金融基础设施的相关活动与研究工作，进一步推动产、学、研之间的互动。在大家允许的情况下，纪要也会报送相关部门，与此同时，重要发言也利用学术平台对外加以宣传，使得各方能够高度重视金融标准化，通过互补、跨界、交叉来共同推动金融标准化的研究、落地、创新等。